车险理赔定损全程通

CHEXIAN
LIPEI DINGSUN
QUANCHENG TONG

赵培全　裴晓明　韩广德　李方媛　等 编著

化学工业出版社
·北京·

本书主要包括汽车保险基本知识、常见汽车保险各险种介绍、如何选购最佳车险投保组合、车险理赔（索赔）小常识、汽车碰撞估损快速学、常见的经典车险案例等几部分内容，可供参考。本书语言通俗易懂，图文并茂，所选案例基本涵盖普通车主常见的车险事故情形，实用性强。

本书可以作为车主的“口袋书”，放在车上、手边，随时翻阅，使自己尽快成为车险理赔定损的“内行”；本书也适用于初入车险查勘理赔岗位的新入职员工培训或自学，使自己尽快掌握查勘理赔定损工作的基本要点，尽早成为“老手”。

图书在版编目（CIP）数据

车险理赔定损全程通 / 赵培全等编著. —北京：化学工业出版社，2020.6（2023.1重印）

ISBN 978-7-122-36373-2

Ⅰ. ①车… Ⅱ. ①赵… Ⅲ. ①汽车保险 - 理赔 - 基本知识 - 中国 Ⅳ. ① F842.634

中国版本图书馆 CIP 数据核字（2020）第 039773 号

责任编辑：辛　田　　文字编辑：冯国庆
责任校对：边　涛　　装帧设计：王晓宇

出版发行：化学工业出版社（北京市东城区青年湖南街13号　邮政编码100011）
印　　装：三河市延风印装有限公司
710mm×1000mm　1/16　印张14½　字数281千字　2023年1月北京第1版第2次印刷

购书咨询：010-64518888　　售后服务：010-64518899
网　　址：http://www.cip.com.cn
凡购买本书，如有缺损质量问题，本社销售中心负责调换。

定　　价：66.00元

前言

2000年后随着汽车进入家庭，汽车市场进入快速增长阶段，汽车成为高档耐用消费品，截止到2018年年底，我国汽车年销量已连续10年位居世界第一。截止到2019年6月底，全国机动车保有量达3.4亿辆，其中汽车2.5亿辆，私家车1.98亿辆；机动车驾驶人4.2亿人，其中汽车驾驶人3.8亿人。2019年上半年汽车新注册登记1242万辆，全国66个城市汽车保有量超过100万辆，北京、成都等11个城市汽车保有量超过300万辆。汽车已经成为人们工作和生活的基本工具，驾车技术再好，也免不了发生各种交通事故，因此，拥有汽车，就要购买相应的机动车保险。为了提高出险后理赔效率，不至于给工作和生活带来更多的不便，作为车主应该掌握一点基本的车险理赔定损的小知识。

本书执笔者均为从事高校汽车保险理赔教育或各大保险公司负责理赔业务的精英，各位执笔者根据各自的工作经验和亲身经历共同编写该书。本书主要内容包括汽车保险基本知识、常见汽车保险各险种介绍、如何选购最佳车险投保组合、车险理赔（索赔）小常识 、汽车碰撞估损快速学、常见的经典车险案例几部分内容，可供参考。

为了便于读者朋友理解，本书语言通俗易懂，图文并茂，所选案例基本涵盖普通车主常见的车险事故情形，实用性比较强，可以作为车主的“口袋书”，放在车上、手边，随时翻阅，使自己尽快成为车险理赔定损的“内行”。本书也适用于初入车险查勘理赔岗位的新入职员工培训或自学，使自己尽快掌握查勘理赔定损工作的基本要点，尽早成为“老手”。

本书主要由山东交通学院汽车工程学院保险理赔研究所赵培全、韩广德、李方媛以及紫金财产保险股份有限公司车意险理赔部总经理裴晓明编著，中国人寿财产保险股份有限公司济南市济阳支公司总经理尹鸣威、中国平安财产保险股份有限公司山东分公司车险理赔专家张丰慧、中国平安财产保险股份有限公司山东分公司滨州中支理赔经理王勇、上海恒量保险公估有限公司山东分部负责人巩加龙、国任财产保险股份有限公司济南中支理赔经理辛兆国、安盛天平财产保险股份有限公司滨州中支总经理卢红建、安盛天平财产保险股份有限公司济南中支理赔部陈勇、华海财产保险股份有限公司山东分公司核保经理方振明、中华联合财产保险股份有限公司济南中支车险部经理徐芬、山东大学经济学院赵嘉茗等财产保险公司的专家为本书经典案例的提供与整理提供了很大帮助；全国保险理赔领域第一自媒体 A6 工作室创始人魏然为本书的编写提供了很多帮助，在此表示感谢；刘伟英、陈倩倩、吕鹏伟、张高峰、李彤、郭金容在案例采集、整理过程中做了很多工作。另外，我们还参考了许多书籍和文献，在此，对提供帮助和支持的各位资料提供者、文献的原作者等表示衷心的感谢。

由于笔者水平有限，书中不足之处在所难免，敬请广大读者朋友、业内专家批评指正，不胜感激。

编著者

目录

第 1 章

汽车保险基本知识

车水马龙的城市，川流不息的人群，现代化的生活气息伴随着社会经济的快速发展。汽车正慢慢地成为家庭的生活必需品，给人们的生活带来便利的同时也带来了诸多的交通事故。“天有不测风云，人有旦夕祸福”。开车，就存在风险，需要保险保驾护航。

1.1 风险与保险

1.1.1 风险的含义

风险伴随着人类活动的开展而存在，没有人类的活动，也就不存在风险，风险是人类生存过程中不可避免的现象，我们始终生活在一个充满风险的世界之中。

不管是社会、企业和个人，都可能伴随着一系列无法预知的不幸事件，这些事件中有的是自然灾害，有的是人们有意无意间酿成的灾祸，有的是意外遭受的事故。不幸事件一旦发生，就会造成人身伤亡或财产损毁，我们把这种无法预知的可能遭受的损失称为“风险”，也就是说，保险学中“风险”是指未来发生损失的不确定性。

这一定义与我们日常生活中所说的“风险”含义是不同的。我们常说“做什么事情有风险”，意思是说“把握不大”“成功的可能性小”等。保险学中的“风险”有时也称为危险，它主尝包含三层含义。

① 风险是指未来将要发生而目前尚未发生的某种损失的可能性。风险一经发生，可能性就变成了事实，也就不称其为风险了，而称为风险事件或风险事故。

② 风险是与人的经济利益损失或财务损失相联系的概念。若未引起经济方面的损失，只是精神等方面的损害，不能称其为保险学中的风险。

③ 风险并不是指导致损失的随机事件本身，而是指损失的不确定性，是人们对未来难测的一种主观上的担忧、忧虑的心境。风险是指某一特定危险情况发生的可能性和后果的组合。风险的含义包含两层意思：一是危险情况是否发生的不确定性；二是危险情况发生导致损失的不确定性。

风险是风险因素、风险事故和损失三者构成的统一体（图 1-1）。

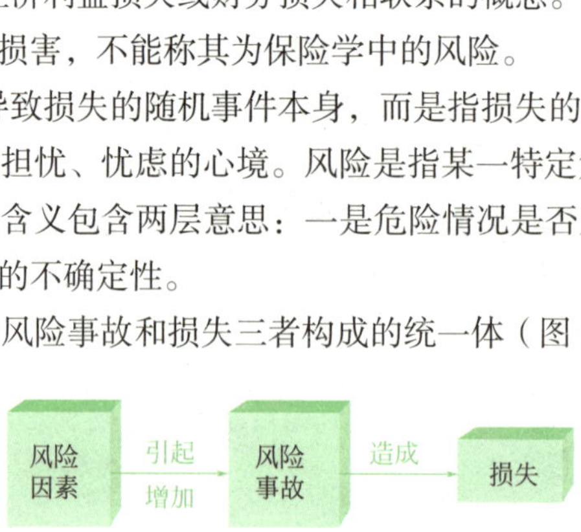

图 1-1　风险因素、风险事故和损失三者关系

如果风险表现为不确定性，说明风险产生的结果可能带来损失，甚至获利，当然

也可能无损失也无获利。金融风险就属于此类，故有“股市有风险，投资需谨慎”之说。如果风险表现为损失的不确定性，说明风险只能带来损失，没有从风险中获利的可能性，所以，车辆发生碰撞事故，即使修复了，也不可能比原车更安全、性能更好，只有损失，没有获利。风险的范围如图 1-2 所示。

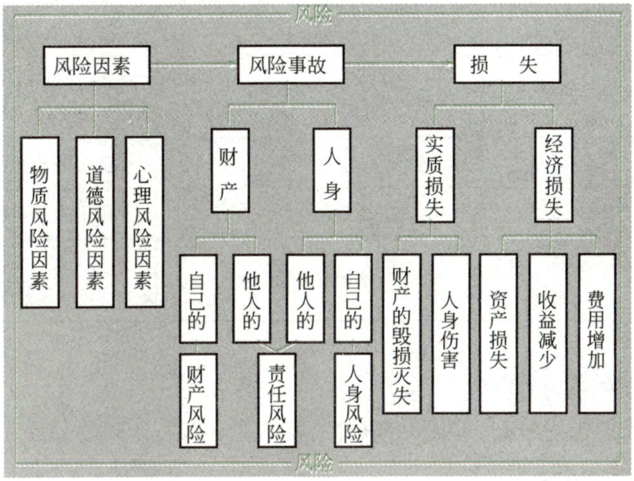

图 1-2　风险的范围

1.1.2　风险的分类

据不同的标准，风险有不同的分类，常见的有以下几种。

（1）按风险产生的原因分类

按风险产生的原因分类，风险分为自然风险、社会风险、政治风险、经济风险与技术风险。

（2）按风险标的分类

按风险标的的不同，风险可分为财产风险、人身风险、责任风险与信用风险。

（3）按风险的后果分类

按风险的后果不同，风险可分为纯粹风险与投机风险。

纯粹风险是指只有损失机会而无获利可能的风险。比如房屋所有者面临的火灾风险，汽车所有者面临的碰撞风险等，当火灾或碰撞事故发生时，他们便会遭受经济利益上的损失。

投机风险是相对于纯粹风险而言的，是指既有损失机会又有获利可能的风险。投机风险的后果一般有三种：一是“没有损失”；二是“有损失”；三是“盈利”。比如在股票市场上买卖股票，就存在赚钱、赔钱和不赔不赚三种后果，因而属于投机风险。

一般来说，纯粹风险具有可保性，投机风险是不可保的，也就是说，保险公司只承保纯粹风险，而不承保投机风险，见表 1-1。

表 1-1　可保风险与不可保风险的区别

可保风险	不可保风险	例证
纯粹风险	投机风险	买卖股票、赌博不保
偶然性或不确定性	必然发生或必然不发生	带病投保不保、不乘飞机就不必买航空意外险
意外风险	故意行为	能够预期的损失不保
大量标的均有遭受损失可能	不能满足大数定律	保证保险经营的科学性、持续性
标的有发生重大损失可能，可货币计量	损失足以影响财务稳定性	巨灾风险如地震、火山、战争等超出保险人承担能力时不保

（4）按产生风险的行为分类

按产生风险的行为分类，风险可以分为基本风险与特定风险。

1.1.3　纯粹风险的分类

纯粹风险可以分为以下几类。

（1）人身风险

人身风险是指由于死亡或丧失工作能力而造成收入损失可能性的风险，其损失原因包括死亡、年老、疾病、失业等。

（2）财产风险

与财产风险相关的损失有两种：直接损失和间接损失（也称后果损失）。间接损失又分两类：财产丧失使用损失或收入损失和额外费用支出。例如，出租车发生碰撞受损，修复期间，影响出租车拉客收入；再如，住宅发生火灾后需要修复，房主需要去他处居住带来的居住费用开支。

（3）责任风险

按照法律规定，当一人因疏忽或过失造成他人人身财产损失时，过失一方负有损害赔偿责任。因此，责任风险是指因侵权行为而产生的法律责任使侵权行为人的现有或将来收入遭受损失的可能性。

在保险实务中，保险人所承保的责任风险仅限于法律责任中对民事损害的经济赔偿责任。

（4）违约风险

违约风险是指一方不履行合同义务而造成的另一方经济损失。例如，承包商未按计划完成某一工程，债务人未按规定支付工程款项。

1.1.4 应对风险的方法

当我们意识到风险存在，且在评估了相关风险之后，就要考虑如何应对。风险管理的基本程序如图 1-3 所示。

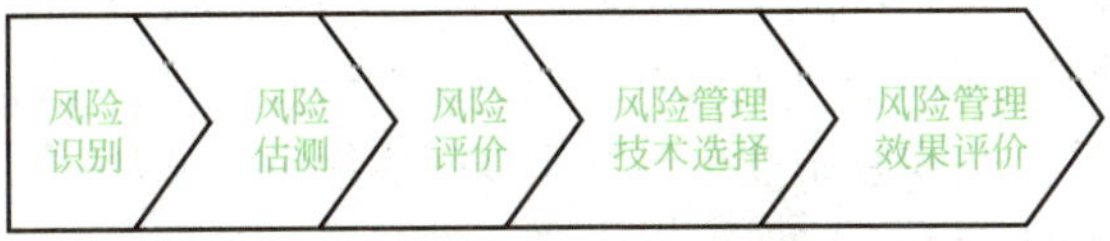

图 1-3 风险管理的基本程序

风险管理技术选择的类型如图 1-4 所示。

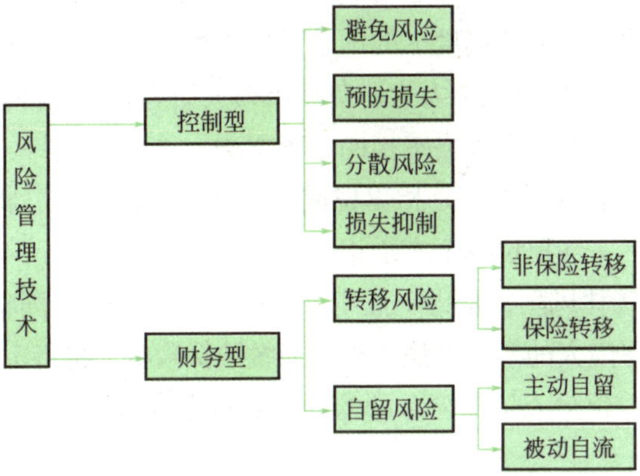

图 1-4 风险管理技术的类型

（1）控制型风险管理技术

控制型风险管理技术实质是在风险分析的基础上，针对存在的风险因素采取控制技术以降低风险事故发生的频率和减轻损失程度，重点在于改变引起自然灾害、意外事故和扩大损失的各种条件。在事故发生前降低事故发生的频率，在事故发生时将损失减少到最低限度。

① 避免，是指设法回避损失发生的可能性，从根本上消除特定的风险单位或中途放弃某些既存的风险单位，采取主动放弃或改变该活动的方式。一般在某特定风险所致损失频率和损失程度相当高或处理风险的成本大于其产生的效益时使用，是一种消极的方法，有时意味着丧失利润，且采用避免方法通常受到限制。

② 预防，是指在风险事故发生前为了消除或减少可能引起损失的各种因素而采取的具体措施。目的是通过消除或减少风险因素而降低损失发生的频率。

③ 分散，是指增加同类风险单位的数目来提高未来损失的可预测性，以降低风险发生的可能性，是通过兼并、扩张、联营、集合许多原来各自独立的风险单位，增加风险单位的数量，以提高未来损失预测的精确性，达到降低风险的目的。

④ 抑制，是指在损失发生时或损失发生后为减少损失程度而采取的各项措施。

（2）财务型风险管理技术

由于各种因素的制约，人们对风险的预测不可能准确，防范风险的措施都有一定的局限性，所以风险事故导致的损失后果不可避免，因此要采取财务型风险管理技术。

财务型风险管理技术是通过事故发生前所做的财务安排，解除事故发生后造成的经济困难和精神忧虑，为恢复企业生产和家庭生活提供财务基础，是以提供基金的方式，降低损失成本的一种方法。

① 自留风险，是指对风险损害后果自我承担的方法，通常在风险所致损失频率和损失程度低，损失在短期可以预测，以及最大损失不影响财务稳定时采用。优点是成本低，方便有效；缺点是因风险单位数量的限制或自我承受能力的限制，有时无法实现其处理风险的效果，因财务调度上的困难而失去作用。例如，企业自保。

② 转移风险，是指单位或个人为避免承担损失而有意识地将损失或与损失有关的财务后果转嫁给其他单位或个人去承担的一种方法。

a. 财务型非保险转移风险，是指单位或个人通过经济合同，将损失或与损失有关的财务后果转移给另一些单位或个人承担。

b. 财务型保险转移风险，是指单位或个人通过订立保险合同将面临的财产风险和责任风险等转移给保险人的一种方法。投保人缴纳保险费，将特定风险转嫁给保险人，一旦保险事故发生，保险人依保险合同的约定对投保人（被保险人）承担补偿或给付保险金责任。

1.2 车辆使用过程中的风险

购买保险是风险转移最常用的办法，那么什么是保险呢?

1.2.1 保险的含义

《中华人民共和国保险法》（以下简称《保险法》）第 2 条明确了保险的定义：“本法所称保险，是指投保人根据合同约定，向保险人支付保险费，保险人对于合同约定的可能发生的事故因其发生所造成的财产损失承担赔偿保险金责任，或者当被保险人死亡、伤残、疾病或者达到合同约定的年龄、期限时承担给付保险金责任的商业保险行为。”保险原理如图 1-5 所示。

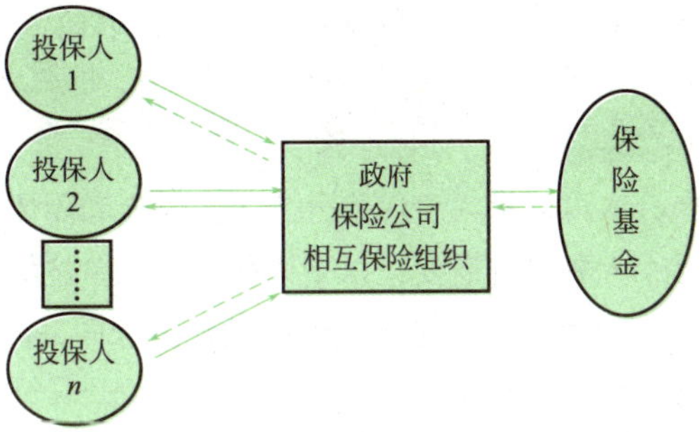

图 1-5 保险原理

1.2.2 保险的分类

（1）财产保险和人身保险

根据保险标的的不同，保险可分为财产保险和人身保险两大类。

财产保险是指以财产及其相关利益为保险标的的保险，包括财产损失保险、责任保险、信用保险、保证保险、农业保险等。它是以有形或无形财产及其相关利益为保险标的的一类损失补偿性保险。汽车保险就是财产保险的一种。

人身保险是以人的寿命和身体为保险标的的保险。当人们遭受不幸事故或因疾病、年老以致丧失工作能力、伤残、死亡或年老退休时，根据保险合同的约定，保险人对被保险人或受益人给付保险金或年金，以解决其因病、残、老、死所造成的经济困难。

（2）商业保险与社会保险

商业保险是指按商业原则经营，以盈利为目的的保险形式。所谓商业原则，就是保险公司的经济补偿以投保人交付保险费为前提，具有有偿性、公开性和自愿性，并力图在损失补偿后有一定的盈余。除交强险外，其他汽车保险都是商业保险。

社会保险是指在既定的社会政策的指导下，由国家通过立法手段对公民强制征收保险费，形成保险基金，用以对其中因年老、疾病、生育、伤残、死亡和失业而导致丧失劳动能力或失去工作机会的成员提供基本生活保障的一种社会保障制度。社会保险不以营利为目的，运行中若出现赤字，国家财政将会给予支持。

两者比较，社会保险具有强制性，商业保险具有自愿性；社会保险的经办者以财政支持作为后盾，商业保险的经办者要进行独立核算、自主经营、自负盈亏；商业保险保障范围比社会保险更为广泛。

（3）原保险与再保险

发生在保险人和投保人之间的保险行为，称为原保险。发生在保险人与保险人之间的保险行为，称为再保险。

再保险是保险人通过订立合同，将自己已经承保的风险，转移给另一个或几个保险人，以降低自己所面临的风险的保险行为。简单地说，再保险即“保险人的保险”。

（4）个人保险与团体保险

按保险保障的对象分，可以把人身保险分为个人保险和团体保险。

个人保险是为满足个人和家庭需要，以个人作为承保单位的保险。

团体保险一般用于人身保险，它是用一份总的保险合同，向一个团体中的众多成员提供人身保险保障的保险。

（5）自愿保险和强制保险

按保险的实施方式分，保险可分为自愿保险和强制保险。

自愿保险是指投保人和保险人在平等互利、等价有偿的原则基础上，通过协商，采取自愿方式签订保险合同而建立的一种保险关系。具体地讲，自愿原则体现在：投保人可以自行决定是否参加保险、保什么险、投保金额多少和起保的时间；保险人可以决定是否承保、承保的条件以及保费多少。保险合同成立后，保险双方应认真履行合同规定的责任和义务。

强制保险又称法定保险，是指根据国家颁布的有关法律和法规，凡是在规定范围内的单位或个人，不管愿意与否都必须参加的保险。汽车保险中的交强险就是强制保险。

1.2.3　汽车保险的含义

汽车保险，即机动车辆保险，简称车险。它是指对机动车辆由于自然灾害或意外事故所造成的人身伤亡或财产损失负赔偿责任的一种商业保险。

1.2.4　汽车驾驶面临的风险

只要买了车，无论开还是不开，总会遇到某些风险，包括车辆本身受损、驾驶车辆发生事故（通常所说的交通事故，也是驾驶车辆最常见的事故）应承担的赔偿责任、停车受损（车辆被盗、被他人或其他车辆剐擦受损等）等。

人们在想办法应对风险之前，首先必须意识到它的存在，因其存在是一种客观状态，无论是否被意识到，风险都是客观存在的。找出各种风险因素，识别风险类型才能正确地选择风险处理方式。只有认识风险，才能有效地评估和处理风险，达到管理和控制风险的目的。所以，对于风险因素认识是风险管理的基础，机动车辆的风险因素主要有：车辆自身风险、驾驶人风险、地理环境风险、社会环境风险、经营管理风险、损失记录等。

车辆自身风险如下。

（1）车龄

车龄是指从新车购置之日起至投保之日止期间的年限。车辆状况与车龄有着直接关系，车龄越大，则车辆的使用年限越长，车辆的磨损与老化程度就越高，从而导致车况越差，使发生车辆事故的概率同步上升，因此，在进行机动车辆风险评估时，必须认真考虑车龄的因素。

（2）厂牌车型

由于世界各国车厂众多，不同的厂家生产的车辆特点不同，车辆的安全性能也不同。因此，评估机动车辆风险时要考虑到同一行驶区域、同一使用性质条件下不同厂牌风险，在确定承保条件及责任上也应有所不同。

（3）排量

排量越大，动力性能也越好，对于同一类汽车而言，意味着速度会越快。在同一事故原因下，速度越快，意味着损失程度也就越大，即风险越高。

（4）车辆种类

目前国内机动车车辆分成五种，即客车、货车、特种车、摩托车、拖拉机。

1.2.5 保险事故种类

保险事故可能是交通事故，也可能是非交通事故；可能是单方事故，也可能是双方事故，或者多方事故。

（1）单方事故

单方事故（图 1-6）也就是单方责任事故，指在交通事故、火灾、爆炸等突发性安全事故中，其事故原因完全是由事故中一方或者是唯一受害的一方自身造成的，这类事故就称为单方责任事故。单方事故在交通事故中最为常见，由负有责任的一方承担全部责任。比如自己开车撞了电线杆、隔离墩等。

图 1-6　单方事故——倒车跌落泄洪沟

（2）双方事故

双方事故（图 1-7）是指在事故中存在着两方当事人，是由双方当事人引起的事故。如两辆车相撞、一辆车撞了一个行人等，都属于双方事故。

图 1-7　双方事故——正面、追尾事故

（3）多方事故

三辆或三辆以上的车辆发生连环撞击交通事故的，就属于多方事故（图 1-8）。

图 1-8　多方事故现场

（4）停驶时遭遇的风险

即使汽车不开，也会遇到风险，如车辆停在楼下，被楼上掉下的物体砸中（图 1-9），或停车的区域安全措施不到位车辆被偷等。

图 1-9　停车受损事故

1.3 汽车保险合同概述

1.3.1 汽车保险的特点

（1）被保险人和保险标的广泛且差异较大

车主（被保险人）的所处地域、性别、性格、驾驶习惯、保险意识等差异很大；汽车生产厂家众多，技术水平、工艺水平差距较大；车型众多，配置迥异，这些决定汽车保险的差异性。

（2）保险标的出险率较高

汽车是人们日常工作生活的主要交通工具，经常处于行驶状态，并且总是载着人或货物不断地从一个地方开往另一个地方，很容易发生碰撞或意外事故，造成人身伤亡或财产损失。特别是近15年来，由于汽车走进老百姓的家庭生活，导致汽车保有量迅速增加，很多地方的交通设施及管理水平跟不上车辆的发展速度，再加上驾驶员的疏忽、过失，或者对陌生地方的路况不熟悉等人为原因，致使交通事故发生频繁，汽车出险率较高。

（3）损失的不确定性

由于机动车辆在陆上行驶，流动性大、行程不固定，并且驾驶员对车辆的控制能力不一，无疑增加了危险事故与保险损失的不确定性和难以预测性。

（4）扩大保险利益

不仅被保险人本人使用车辆时发生保险事故保险人要承担赔偿责任，只要是经被保险人允许的合格驾驶员使用已保险的机动车辆，如果发生保险合同中约定的保险事故并造成第三者的财产损失或人身伤亡的，保险人均负赔偿责任。保险人在承担这项责任时，条件只是要求：驾驶员是合格的驾驶员、驾驶已保险的机动车辆且得到了被保险人的同意，而不要求其对机动车辆拥有所有权、占有权或管理权等。这实际上是对保险合同中可保利益的一种扩大，同时也是保险责任的放大。

（5）被保险人自负责任与无赔款优待

为了促使被保险人注意维护、养护车辆，使其保持安全行驶技术状态，并督促驾驶员注意安全行车，以减少交通事故，保险合同上一般规定：驾驶员在交通事故中所负责任，车辆损失险和第三者责任险在符合赔偿规定的金额内实行绝对免赔率；保险车辆在保险期限内无赔款，续保时可以按保险费的一定比例享受无赔款优待。以上两项规定，虽然分别是对被保险人的惩罚和优待，但要达到的目的是一致的。

无赔款优待是汽车保险特有的制度，其核心是为了解决在风险不均匀分布的情况下，使保险费直接与实际损失相联系。为了鼓励被保险人及驾驶员严格遵守交通规则安全行车，各国的机动车辆保险业务中均采用“无赔款优待”制度。

总之，汽车保险具有广泛性、差异性、保险标的可流动性、出险频率高等特点。

1.3.2 汽车保险合同

根据保险合同的约定，收取保险费是保险人的基本权利，赔偿或给付保险金是保险人的基本义务；与此相对应的，交付保险费是投保人的基本义务，请求赔偿或给付保险金是被保险人的基本权利。

汽车保险合同是投保人（一般为车主）与保险人双方之间约定保险权利和义务关系的协议，也是双方当事人应遵循的唯一有效的法律依据。保险合同的主体如图 1-10 所示。

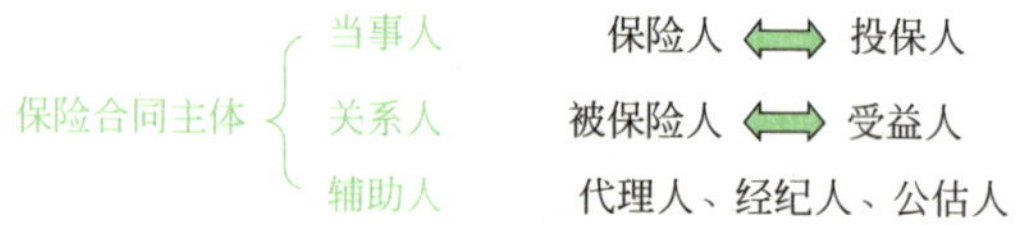

图 1-10 保险合同的主体

（1）汽车保险合同的特征

① 保险合同是有偿合同。有偿合同是指因为享有一定的权利而必须偿付一定代价的合同。投保人的代价是向保险人支付保险费，保险人的代价是承担投保人转移的风险。

② 保险合同是双务合同。双务合同是指合同双方当事人相互享有权利、承担义务的合同。保险合同的被保险人在保险事故发生时，依据保险合同享有请求保险人支付保险金或补偿损失的权利，投保人则承担支付保险费的义务；保险人享有收取保险费的权利，承担约定事故发生时给付保险金或补偿被保险人损失的义务。

③ 保险合同是附合合同。附合合同是指其内容不是由双方当事人共同协商拟定，而是由一方当事人事先拟定，另一方当事人只是做出同意或不同意表示的一种合同。

④ 保险合同是射幸合同。所谓射幸，就是侥幸、不确定的意思。射幸合同是指合同当事人中至少有一方并不必然履行金钱给付义务，只有当合同中约定的条件具备或合同约定的事件发生时才履行；而合同约定的事件是有可能发生也有可能不发生的不确定事件。

⑤ 保险合同是最大诚信合同。任何合同的订立和履行都应当遵守诚实信用的原则。保险合同较一般合同对当事人的诚实信用要求更为严格，故称为最大诚信合同。保险合同的订立与履行，很大程度上依赖于投保人的诚实信用。一方面，投保人在订立合同时，对保险人的询问及有关标的情况要作如实告知等；另一方面，保险人在订立保险合同时，应向投保人说明保险合同的内容等。

⑥ 汽车保险合同具有属人性。由于不同的人，其年龄、性别、职业、生活习惯、驾驶区域等都不相同，同一辆车由不同的人驾驶，出险频率大小不同，因此，二手车

交易后，保险公司有权重新核定风险大小，以确定是否接受该车主的投保请求，因此，汽车在二手车市场买卖时，必须对保险合同进行批改。

（2）保险合同的内容

投保人与保险人之间签订的保险合同的主要内容，主要包括投保人的有关保险标的情况、保险价值与保险金额、保险风险、保险费率、保险期限违约责任与争议处理以及双方当事人应尽义务与享受的权利。

保险合同内容（部分）如下。

第十八条　保险合同应当包括下列事项：

（一）保险人的名称和住所；

（二）投保人、被保险人的姓名或者名称、住所，以及人身保险的受益人的姓名或者名称、住所；

（三）保险标的；

（四）保险责任和责任免除；

（五）保险期间和保险责任开始时间；

（六）保险金额；

（七）保险费以及支付办法；

（八）保险金赔偿或者给付办法；

（九）违约责任和争议处理；

（十）订立合同的年、月、日。

投保人和保险人可以约定与保险有关的其他事项。

受益人是指人身保险合同中由被保险人或者投保人指定的享有保险金请求权的人。投保人、被保险人可以为受益人。

保险金额是指保险人承担赔偿或者给付保险金责任的最高限额。

1.3.3　汽车保险合同的订立、生效、履行

（1）保险合同的订立

保险合同的订立是指在投保人和保险人意愿一致的情况下，签订保险合同的行为。保险合同是双方当事人约定保险权利和义务的协议，是当事人之间的一种合意行为，需要经过投保人向保险人提出保险要求，保险人表示同意承保的程序。因此，保险合同只有经过投保人的要约和保险人的承诺两个法定程序才能成立。

保险实务中，由于汽车保险合同是附和合同，所以，投保人的要约是书面要约形式，也就是填写投保单。承诺就是保险人同意投保人提出的保险要求的表示，也就是保险人认可和接受投保人填写的投保单（所有条件），并同意承担保险责任。

保险实务中，保险人接到投保单，审核后没有异议，且签字盖章，并出具保险凭证，

保险合同即告成立。

（2）保险合同的生效

保险合同的生效是指保险合同对当事人双方发生约束力，即合同条款产生法律效力。一般情况下，保险合同成立即开始生效。也就是说，保险合同成立的时间与生效的时间是一致的，保险合同依法成立，其效力就随之产生，当事人便开始依据合同享有权利并承担义务。但是《合同法》第四十五条规定：“当事人对合同的效力可以约定附条件。附生效条件的合同，自条件成就时生效。附解除条件的合同，自条件成就时失效。”例如，如果保险合同当事人约定以投保人交纳保险费作为合同生效的条件，那么只有当投保人交纳保险费后保险合同才开始生效。再如，为了防止意外，我们一般会在车险到期前提前一段时间购买车险，合同会约定保险合同生效时间（保险期间），这时合同虽已签订但并不产生法律效力。保险单样式如图 1-11 所示。

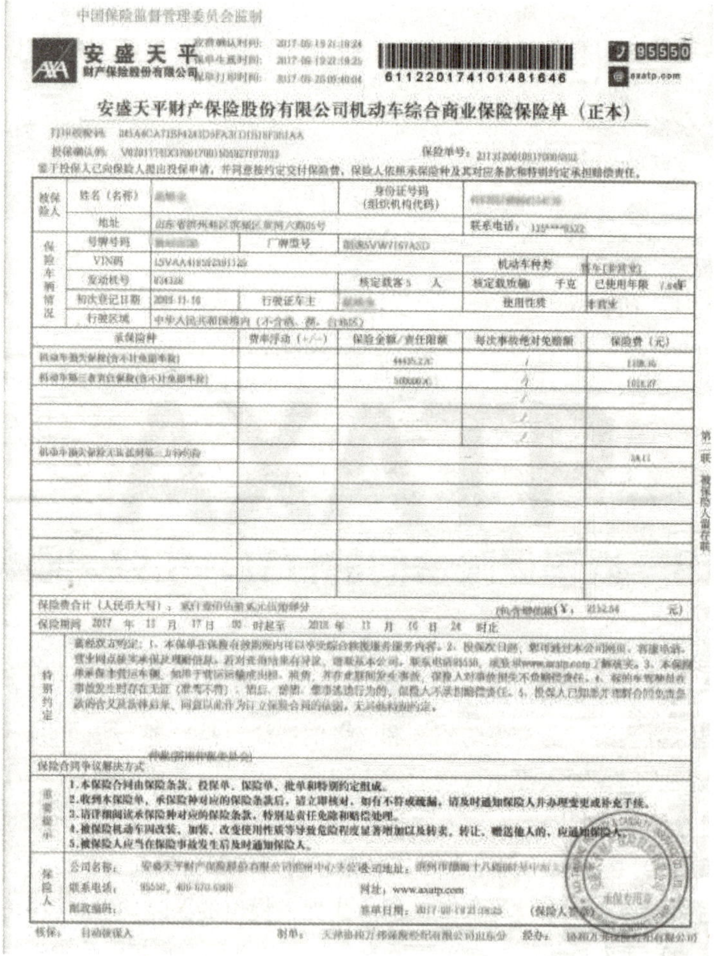
中国保险监督管理委员会监制

安盛天平财产保险股份有限公司

95550

axatp.com

6112201741014816 46

安盛天平财产保险股份有限公司机动车综合商业保险保险单（正本）

鉴于投保人已向保险人提出投保申请，并同意按约定交付保险费，保险人依照承保险种及其对应条款和特别约定承担赔偿责任。

被保险人	姓名（名称）		身份证号码（组织机构代码）			
	地址			联系电话		
保险车辆情况	号牌号码		厂牌型号			
	VIN码			机动车种类		
	发动机号		核定载客 5 人	核定载质量 千克	已使用年限	
	初次登记日期		行驶证车主	使用性质		
	行驶区域	中华人民共和国境内（不含港、澳、台地区）				

承保险种	费率浮动（+/-）	保险金额/责任限额	每次事故绝对免赔额	保险费（元）

保险合同争议解决方式

重要提示

1.本保险合同由保险条款、投保单、保险单、批单和特别约定组成。

2.收到本保险单、承保险种对应的保险条款后，请立即核对，如有不符或疏漏，请及时通知保险人并办理变更或补充手续。

3.请详细阅读承保险种对应的保险条款，特别是责任免除和赔偿处理。

4.被保险机动车因改装、加装、改变使用性质等导致危险程度显著增加以及转卖、转让、赠送他人的，应通知保险人。

5.被保险人应当在保险事故发生后及时通知保险人。

保险人　公司名称：　联系电话：　邮政编码：　网址：www.axatp.com　签单日期：　（保险人签章）

核保：　制单：　经办：

图 1-11　保险单样式

（3）保险合同的履行

保险合同的履行是指在保险合同的有效期内，当事人双方完成各自在保险合同中约定的义务，以保证对方行使自己的权利的行为过程。保险合同的履行是投保人和保险人双方的义务。

投保人需要履行的义务主要包括：缴纳保险费、维护保险标的安全、保险标的危险增加时通知保险人、出险时通知保险人、履行积极施救。

保险人义务的履行包括：赔偿或给付保险金和承担施救及其他合理费用的义务。

1.3.4 汽车保险合同的变更、解除、终止

（1）保险合同的变更

保险合同的变更是指在保险合同有效期限内，因订立保险合同时所依据的主客观情况发生变化，投保人和保险人经过协商，并按照法定或合同规定的程序，变更原保险合同内容的行为。

保险合同变更的程序是：投保人或被保险人向保险人提出变更保险合同的书面申请，保险人审核并同意后，签发批单或批注。如果需要增加保险费，投保人应按规定补缴；如果应该减少保险费，保险人须返还投保人。对于少数单方民事行为，如变更受益人，只需书面通知保险人即可，而不必得到保险人同意。

（2）保险合同的解除

保险合同的解除是指在保险合同有效期限内，双方当事人依法或依据保险合同的约定提前终止保险合同的行为。保险合同的解除分为投保人解除和保险人解除。

保险合同解除的程序是：首先由解约方向对方发出解约通知书，经双方协商一致后解除合同，如果协商不一致，可通过仲裁或诉讼解决。

① 投保人解除合同。投保人解除合同的，保险合同自解除之日起归于消灭，保险人依照保险合同应承担的责任也归于消灭。对投保人交纳的保险费，保险人应依照法律或合同的规定，退还于投保人。在汽车保险中，保险责任开始前，投保人要求解除合同的，应当向保险人支付手续费，保险人应当退还保险费；保险责任开始后，投保人要求解除合同的，保险人可以收取自保险责任开始之日起至合同解除之日止期间的保险费，剩余部分退还投保人。

② 保险人解除合同。保险人解除保险合同的法定条件通常为对方当事人主观上有过错，客观上实施了损害保险人合法权益的行为，在这种情形下保险人才有权行使合同解除权，否则，保险人不得随意解除保险合同。

解除事由的发生是投保人故意而为的，该行为往往和欺诈相联系，如投保人故意隐瞒事实，不履行如实告知义务；被保险人或者受益人谎称发生保险事故，

向保险人骗取保险金；投保人、被保险人或者受益人故意制造保险事故等。此时保险人均有权解除保险合同，并不退还保险费，以示对欺诈者的惩罚，此时解除无溯及力。

若解除事由的发生是投保人过失而为的，如投保人因过失未履行如实告知义务，保险人有权解除保险合同，但可以退还保险费，此时解除有溯及力。区分保险责任开始前解除还是保险责任开始后解除。保险合同是一方交付保费，一方承担危险的合同，若保险人没有承担危险，则其收取保费就失去了依据。因此，当合同生效后，保险责任开始前解除合同，保险费应予以返还，即解除具有溯及力，双方当事人负有恢复原状的义务；保险责任开始后解除合同，保险人承担了危险，在责任开始至解除合同时的保费则不必返还，剩余部分退还投保人。也就是说，此时合同的解除不具有溯及力，保险人已承担了保险责任的保费不退还，多收取的保险费按不当得利规则返还。区分是保险事故发生前的解除还是保险事故发生后的解除在保险事故发生前，如果保险人发现了可以解除合同的事由并及时地解除了合同，对于投保人而言，损失了部分保费，但有利于投保人在纠正自己的行为后，尽快找其他保险人又形成新的保险合同关系，以实现对保险标的的保障。

在保险实践中，由于大多数的保险合同是不发生保险事故，所以保险人会尽量促成合同成立并维持合同效力。当保险事故发生后，才去检查是否存在可以解除合同的事由，如果存在就解除合同，不予赔付。这虽然符合经济原则，但对投保人及被保险人却不够公平，也有悖法律的原则。因此，对在不同时期保险人提出的解除，在合同溯及力上应有所区别。在保险事故发生前保险人解除合同，原则上无溯及力，无需退还保费；在保险事故发生后解除合同，原则上有溯及力，即保险人不承担赔偿责任，但应该退还保费。

投保人对重要事项未履行如实告知义务，保险人解除合同前，应当书面通知投保人，投保人应当自收到通知之日起 5 日内履行如实告知义务；投保人在上述期限内履行如实告知义务的，保险人不得解除合同。

保险人解除合同的，保险人应收回保险单、保险标志，并书面通知机动车管理部门。

除下列情况外，不得接受投保人解除合同的申请：

a. 被保险机动车被依法注销登记的；

b. 被保险机动车办理停驶的；

c. 被保险机动车经公安机关证实丢失的；

d. 投保人重复投保交强险的。

（3）保险合同的终止

保险合同的终止是指保险合同双方当事人消灭保险合同确定的权利和义务的行为。保险合同一旦终止，就失去了其法律效力，即双方当事人失去其享有的权利，当然也不用履行其应承担的义务。保险合同的终止可以分为以下几种情况。

① 保险合同的自然终止，是指保险合同期限届满而即刻终止的情况。

② 保险合同的义务履行而终止，是指保险事故发生后，保险人履行了赔付保险金的全部责任，导致合同终止的情况。

③ 财产保险合同中保险标的灭失或人身保险合同中被保险人死亡而终止。

④ 保险合同效力中途丧失而终止。

⑤ 解除保险合同而终止。

1.3.5 汽车保险合同的解释原则

保险合同的解释是对保险合同约定的条款的理解和说明。保险合同生效后，双方当事人在主张权利或履行义务时，常常会对合同条款做出不同的解释，从而引发争议，甚至提请仲裁或诉讼；同时，保险是一项扶弱扶困、具有公益性的事业，对保险合同的不同解释，还有可能导致社会不稳定。因此，为了判明当事人的真实意图，保护当事人的合法权益和准确处理保险纠纷，必须规范保险合同的解释。

我国《合同法》第一百二十五条规定："当事人对合同条款的理解有争议的，应当按照合同所使用的词句、合同的有关条款、合同的目的、交易习惯以及诚实信用原则，确定该条款的真实意思。"因保险具有专业性、社会互助性以及保险合同条款的标准化，保险合同的解释原则和方法不同于一般合同解释，在保险活动或司法实践中，对保险合同的解释，主要采用以下原则：文义解释原则、意图解释原则、有益于被保险人的解释原则等。

（1）文义解释原则

即按合同条款通常的文字含义并结合上下文来解释，它是解释保险合同条款的最主要的方法。文义解释必须要求被解释的合同字句本身具有单一的且明确的含义。如果有关术语本身只有唯一的意思，或联系上下文只能具有某种特定含义，或根据商业习惯通常仅指某种意思，则必须依照它们的本意去理解。

（2）意图解释原则

指在没法应用文义解释方式时，通过其他背景材料进行逻辑分析，从而判断合同当事人订约时的真实意图，由此解释保险合同条款的内容。解释时必须尊重双方当时的真实意图。意图解释只适用于合同的条款文义不清、用词混乱或含糊，当事人对同一条款所表达的实际意思理解有分歧的情况。

（3）有益于被保险人的解释原则

也称为不利于提供格式合同一方的原则，由于保险合同由保险公司提供，当双方当事人对合同条款有争议时，法院或仲裁机关常常会做出有益于被保险人的解释。

(4) 批注优于正文、后加批注优于先加批注的解释原则

不管以什么方式更改条款，如果前后条款内容有矛盾或相互抵触，后加的批注、条款应当优于原本的条款。手写批注优于打印批注，加贴批注优于征文批注。

(5) 补充解释原则

指当保险合同条款约定内容有遗漏或不完全时，借助商业习惯、国际惯例、公平原则等对保险合同的内容进行务实、公道的补充解释，以便合同继续履行。

1.3.6 汽车保险合同争议的处理

当投保人、被保险人或受益人和保险人对保险合同出现了各自的解释，又无法达成一致时，就产生了保险合同的争议。保险合同争议的处理方法通常有协商、仲裁、诉讼三种方式。仲裁机关或人民法院应当用有益于被保险人或受益人原则来解释保险合同，并做出公正的裁决。

(1) 协商

指合同双方当事人根据《保险法》及相关法规、合同条款的规定，在平等自愿的基础上，求大同存小异，自行解决纠纷的方式。

在争议发生后，双方应实事求是、有诚意地进行磋商，彼此做出让步，达成双方都能接受的和解协议。协商和解一般有自行和解和第三者主持和解两种方法。双方当事人可以就保险纠纷进行协商，双方互相做出让步。当然，这个让步不能太离谱，否则谁都不能接受，也就只能通过其他途径解决了。

(2) 仲裁

指合同双方对某一事件或某一问题发生争议时，通过协商难以达成协议，根据申请，可由国家规定的仲裁机关依法做出裁决。

仲裁是由合同双方当事人在争议发生之前或之后达成书面协议，愿意把他们之间的争议交给双方都同意的第三者进行裁决，仲裁员以裁判者的身份而不是以调解员的身份对双方争议做出裁决。目前，我国对经济合同的争议实行一裁终局制度，如果当事人对于裁决不服，可在接到裁决书之日起 15 日内向人民法院提起诉讼，由法院做出审判判决。仲裁组织作为民间机构，是以第三者或中间人的身份，对双方当事人之间的纠纷做出公断，因而没有采取强制措施的权利，对仲裁裁决的强制执行权，属于人民法院。如果仲裁裁决后，保险人拒不履行裁决，可以向保险人所在地的人民法院的申请强制执行。

(3) 诉讼

诉讼是依法提起要求解决保险合同争议的一种方式，指的是人民法院依照诉讼程序，对于保险纠纷予以审查，在查明事实，分清责任的基础上做出判决或裁定。诉讼解决保险纠纷是人民法院的司法活动，其所做出的法律裁判具有国家强制力，当事人

必须予以执行。

1.4 汽车保险原则

汽车保险原则的主要内容：保险利益原则、最大诚信原则、近因原则、损失补偿原则、代位追偿原则和重复保险分摊原则。

1.4.1 保险利益原则

（1）保险利益原则的含义

保险利益也称可保利益，是指被保险人对其所投保的标的所具有的法律上认可的经济利益，也就是说，标的的损坏或灭失对被保险人有着利害关系。如果财产安全，投保人就能得益；如果财产受损，其利益也遭受损害。所谓保险利益原则是指在签订和履行保险合同的过程中，投保人和被保险人对保险标的必须具有保险利益。我国《保险法》第十二条规定：人身保险的投保人在保险合同订立时，对被保险人应当具有保险利益。财产保险的被保险人在保险事故发生时，对保险标的应当具有保险利益。第四十八条规定：保险事故发生时，被保险人对保险标的不具有保险利益的，不得向保险人请求赔偿保险金。

（2）保险利益原则的意义

保险利益原则规定，投保人对保险标的必须具有法律上承认的利益，否则，保险合同无效。在保险经营活动中，坚持保险利益原则意义深远。

① 防止道德风险的发生。由于机会主义行为而带来更大风险的情形称为道德风险。如果投保人以没有保险利益的保险标的投保，则有可能出现投保人为获得保险赔偿而任意购买保险，并盼望事故发生的现象；更有甚者，为了获得巨额赔偿或给付，故意制造保险事故，增加了道德风险事故的发生。在保险利益原则的规定下，由于投保人与保险标的之间存在利害关系的制约，投保的目的是为了获得一种经济保障，一般不会诱发道德风险。

② 避免赌博行为的发生。保险利益原则规定，投保人的投保行为必须以保险利益为前提，一旦保险事故发生，投保人获得的就是对其实际损失的补偿或给付，这就把保险与赌博从本质上区分开来。

③ 便于衡量损失赔偿金额，避免保险纠纷的发生。保险人对被保险人的保障，不是保障保险标的本身不遭灾受损，而是保障保险标的遭受损失后被保险人的利益，补偿的是被保险人的经济损失；而保险利益以投保人对保险标的的现实利益以及可以实现的预期利益为限，是保险人衡量损失及被保险人获得赔偿的依据。保险人的赔付金

额不会超过保险利益，否则被保险人将因此获得额外利益，这有悖于损失补偿原则。再者，如果不以保险利益为原则，还容易引起保险纠纷。

1.4.2 最大诚信原则

（1）最大诚信原则的含义

由于保险关系的特殊性（主要是信息不对称），要求保险活动当事人应依法向对方提供足以影响对方做出订约与履约决定的全部实质性重要事实，同时绝对信守合同订立的约定与承诺。具体讲即要求双方当事人不隐瞒事实，不相互欺诈，以最大诚信全面履行各自的义务，以保证对方权利的实现。要求合同双方当事人最大限度地遵守这一原则，故称最大诚信原则。

保险实践中，这一原则更多地体现为对投保人或被保险人的一种法律约束，当投保人违反该原则时，保险人可解除合同或请求确认合同无效。从我国保险业经营的现状来看，众多现实让人觉得保险诚信不容乐观，如被保险人不如实告知或骗赔，保险人在经营与理赔方面的不诚信等行为，在一定程度上影响了我国保险业健康发展。

（2）规定最大诚信原则的原因

在保险活动中，之所以规定最大诚信原则，主要归因于保险经营中信息的不对称和保险合同的附和性与射幸性。

① 保险经营中信息的不对称性。在保险经营中，无论是保险合同订立时还是保险合同成立后，投保人与保险人对有关保险的重要信息的拥有程度是不对称的，对于保险人而言，投保人转嫁的风险性质和大小直接决定者其能否承保与如何承保。然而，保险标的是广泛而复杂的，作为风险承担者的保险人却远离保险标的，而且有些标的难以进行实地查勘，投保人对其保险标的的风险及有关情况却是最为清楚的，因此，保险人也只能根据投保人的告知与陈述来决定是否承保、如何承保以及确定费率。这就使得投保人的告知与陈述是否属实和准确会直接影响保险人的决定。于是要求投保人基于最大诚信原则履行告知义务，尽量对保险标的的有关信息进行披露。对投保人而言，由于保险合同条款的专业性与复杂性，一般的投保人难以理解与掌握，对保险人使用的保险费率是否合理、承保条件及赔偿方式是否苛刻等也是难以了解的，因此，投保人主要根据保险人为其提供的条款说明来决定是否投保以及投保何险种，于是，也要求保险人基于最大诚信，履行其应尽的各项义务。

② 保险合同的附和性与射幸性。保险合同属于典型的附和合同，因此，为避免保险人利用保险条款中含糊或容易使人产生误解的用词来逃避自己的责任，保险人应履行其对保险条款的告知与说明义务。另外，保险合同又是一种典型的射幸合同。按照保险合同约定，当未来保险事故发生时，保险人承担损失赔偿或给付保险金责任。由于保险人所承保的保险标的的风险事故是不确定的，投保人购买保险仅支付较少量的

保费，保险标的一旦发生保险事故，被保险人所能获得的赔偿或给付将是保费支出的数十倍甚至数百倍或更多。因而，就单个保险合同而言，保险人承担的保险责任远远高于其所收取的保费，倘若投保人不诚实、不守信，必将引发大量保险事故，陡然增加保险赔款，使保险人不堪负担而无法继续经营，最终将严重损害广大投保人或被保险人的利益，因此，要求投保人基于最大诚信原则认真履行其告知与保证义务。

（3）最大诚信原则的内容（图1-12）

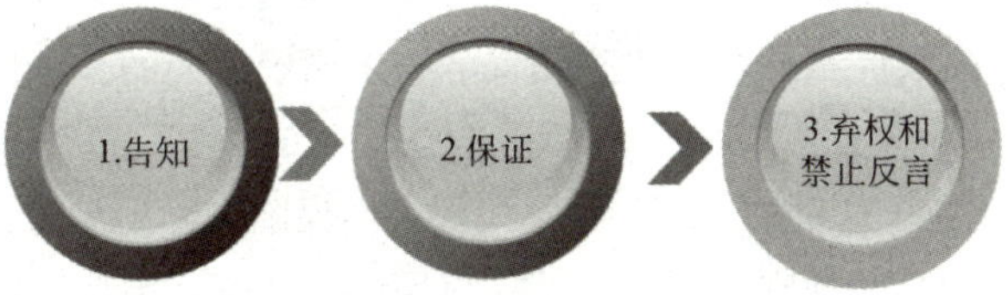

图 1-12　最大诚信原则的内容

最大诚信原则表现为以下几个方面。

① 履行如实告知义务。告知种类如图 1-13 所示。

(广义)投保人的告知
- 在订立保险合同时(狭义告知)
- 在保险合同有效期内(通知)
- 在保险事故发生后(通知)

图 1-13　告知种类

《保险法》第十六条规定：订立保险合同，保险人就保险标的或者被保险人的有关情况提出询问的，投保人应当如实告知。

投保人故意或者因重大过失未履行前款规定的如实告知义务，足以影响保险人决定是否同意承保或者提高保险费率的，保险人有权解除合同。这也是最大诚信原则对投保人的要求。由于保险人面对广大的投保人，不可能一一去了解保险标的的各种情况，因此，投保人在投保时，应当将足以影响保险人决定是否承保，足以影响保险人确定保险费率或增加特别条款的重要情况，向保险人如实告知。

投保人告知的形式有无限告知和询问告知两种。我国保险实务采用询问告知，也就是以投保单为限，即投保单中询问的内容投保人必须如实填写，除此之外，投保人不承担任何告诉和告知义务。

投保人因故意或过失没有履行如实告知义务，将要承担相应的法律后果，包括保险人可以据此解除保险合同；如果发生保险事故，保险人有权拒绝赔付等。

② 履行说明义务。《保险法》第十七条规定：订立保险合同，采用保险人提供的格式条款的，保险人向投保人提供的投保单应当附格式条款，保险人应当向投保人说明合同的内容。

对保险合同中免除保险人责任的条款，保险人在订立合同时应当在投保单、保险单或者其他保险凭证上做出足以引起投保人注意的提示，并对该条款的内容以书面或者口头形式向投保人做出明确说明；未做提示或者明确说明的，该条款不产生效力。这也是最大诚信原则对保险人的要求。保险人要履行据实说明义务。

由于保险合同由保险人事先制定，投保人只有表示接受与否的选择，通常投保人缺乏保险的专业知识和经验，因此，在订立保险合同时，保险人应当向投保人说明合同条款内容。对于保险合同的一般条款，保险人应当履行说明义务。对于保险合同的责任免除条款，保险人应当履行明确说明义务，未明确说明的，责任免除条款不发生效力。

③ 履行保证义务。这里的保证，是指投保人向保险人做出承诺，保证在保险期间遵守作为或不作为的某些规则，或保证某一事项的真实性，因此，这也是最大诚信原则对投保人的要求。

保险上的保证有两种。一种是明示保证，即以保险合同条款的形式出现，是保险合同的内容之一，故为明示。如机动车辆保险中有遵守交通规则、安全驾驶、做好车辆维修和保养工作等条款，一旦合同生效，即构成投保人对保险人的保证，对投保人具有作为或不作为的约束力。另一种是默示保证，即这种保证在保险合同条款中并不出现，往往以社会上普遍存在或认可的某些行为规范为准则，并将此视作投保人保证作为或不作为的承诺，故为默示。如财产保险附加盗窃险合同中，虽然没有明文规定被保险人外出时应该关闭门窗，但这是一般常识下应该做的行为，这种社会公认的常识，即构成默示保证，也成为保险人之所以承保的基础，所以，因被保险人没有关闭门窗而招致的失窃，保险人不承担保险责任。

④ 弃权和禁止反言（图 1-14 ～图 1-17）。这是最大诚信原则对保险人的要求。

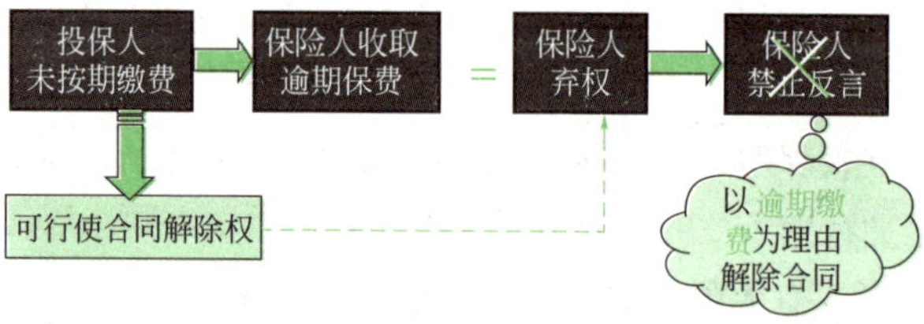

图 1-14　弃权与禁止反言类型一

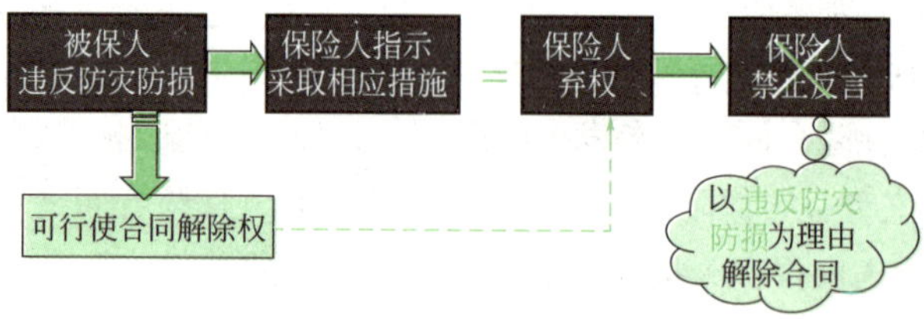

图 1-15　弃权与禁止反言类型二

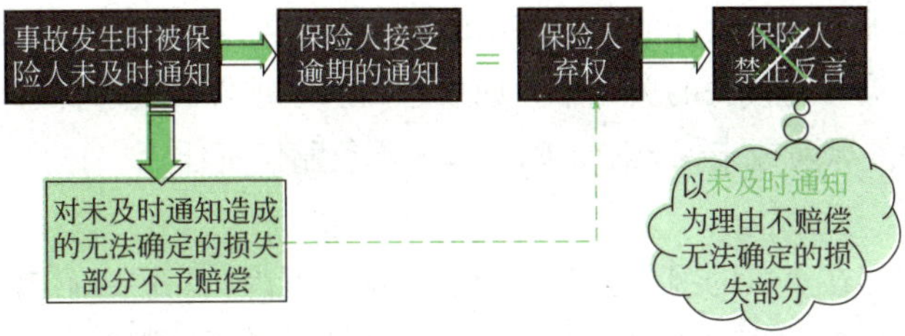

图 1-16　弃权与禁止反言类型三

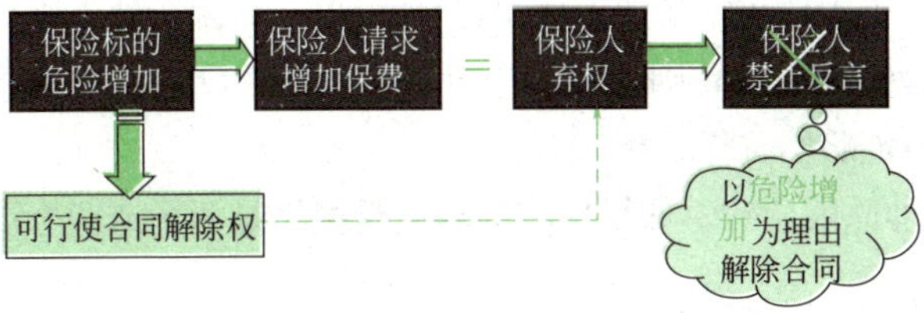

图 1-17　弃权与禁止反言类型四

所谓弃权，是指保险人放弃法律或保险合同中规定的某项权利，如拒绝承保的权利、解除保险合同的权利等。弃权可以分为明示弃权和默示弃权，其中明示弃权可以采用书面或者口头形式。

所谓禁止反言，与弃权有紧密联系，是指保险人既然放弃了该项权利，就不得向被保险人或受益人再主张这种权利。禁止反言的基本功能是要防止欺诈行为，以维护公平、公正，促成双方当事人之间本应达到的结果；在保险合同中，只要订立合同时，保险人放弃了某种权利，合同成立后便不能反悔，至于投保人是否了解事实真相在所不问。

1.4.3　近因原则

（1）近因原则的含义

所谓近因并非指时间上或空间上与损失最接近的原因，而是指造成损失的最直接、最有效、起主导性作用的原因。例如，司机刘某驾车拐弯时不小心撞了骑自行车的王女士，王女士感觉头晕胸闷，在送往医院途中危情加重，到医院后不治身亡，医院开具的死亡证明书上指出死亡原因是心肌梗死。案例中，撞人只是诱因，心肌梗死才是近因。再如，保险车辆遭受暴雨浸泡，气缸进水，启动发动机导致发动机受损，暴雨并不必然导致发动机损毁，因此暴雨不是近因，启动发动机才是近因。

当损失的原因有两个以上，且各个原因之间的因果关系尚未中断的情况下，其最先发生并造成一连串损失的原因即为近因。

近因原则是确定保险责任的一项基本原则，基本含义：一是规定近因的认定方法；二是在风险与保险标的损失的关系中，如果近因属于被保风险，保险人就应负赔偿责任。近因属于除外风险或未保风险，则保险人不负赔偿责任。

（2）近因的认定

损失与近因存在直接的因果关系，因而，要确定近因，首先要确定损失的因果关系。确定因果关系的基本方法有从原因推断结果和从结果推断原因两种。从近因认定和保险责任认定看，可分为下述情况。

① 损失由单一原因所致。若保险标的损失由单一原因所致，则该原因即为近因。若该原因属于保险责任事故，则保险人应负赔偿责任；反之，若该原因属于责任免除项目，则保险人不负赔偿责任。

② 损失由多种原因所致。如果保险标的遭受损失是两个或两个以上原因导致的，则应区别分析。

a. 多种原因同时发生导致损失。多种原因同时发生而无先后之分，且均为保险标的损失的近因，则应区别对待。若同时发生导致损失的多种原因均属保险责任，则保险人应负责全部损失赔偿责任；若同时发生导致损失的多种原因均属于责任免除，则保险人不负任何损失赔偿责任；若同时发生导致损失的多种原因不全属保险责任，则应严格区分，对能区分保险责任和责任免除的，保险人只负保险责任范围所致损失的赔偿责任；对不能区分保险责任和责任免除的，则不予赔付。

b. 多种原因连续发生导致损失。如果多种原因连续发生导致损失，前因与后因之间具有因果关系，且各原因之间的因果关系没有中断，则最先发生并造成一连串风险事故的原因就是近因。保险人的责任可根据下列情况来确定。

第一，若连续发生导致损失的多种原因均属于保险责任，则保险人应负全部损失的赔偿责任。如船舶在运输途中因遭雷击而引起火灾，火灾引起爆炸，由于三者均属于保险责任，则保险人对一切损失负全部赔偿责任。

第二，若连续发生导致损失的多种原因均属于责任免除范围，则保险人不负赔偿责任。

第三，若连续发生导致损失的多种原因不全属于保险责任，最先发生的原因属于保险责任，而后因不属于责任免除范围，则近因属于保险责任，保险人负赔偿责任。

第四，最先发生的原因属于责任免除范围，其后发生的原因属于保险责任，则近因是责任免除项目，保险人不负赔偿责任。

c. 多种原因间断发生导致损失。致损原因有多个，它们是间断发生的，在一连串连续发生的原因中，有一种新的、独立的原因介入，使原有的因果关系链断裂，并导致损失，则新介入的独立原因是近因。近因属于保险责任范围的事故，则保险人应负赔偿责任；反之，若近因不属于保险责任范围，则保险人不负责赔偿责任。

【案例——近因原则】

［基本案情］

2011年1月31日，无锡××电镀有限公司（以下简称××公司）作为投保人为该公司所拥有的一辆奔驰S65 AMG型轿车在中国人民财产保险股份有限公司无锡市××支公司（以下简称人保××支公司）投保了保险金额为32.98万元的机动车损失保险及相应的不计免赔险，保险时间自2011年1月31日12时起至2012年1月31日12时止。2011年8月26日15时左右，××公司法定代表人耿××驾驶该车行驶至无锡市阳山镇阳山大道锡宜高速高架隧道内时，因隧道内有积水导致车辆被淹熄火，发动机进水受损。事后，××公司因维修受损车辆而产生维修费用130万元，因人保××支公司对上述费用拒不履行赔偿义务，故请求法院判令人保××支公司立即支付保险金130万元。

被告人保××支公司辩称：导致本案涉保车辆发生车损事故的直接原因是××公司法定代表人耿××的驾车涉水行驶行为，该事故不属于保险人承保的保险事故范围；导致涉保车辆发动机受损的原因可能是发动机进水，但因发动机进水导致的发动机损害属于保险人的免责事项，保险人无需理赔；本案中的涉水车辆并未投保针对发动机进水后损害的发动机特别损失险，故涉水车辆因发动机进水后产生的车辆损失不能向保险人主张赔付。

××公司认为保险条款第四条中因暴雨造成的机动车损失保险人应负责赔偿责任与保险条款第七条中发动机进水后导致的发动机损坏保险人不负责赔偿责任的条款内容间存在矛盾之处。因上述条款为格式条款，故应做出有利于被保险人的解释，人保××支公司不能免除保险赔付责任。

该事故发生后，耿××立即向交警部门报案，当日，无锡市公安局交通巡逻警察支队××大队对该事故出具道路交通事故认定书，认定耿××对该事故负全部责任。

2011年9月27日，××公司与人保××支公司共同委托南车×××机车车辆工艺研究所有限公司司法鉴定所对事故车辆发动机受损的原因进行鉴定，2011年10月20日，该所出具司法鉴定意见书一份，认定事故车辆发动机受损的原因是由于发动机进水或活塞表面积炭严重。庭审中，××公司与人保××支公司均认可涉保车辆发动机损坏的原因是发动机进水。

××公司与人保××支公司对造成涉保车辆发动机进水后受损的原因存在争议，××公司认为是事故前日无锡地区的暴雨导致了涉保车辆发动机进水后受损，即导致涉保车辆受损的“近因”是暴雨；人保××支公司认为导致涉保车辆发动机进水受损的“近因”是耿××于事故当日在事故路段驾车涉水行驶的行为，而非暴雨。

［审判结果］

江苏省无锡市锡山区人民法院于 2013 年 1 月 6 日做出民事判决：驳回 ×× 公司全部诉讼请求。

［审判理由］

本案的争议焦点：本案中涉保车辆发动机进水受损是否因暴雨造成；本案中涉保车辆因发动机进水损坏所产生的损失，人保 ×× 支公司是否应承担保险赔偿责任。

（1）关于争议焦点一

本案中涉保车辆发动机进水受损并非因暴雨造成，而是因耿 ×× 驾驶涉保车辆涉水行驶的行为所造成，具体理由如下：本案中，涉保车辆在隧道积水中被淹、发动机进水受损并非由于暴雨发生时隧道内形成的积水所导致，而是由于耿 ×× 于事故当日在积水的隧道中驾驶涉保车辆涉水行驶的行为所导致；×× 公司诉称，导致涉保车辆发动机进水受损的"近因"是暴雨。所谓近因，是指引起保险标的损失的直接的、最有效的、起决定性作用的因素，它是导致保险标的受损的直接原因。本案中，事故隧道中的积水虽然是事故前日无锡地区的降雨所致，但该降雨导致隧道中积水的事实与事故当日耿 ×× 驾驶涉保车辆在积水隧道中涉水行驶的事实间并无必然的、直接的因果关系，而耿 ×× 驾驶涉保车辆涉水行驶的行为与涉保车辆被淹、发动机进水受损之间存在必然的、直接的因果关系，故本案中，导致涉保车辆发动机进水受损的近因是耿 ×× 的涉水行驶行为而并非是暴雨。

（2）关于争议焦点二

本案涉保车辆发动机进水损坏所产生的损失，人保 ×× 支公司无需承担保险赔偿责任，具体理由如下。

① 本案中导致涉保车辆发动机进水受损的最直接、最主要的原因是耿 ×× 的涉水行驶行为，而涉水行驶导致的被保险机动车辆损坏并不属于保险条款中约定的保险责任范围，故本案诉争事故本身不属于保险事故，人保 ×× 支公司无需承担保险赔付责任。

② 退一步讲，即使本案涉保车辆发动机进水受损的事故是暴雨造成的，人保 ×× 支公司也无需赔偿，理由是保险条款第四条第（五）项中虽然约定保险期间内，被保险人或其允许的合法驾驶人在使用被保险机动车过程中，因雷击、雹灾、暴雨、洪水、海啸造成被保险机动车的损失，保险人依照本保险合同的约定负责赔偿，但保险条款第七条第（十）项中载明：发动机进水后导致的发动机损坏带来的损失和费用，保险人不负责赔偿。上述第四条第（五）项属于约定保险责任范围的条款，而第七条第（十）项属于约定责任免除范围的条款。保险责任条款与责任免除条款间的逻辑关系是保险人与投保人对本属于保险责任范围内的部分责任所作的特别约定，使其被排除在保险责任范围之外，故上述条款间并不存在矛盾之处。具体来说，因暴雨造成被保险机动车的损失属于保险责任范围，但因上述保险条款第七条第（十）项责任免除条款的

存在，故暴雨造成的被保险机动车损失中，因发动机进水而造成的发动机损失被排除在外。人保 ×× 支公司已就该责任免除条款向投保人 ×× 公司履行了明确说明义务，故该责任免除条款对被保险人 ×× 公司产生法律效力。

1.4.4 损失补偿原则

(1) 损失补偿原则的含义

损失补偿原则是指保险标的发生保险责任范围内的损失时，保险人按照合同约定，以货币形式补偿被保险人所受的损失，或以实物赔偿，或修复标的。

损失补偿原则的基本含义包含两层：一是只有保险事故发生造成保险标的毁损致使被保险人遭受经济损失时，保险人才承担损失补偿的责任，否则即使在保险期限内发生了保险事故，但被保险人没有遭受损失，就无权要求保险人赔偿；二是被保险人可获得的补偿量，仅以其保险标的遭受的实际损失为限，即保险人的补偿恰好能使保险标的在经济上恢复到保险事故发生之前的状态，而不能使被保险人获得多于或少于损失的补偿，尤其是不能让被保险人通过保险获得额外的利益。损失补偿原则主要适用于财产保险。

(2) 保险人履行损失赔偿原则的限度

① 以实际损失为限。也就是保险人赔偿的金额不能超过被保险人的该项财产损失的市场价格。例如，某车辆投保了车辆损失险，保额为 20 万元。日后，该车出事故，导致车辆全损，没有修复价值，此时该车市场价已经降为 18 万元，那么，保险公司只能赔偿 18 万元，而不是 20 万元。

② 以保险金额为限。保险金额是保险人承担赔偿保险金责任的最高限额。赔偿金额不得高于保险金额。如果前例中汽车实际价值为 25 万元，而被保险人在投保时保险金额为 20 万元，属于不足额投保。当该汽车发生全损时，尽管标的车辆实际损失为 25 万元，但保险人只赔付 20 万元，其余损失只能由自己承担。

③ 以保险利益为限。保险人的赔偿以被保险人对保险标的所具有的保险利益为限。被保险人对遭受损失的财产具有保险利益，这是被保险人索赔的基础，被保险人获得的赔偿，不得超过对被损财产所具有的保险利益。例如某银行开展住房抵押贷款，向贷款人贷出款项 30 万元；同时，将抵押的房屋投保了 30 万元的 1 年期房屋火险。按照约定，贷款人半年后偿还了一半贷款。不久，该保险房屋发生火灾事故，贷款人也无力偿还剩余款额，这时由于银行在该房屋上的保险利益只有 15 万元，尽管房屋的实际损失及保险金额均为 30 万元，银行也只能得到 15 万元的赔偿。再如，某人利用自己的汽车做抵押贷款，车辆价值 20 万元，抵押贷款 15 万元，银行作为抵押权人对该车拥有保险利益，即使银行按照 20 万元投保车辆损失险，出险时，保险公司最多赔偿 15 万元。

损失补偿原则的派生原则有两个：代位追偿原则和分摊原则。

1.4.5 代位追偿原则

（1）代位追偿原则的含义

代位追偿原则是指在财产保险中，保险标的发生保险事故造成推定全损，或者保险标的由于第三者责任导致保险损失，保险人按照合同的约定履行赔偿责任后，依法取得对保险标的的所有权或对保险标的损失负有责任的第三者的追偿权。

（2）代位追偿原则的主要内容

① 权利代位。权利代位即追偿权的代位，是指在财产保险中，保险标的由于第三者责任导致保险损失，保险人向被保险人支付保险赔款后，依法取得对第三者的索赔权。如车辆停在路边被一位拾荒人不小心划伤，拾荒人说自己没有赔付能力，保险人在赔付你之后，你的权益得到了保障，你就不能再找拾荒人索赔，而是将索赔权转移给保险人，保险人可以向应该承担赔偿责任的拾荒人追偿。

② 物上代位。物上代位是指保险标的遭受保险责任范围内的损失，保险人按保险金额全数赔付后，依法取得该项标的的所有权。如车辆跌落山涧，打捞费用超过标的车的价值（暂时没有打捞价值），保险公司认定标的全损，按照保额全额赔付，那么，该标的车就不再属于你，而归保险公司所有，保险公司可以在合适的时机打捞该车。

1.4.6 重复保险分摊原则

（1）重复保险分摊原则的含义及构成条件

《保险法》第五十六条规定：重复保险是指投保人对同一保险标的、同一保险利益、同一保险事故分别与两个以上保险人订立保险合同，且保险金额总和超过保险价值的保险。例如，车辆价值 10 万元，在 A 保险公司投保了 10 万元的车辆损失险，又在 B 保险公司投保了 8 万元的车辆损失险，保险金额总和 18 万元，超过了保险价值 10 万元，这就是重复保险。

由定义可知，重复保险必须具备的条件：

① 同一保险标的及同一可保利益；

② 同一保险期间；

③ 同一保险危险；

④ 与数个保险人订立数个保险合同，且保险金额总和超过保险标的价值。

重复保险分摊原则是指在重复保险的情况下，当保险事故发生时，各保险人应采取适当的分摊方法分配赔偿责任，使被保险人既能得到充分的补偿，又不会超过实际损失而获得额外的利益。

（2）重复保险的分摊方式

① 比例责任分摊方式。即各保险人按其所承保的保险金额与总保险金额的比例分摊保险赔偿责任。

计算公式为

$$各保险人承担的赔款=\frac{损失金额\times 该保险人承保的保险金额}{各保险人承保的保险金额总和}$$

② 限额责任分摊方式。

该方式是以在没有重复保险的情况下，各保险人依其承保的保险金额而应付的赔偿限额与各保险人应负赔偿限额总和的比例承担损失赔偿责任。

计算公式为

$$各保险人承担的赔款=\frac{损失金额\times 该保险人的赔偿限额}{各保险人赔偿限额总和}$$

③ 顺序责任分摊方式。即由先出单的保险人首先负责赔偿，后出单的保险人只有在承保的标的损失超过前一保险人承保的保额时，才依次承担超出的部分。

第2章

常见汽车保险各险种介绍

2.1 机动车交通事故责任强制保险与费率

2.1.1 国外强制汽车责任保险概述

强制汽车责任保险也称为法定汽车责任保险，是国家或地区基于公共政策的考虑，为维护社会大众利益，以颁布法律或行政法规的形式实施的汽车责任保险。在强制汽车责任保险的规定下，不管被保险人是否愿意，汽车所有人必须按照法规投保汽车责任保险。强制汽车责任保险的目的是为了保障交通事故受害者能获得基本的赔偿。

（1）产生背景

第一次世界大战以后，汽车产量激增。为了促进销售，出现了分期付款的促销方式，于是很多平民也开始拥有汽车，汽车迅速在大众中普及。不过，当时汽车价格昂贵，购车首付款几乎花光了车主所有的积蓄，而日后的分期付款和使用费也使得车主收入基本没有剩余，于是出现了许多无力购买汽车保险或无相应财产做担保的驾驶人。当事故发生时不仅自己的损失无法弥补，而且受害人的损害也无法得到及时有效的赔偿。为了改变这种状况，许多国家和地区相继制定了有关法令，强制实行汽车责任保险，以确保受害人的损失能得到及时补偿。

最初将车辆损害视为社会问题的是美国的马萨诸塞州。该州认为公路是为全体行人修建的，驾驶人在使用汽车时对其他行人会构成威胁，万一发生事故，必须具有赔偿能力，因此要求驾驶人应预先投保汽车责任保险或提供保证金以证明自己具有赔偿能力。为此，该州决定彻底改革汽车责任保险制度，于 1927 年实施了强制汽车保险法（Compulsory Auto Insurance Laws），要求驾驶人在登记申请牌照时，必须有汽车责任保险单或者提供证明自己有赔偿能力的保证金。

英国于 1930 年颁布了《道路交通法—1930》，并于 1931 年实施了强制汽车责任保险；日本于 1955 年制定了机动车损害赔偿保障法，于 1956 年实施了强制汽车责任保险; 法国于 1958 年制定了强制保险制度，于 1959 年起实施; 德国于 1965 年制定了《汽车所有人强制责任保险法》，强制汽车所有人投保。目前，世界绝大多数国家或地区都实行了强制汽车责任保险制度。

（2）强制汽车责任保险的特征

① 强制汽车责任保险具有强制性。一般的汽车保险都属自愿办理，而强制汽车责任保险根据强制保险的相应法规开办，汽车拥有者必须购买，否则属于违法行为。

② 强制汽车责任保险对第三者的利益有基本保障性。一般的汽车责任保险，投保人可以自愿选择责任限额，主要是依据个人的需要和缴费能力确定，一般情

况下，投保人会选择稍高限额，以获得保险的充足保障。而强制汽车责任保险的责任限额是固定的，不能自愿选择，正因为这点，各国在制定责任限额时都定得比较低，以使大多数投保人都有购买能力，因此较低的限额只是对事故受害者的一个基本保障。

③ 强制汽车责任保险以无过失责任为基础。一般汽车责任保险依据保险合同的规定，以被保险人在事故中所负责任比例确定损害赔偿范围和大小，它是以过失责任为归责原则。而强制汽车责任保险根据相关法律的规定，大多基于损害的存在对受害者予以补偿，因此它多采用以无过失责任为归责原则。我国的强制汽车责任保险采用过失责任和无过失责任相结合的原则。

④ 强制汽车责任保险具有公益性。一般汽车责任保险的费率考虑公司盈利，而强制汽车责任保险费率由政府统一制定，不考虑盈利，所以保险费率相对较低，具有公益性。

（3）强制汽车责任保险的实施方式

强制汽车责任保险与一般汽车责任保险的实施，一般有两种方式：混合实施和分离实施。

① 混合实施。在保险模式设计时，分多个层次，投保哪个层次的保险，由投保人自由决定。各个层次类型的保险中，以只能提供最基本保障的强制汽车责任保险为最低层次，其他的层次都包括最低层次，即都包括强制汽车责任保险，这种强制汽车责任保险与一般汽车责任保险的实施方式称为混合实施。英国的强制汽车责任保险就是这种实施方式。

在英国，汽车保险被设计分为四个层次的类型。

a. 法定最低要求的汽车责任保险。

b. 第三者责任险（包括强制汽车责任保险）。

c. 第三者责任、火灾和盗窃保险（包括强制汽车责任保险）。

d. 综合保险（包括强制汽车责任保险）。

② 分离实施。分离实施是指强制汽车责任保险与一般汽车责任保险分别实施，前者按照法律规则设计，后者按照商业保险原则设计，投保人分别办理。强制汽车责任保险是汽车所有人或驾驶员必须办理的，而商业性汽车保险的主险和附加险，由投保人自愿选择。日本采用这种方式。我国的强制汽车责任保险和商业汽车保险也采用分离实施方式。

2.1.2 我国强制汽车责任保险概述

1983 年，国务院颁发了第 27 号文件，首次要求个人与联户的汽车及拖拉机必须参加机动车辆第三者责任险。1984 年国务院发布 151 号文件，明确提出对汽车的第三者责任险问题。以后公安部也曾多次发出规定，要求汽车不参加第三者责任险不发牌照。从这个意义上说，我国已经实行了强制汽车责任保险。但在法律上明确汽车责任保险的强制性是2004年5月1日实施的《道路交通安全法》，该法第17条规定：国家实行机动车辆第三者责任险制度，设立道路交通事故社会救助基金。但是，《道路交通安全法》只是对机动车辆强制责任保险做了一个原则性的规定，与之配套的《机动车交通事故责任强制保险条例》（以下简称《条例》），自2006年7月1日起实施。《条例》的公布是我国汽车保险发展中的一大进步，对众多道路交通事故受害者来说是一件幸事。

机动车交通事故责任强制保险（以下简称“交强险”）是我国首个由国家法律规定实行的强制保险制度。条款的内容构成共分10个部分，分别为总则，定义，保险责任，垫付与追偿，责任免除，保险期间，投保人、被保险人义务，赔偿处理，合同变更与终止，附则。

（1）总则

主要是对条款的制定依据、合同的组成与形式、费率的影响因素等内容进行阐述。

交强险条款制定的依据主要是《道路交通安全法》《保险法》《条例》等。明示条款制定的法律依据，有利于突出交强险条款的权威性和严肃性。

交强险合同的组成基本沿用了目前商业性保险合同构成的要素，包括交强险条款、投保单、保险单、批单和特别约定等，这也是为法律界和保险界普遍认可的一种保险合同组成。条款要求所有涉及合同的约定，均应采用书面形式，以利于明确合同当事人的权利义务。

交强险费率按照保监会规定执行，实行与被保险机动车道路交通安全违法行为、交通事故记录相联系的浮动机制。这可促进被保险机动车驾驶人遵守交通安全法规，同时体现了交强险具有通过费率机制实现社会管理的功能，有利于推动国家道路交通安全状况的好转。

（2）定义

主要对交强险合同中的被保险人、投保人、受害人、责任限额、抢救费用等术语作出了解释。

① 被保险人是指投保人及其允许的合法驾驶人。

② 投保人是指与保险人订立合同，并按合同负有支付保险费义务的机动车的所有人、管理人。

③ 受害人是指因被保险机动车发生交通事故遭受人身伤亡或者财产损失的人，但不包括被保险机动车上的人员、被保险人。

④ 责任限额是指被保险机动车发生交通事故，保险人对每次保险事故所有受害人的人身伤亡和财产损失所承担的最高赔偿金额。责任限额分为死亡伤残赔偿限额、医疗费用赔偿限额、财产损失赔偿限额以及被保险人在道路交通事故中无责任的赔偿限

额。其中无责任赔偿限额分为无责任死亡伤残赔偿限额、无责任医疗费用赔偿限额及无责任财产损失赔偿限额。

⑤ 抢救费用是指被保险机动车发生交通事故导致受害人受伤时，医疗机构对生命体征不平稳和虽然生命体征平稳但如果不采取处理措施会产生生命危险，或者导致残疾、器官功能障碍，或者导致病程明显延长的受害人，参照国务院卫生主管部门组织制定的交通事故人员创伤临床诊疗指南和国家基本医疗保险标准，采取必要的处理措施所产生的医疗费用。本定义对临床医疗指南明确为“交通事故人员创伤临床诊疗指南”，以防止“指南”的指向不清，造成实践中的混乱；另外，本定义以“国家基本医疗保险”作为医疗机构的参照标准，规范医疗机构治疗行为，以避免加重被保险人的经济负担或在不同的受害人之间造成不公平。

（3）保险责任

主要规定了交强险的保险责任的具体内容和具体责任限额的数额。保险责任的成立应满足四个条件：一是被保险机动车在中华人民共和国境内使用；二是发生交通事故； 三是造成受害人的人身或者财产损失；四是依法应当由被保险人承担损害赔偿责任。

① 责任限额。交强险责任限额为 122000 元。其中，死亡伤残赔偿限额为 11000 元；医疗费用赔偿限额为 10000 元；财产损失赔偿限额为 2000 元；被保险人无责任时，无责任死亡伤残赔偿限额为 11000 元；无责任医疗费用赔偿限额为 1000 元，无责任财产损失赔偿限额为 100 元。

② 人身伤亡和医疗费用赔偿限额的赔偿费用项目规定如下。

a. 死亡伤残赔偿限额和无责任死亡伤残赔偿限额项下负责赔偿丧葬费、死亡补偿费、受害人亲属办理丧葬事宜支出的交通费用、残疾赔偿金残疾辅助器具费、护理费、康复费、交通费、被扶养人生活费、住宿费、误工费，被保险人依照法院判决或者调解承担精神损害抚慰金。

b. 医疗费用赔偿限额和无责任医疗费用赔偿限额项下负责赔偿医药费、诊疗费、住院费、住院伙食补助费，以及必要的、合理的后续治疗费、整容费、营养费。

确定以上赔偿费用项目的法律依据为《最高人民法院关于审理人身损害赔偿案件适用法律若干问题的解释》（法释［2003］20 号），并且将其中所规定的人身损害的所有赔偿项目在不同赔偿限额间进行了分配，明确了各赔偿限额的保障范围。

（4）垫付与追偿

主要规定了垫付的条件、标准和具体操作，同时规定了四种情形下保险人向受害垫付抢救费用后有权向致害人追偿垫付费用。

被保险机动车在四种情形的任一情形下发生交通事故，造成受害人受伤需要抢救的，保险人在接到公安机关交通管理部门的书面通知和医疗机构出具的抢救费用清单后，按照卫生主管部门制定的交通事故人员创伤临床诊疗指南和国家基本医疗保险标准进行核实，对于符合规定的抢救费用，保险人在医疗费用赔偿限额内垫付。被保险人在交通事故中无责任的，保险人在无责任医疗费用赔偿限额内垫付。对于其他损失和费用，保险人不负责垫付和赔偿。

对于垫付的抢救费用，保险人有权向致害人追偿的四种情形如下。

① 驾驶人未取得驾驶资格的。

② 驾驶人醉酒的。

③ 被保险机动车被盗抢期间肇事的。

④ 被保险人故意制造交通事故的。

（5）责任免除

主要列明保险公司不负责赔偿和垫付的损失及费用，具体如下。

① 因受害人故意造成的交通事故的损失。

② 被保险人所有的财产及被保险机动车上的财产遭受的损失。

③ 被保险机动车发生交通事故，致使受害人停业、停驶、停电、停水、停气、停产、通信或者网络中断、数据丢失、电压变化等造成的损失以及受害人财产因市场价格变动造成的贬值、修理后因价值降低造成的损失等其他各种间接损失。

④ 因交通事故产生的仲裁或者诉讼费用以及其他相关费用。

（6）保险期间

交强险合同的保险期间一般为一年，并以保险单载明的具体起止时间为准。以下四种情形下，保险期间可少于一年，为短期交强险。

① 境外机动车临时入境的

② 机动车临时上道路行驶的。

③ 机动车距规定的报废期限不足一年的。

④ 中国保险监督管理委员会（以下简称保监会）规定的其他情形。

（7）投保人、被保险人义务

依据《条例》和《保险法》的规定，列明投保人及被保险人的具体义务，如下所示。

① 投保人应如实填写投保单，向保险人如实告知重要事项，并提供被保险机动车的行驶证复印件，投保人未如实告知重要事项，对保险费计算有影响的，保险人应重新核定保险费。

重要事项包括机动车的种类、厂牌型号、识别代码、号牌号码使用性质和机动车所有人或者管理人的姓名（名称）、性别、年龄、住所、身份证或者驾驶证号码（组织机构代码）、续保前该机动车发生事故的情况以及保监会规定的其他事项。

② 签订交强险合同时，投保人应一次性支付全部保险费，不得在保险条款和保险

费率之外，向保险公司提出附加其他条件的要求。

③ 投保人续保时，应提供被保险机动车上一年度交强险的保险单。

④ 在保险合同有效期内，被保险机动车因改装、加装、使用性质改变等导致危险程度增加的被保险人应及时通知保险人，并办理批改手续。保险人重新核定保险费。

⑤ 被保险机动车发生交通事故时，被保险人应及时采取合理、必要的施救和保护措施，并在事故发生后及时通知保险人。

⑥ 发生保险事故后，被保险人应积极协助保险人进行现场查勘和事故调查。同时，发生与保险赔偿有关的仲裁或者诉讼时被保险人应及时书面通知保险人。

（8）赔偿处理

主要规定了被保险人索赔时应提供的材料、人身伤亡的赔偿核定标准及赔偿方面注意事项。

① 被保险机动车发生交通事故后，由被保险人向保险人申请赔偿保险金。被保险人索赔时，应向保险人提供以下材料。

a. 交强险保险单。

b. 被保险人出具的索赔申请书。

c. 被保险人和受害人的有效身份证明、被保险机动车行驶证和驾驶人的驾驶证。

d. 公安机关交通管理部门出具的事故证明或者法院等机构出具的法律文书及其他证明。

e. 被保险人根据有关法律、法规、规定选择自行协商方式处理交通事故的，应当提供依照《交通事故处理程序规定》规定的记录交通事故情况的协议书。

f. 受害人财产损失程度证明、人身伤残程度证明、相关医疗证明及有关损失清单和费用单据。

g. 其他与确认保险事故的性质、原因、报失程度等有关的证明和资料。

② 核定人身伤亡赔偿金额的标准主要有三项。

a. 有关法律和法规，主要是《最高人民法院关于审理人身损害赔偿案件适用法律若干问题的解释》。

b. 卫生主管部门组织制定的交通事故人员创伤临床诊疗指南。

c. 国家基本医疗保险标准。

③ 赔偿注意事项如下。

a. 因保险事故造成受害人人身伤亡的，被保险人不要自行承诺或支付赔偿金额，应征得保险人书面同意。对被保险人自行承诺或支付的赔偿金额，保险人在交强险责任限额内有权重新核定。

b. 因保险事故损坏的受害人财产需要修理的，被保险人应当在修理前会同保险人检验，协商确定修理或者更换项目、方式和费用。否则，保险人在交强险责任限额内有权重新核定。

(9) 合同变更与终止

主要规定了合同变更和解除的条件以及合同终止后保费的退还办法。在合同有效期内，被保险机动车所有权发生转移的，投保人应及时通知保险人，并办理合同变更手续。

在下列三种情况下，投保人可要求解除交强险合同。

① 被保险机动车被依法注销登记的。

② 被保险机动车办理停驶的。

③ 被保险机动车经公安机关证实丢失的。

交强险合同解除后，保险人按照日费率收取自保险责任开始之日起至合同解除之日止期间的保险费，退还剩余保险费，而投保人应及时将保险单和保险标志交还保险人。

(10) 附则

主要规定了合同争议的解决方式和适用法律等。交强险合同争议解决有以下三种方式。

① 由合同当事人协商解决。

② 协商不成的，提交至保险单载明的仲裁机构仲裁。

③ 保险单未载明仲裁机构或者争议发生后未达成仲裁协议的，可向人民法院起诉。

交强险合同争议处理适用中华人民共和国法律。

2.1.3 交强险费率

目前的交强险费率厘定，是以保险公司历史赔付数据为基础，在充分考虑当前环境下赔偿原则、保障范围、赔偿标准、强制性要求、机动车数量增加及投保面扩大等因素对出险频率和案均赔款的影响后，测算出了交强险费率水平。第一年实行全国统一价格，之后通过“奖优罚劣”的费率浮动机制，并根据各地区经营情况，逐步在费率中加入地区差异化因素等，进而实行差异化费率。

(1) 交强险费率

交强险基础费率如表 2-1 所示。

表 2-1 交强险基础费率

车辆大类	序号	车辆明细分类	保费 / 元
一、家庭自用车	1	家庭自用汽车 6 座以下	950
	2	家庭自用汽车 6 座及以上	1100

续表

车辆大类	序号	车辆明细分类	保费 / 元
二、非营运客车	3	企业非营运汽车 6 座以下	1000
	4	企业非营运汽车 6 ～ 10 座	1130
	5	企业非营运汽车 10 ～ 20 座	1220
	6	企业非营运汽车 20 座以上	1270
	7	机关非营运汽车 6 座以下	950
	8	机关非营运汽车 6 ～ 10 座	1070
	9	机关营运汽车 10 ～ 20 座	1140
	10	机关非营运汽车 20 座以上	13200
三、营运客车	11	营运出租租赁 6 座以下	1800
	12	营运出租租赁 6 ～ 10 座	2360
	13	营运出租租赁 10 ～ 20 座	2400
	14	营运出租租赁 20 ～ 36 座	2560
	15	营运出租租赁 36 座以上	3530
	16	营运城市公交 6 ～ 10 座	2250
	17	营运城市公交 10 ～ 20 座	2520
	18	营运城市公交 20 ～ 36 座	3020
	19	营运城市公交 36 座以上	3140
	20	营运公路客运 6 ～ 10 座	2350
	21	营运公路客运 10 ～ 20 座	2620
	22	营运公路客运 20 ～ 36 座	3420
	23	营运公路客运 36 座以上	4690
四、非营运货车	24	非营运货车 2t 以下	1200
	25	非营运货车 2 ～ 5t	1470
	26	非营运货车 5 ～ 10t	1650
	27	非营运货车 10t 以上	2220
五、营运货车	28	营运货车 2t 以下	1850
	29	营运货车 2 ～ 5t	3070
	30	营运货车 5 ～ 10t	3450
	31	营运货车 10t 以上	4480

续表

车辆大类	序号	车辆明细分类	保费 / 元
六、特种车	32	特种车（一）	3710
	33	特种车（二）	2430
	34	特种车（三）	1080
	35	特种车（四）	3980
七、摩托车	36	摩托车 50mL 及以下	80
	37	摩托车 50 ～ 250mL（含）	120
	38	摩托车 250mL 以上及侧三轮	400
八、拖拉机	39	兼用型拖拉机 14.7kW 及以下	按保监产险 [2007]53 号实行地区差别费率
	40	兼用型拖拉机 14.7kW 以上	
	41	运输型拖拉机 14.7kW 及以下	
	42	运输型拖拉机 14.7kW 以上	

注：1. 座位和吨位的分类都按照“含起点不含终点”的原则来解释。

2. 特种车（一）：油罐车、气罐车、液罐车。特种车（二）：专用净水车、除特种车（一）以外的罐式货车，以及用于清障、清扫、清洁、起重、装卸、升降、搅拌、挖掘、推土、冷藏、保温等的各种专用机动车。特种车（三）：装有固定专用仪器设备，从事专业工作的监测、消防、运钞、医疗、电视转播等的各种专用机动车。特种车（四）：集装箱拖头。

3. 挂车根据实际的使用性质并按照对应吨位货车的 30% 计算。

4. 低速载货汽车参照运输型拖拉机 14.7kW 以上的费率执行。

表 2-1 中把机动车按大类分为家庭自用车、非营运客车、营运客车、非营运货车、营运货车、特种车、摩托车和拖拉机八种类型 42 小项，每种类型含义如下。

① 家庭自用车：是指家庭或个人所有，且用途为非营运性的客车。

② 非营运客车：是指党政机关、企事业单位、社会团体、使（领）管等机构从事公务或在生产经营活动中不以直接或间接方式收取运费或租金的客车，包括党政机关、企事业单位、使（领）馆、社会团体等机构为从事公务或在生产经营活动中承租且租赁期限为 1 年或 1 年以上的客车。非营运客车分为党政机关客车、事业团体客车，企业客车。驾校用于驾驶教练、邮政公司用于邮递业务、快递公司用于快递业务的客车，以及警车、普通囚车、医院的普通救护车、殡葬车按照其行驶证上载明的核定载客数，适用对应的企业非营运客车的费率。

③ 营运客车：是指用于旅客运输或租赁，并以直接或间接方式收取运费或租金的客车。营运客车分为城市公交客车，公路客运客车，出租、租赁客车。旅游客运车按

照其行驶证上载明的核定载客数，适用对应的公路客运车费率。

④ 非营运货车：是指党政机关、企事业单位、社会团体自用，或仅用于个人及家庭生活，不以直接或间接方式收取运费或租金的货车（包括客货两用车）。货车是指载货机动车、厢式货车、半挂牵引车、自卸车、蓄电池运输车、装有起重机械但以载重为主的起重运输车。驾校用于驾驶教练、邮政公司用于邮递业务、快递公司用于快递业务的货车按照其行驶证上载明的核定载重量，适用对应的非营运货车的费率。

⑤ 营运货车：是指用于货物运输或租赁，并以直接或间接方式收取运费或租金的货车（包括客货两用车）。货车是指载货机动车、厢式货车、半挂牵引车、自卸车、蓄电池运输车、装有起重机械但以载重为主的起重运输车。

⑥ 特种车：是指用于各类装载油料、气体、液体等专用罐车；或用于清障、清扫、清洁、起重、装卸（不含自卸车）、升降搅拌、挖掘、推土、压路等的各种专用机动车；或适用于装有冷冻或加热设备的厢式机动车；或车内装有固定专用仪器设备，从事专业工作的监测、消防、运钞、医疗、电视转播、雷达、X 射线检查等机动车；或专门用于牵引集装箱箱体（货柜）的集装箱拖头。

⑦ 摩托车：是指以燃料或蓄电池为动力的各种两轮、三轮摩托车。摩托车分三类：50mL 及以下，50 ～ 250mL，250mL 以上及侧三轮。正三轮摩托车按照排气量分类执行相应的费率。

⑧ 拖拉机：按其使用性质分为兼用型拖拉机和运输型拖拉机。兼用型拖拉机是指以田间作业为主，通过铰接连接牵引挂车可进行运输作业的拖拉机。兼用型拖拉机分为 14.7kW 及以下和 14.7kW 以上两种。运输型拖拉机是指货厢与底盘体不通过牵引挂车可运输作业的拖拉机。运输型拖拉机分为 14.7kW 及以下和 14.7kW 以上两种。低速载货汽车参照运输型拖拉机 14.7kW 以上的费率执行。

⑨ 挂车：是指就其设计和技术特征需机动车牵引才能正常使用的一种无动力的道路机动车。挂车根据实际使用性质并按照对应吨位货车的 30% 计算。装置有油罐、气罐、液罐的挂车按“特种车（一）”的 30% 计算。

注意 以上各车型的座位、吨位按行驶证上载明的核定载客数、核定载重量计算。

（2）交强险费率浮动暂行办法

2007 年 6 月 27 日时，保监会公布了《机动车交通事故责任强制保险费率浮动暂行办法》（以下简称为《费率浮动暂行办法》），规定在全国范围内统一实行交强险费率浮动与道路交通事故相联系，暂不在全国范围内统一实行与道路交通安全违法行为相联系。

交强险费率浮动因素及比率如表 2-2 所示。费率浮动时，应注意以下事项。

表 2-2 交强险费率浮动因素及比率

浮动因素			浮动比率 /%
与道路交通事故相联系的浮动比率 A	A_1	上一个年度未发生有责任道路交通事故	-10
	A_2	上两个年度未发生有责任道路交通事故	-20
	A_3	上三个及以上年度未发生有责任道路交通事故	-30
	A_4	上一个年度发生一次有责任不涉及死亡的道路交通事故	0
	A_5	上一个年度发生两次及两次以上有责任道路交通事故	10
	A_6	上一个年度发生有责任道路交通死亡事故	30

① 交强险最终保险费 = 交强险基础保险费 ×（1+ 与道路交通事故相联系的浮动比率 A）。

② 摩托车和拖拉机的费率暂不浮动。

③ 与道路交通事故相联系的费率浮动比率 A 为 $A_1 \sim A_6$ 其中之一，不累加。同时满足多个费率浮动因素的，按照向上浮动或者向下浮动比率的高者计算。

④ 仅发生无责任道路交通事故的，交强险费率仍可享受向下浮动。

⑤ 浮动因素计算区间为上期保单出单日至本期保单出单日之间。

⑥ 与道路交通事故相联系费率浮动时，应根据上一个年度交强险已赔付的赔案浮动。上一个年度发生赔案但还未赔付的，本期交强险费率不浮动，直至赔付后的下一个年度交强险费率向上浮动。

⑦ 几种特殊情况的交强险费率浮动方法如下。

a. 首次投保交强险的机动车费率不浮动。

b. 在保险期限内，被保险机动车所有权转移，应当办理交强险合同变更手续，且费率不浮动。

c. 机动车临时上道路行驶或境外机动车临时入境投保短期交强险的，交强险费率不浮动。在其他投保短期交强险的情况下，根据交强险短期基准保险费并按照上述标准浮动。

d. 被保险机动车经公安机关证实丢失后追回的，根据投保人提供的公安机关证明，在丢失期间发生道路交通事故的，交强险费率不向上浮动。

e. 机动车上一期交强险保单满期后未及时续保的，浮动因素计算区间仍为上期保单出单日至本期保单出单日之间。

f. 在全国车险信息平台联网或全国信息交换前，机动车跨省变更投保地时，如投保人能提供相关证明文件的，可享受交强险费率向下浮动。不能提供的，交强险费率不浮动。

⑧ 交强险保单出单日距离保单起期最长不能超过三个月。

⑨ 除投保人明确表示不需要的，保险公司应在完成保险费计算后、出具保险单前，向投保人出具“机动车交通事故责任强制保险费率浮动告知书”（表 2-3），经其签章确认后，再出具交强险保单保险标志。投保人有异议的，应告知其有关道路交通事故查询方式。

表 2-3　机动车交通事故责任强制保险费率浮动告知书

尊敬的投保人：

您的机动车投保基本信息如下。

车牌号码：　　　　　　　　　号牌种类：

发动机号：　　　　　　　　　识别代码（车架号）：

浮动因素计算区间：　年　月　日零时至　年　月　日二十四时

根据中国保险监督管理委员会批准的机动车交通事故责任强制保险（以下简称交强险）费率，您的机动车交强险基础保险费是：人民币　元。

您的机动车从上一个年度投保以来至今，发生的有责任道路交通事故记录如下。

序号	赔付时间	是否造成受害人死亡

或者：您的机动车在上　个年度未发生道路交通事故。

根据中国保险监督管理委员会公布的《机动车交通事故责任强制保险费率浮动暂行办法》，与道路交通事故相联系的费率浮动比率为：　%。

交强险最终保险费 = 交强险基础保险费 ×（1+ 与道路交通事故相联系的浮动比率）

本次投保的应交保险费：人民币　元（大写：　　　　）。

以上告知，如无异议，请您签字（签章）确认。

投保人签字（签章）：

日期：　年　月　日

⑩ 已经建立车险联合信息平台的地区，通过车险联合信息平台实现交强险费率浮动。除当地保险监管部门认可的特殊情形以外，“机动车交通事故责任强制保险费率浮动告知书”和交强险保单必须通过车险信息平台出具。未建立车险信息平台的地区，通过保险公司之间相互报盘、简易理赔共享查询系统或者手工方式等，实现交强险费率浮动。

2.2 机动车商业保险险种

2.2.1 机动车商业保险险种概况

（1）机动车商业保险条款管理规定

2003 年前，我国各保险公司统一实行 2000 年由保监会颁发的条款。随着机动车保有量的不断增加以及我国加入 WTO（世界贸易组织）等情况的变化，也为促进机动车辆保险业务的发展，提高保险公司经营管理水平和服务质量，保监会于 2002 年 3 月 4 日发布《改革机动车辆保险条款费率管理办法有关问题的通知》（保监发［2002］26 号），规定机动车辆保险条款费率由各保险公司自主制定、修改和调整，经保监会备案后，向社会公布。同年 8 月 15 日保监会又发布《关于改革机动车辆保险条款费率管理制度的通知》（保监发［2002］87 号），规定自 2003 年 1 月 1 日起在全国范围内实施新的机动车辆保险条款费率管理制度。经过几年的放开，汽车保险行业出现了一些不正常竞争，严重干扰了汽车保险市场的秩序，为规范市场行为，促进汽车保险行业的有序竞争和良性发展，我国在 2006 年上半年又由保险行业协会统一制定了包括车辆损失保险和第三者责任险的 A、B、C 三套，各保险公司任选其一（天平汽车保险公司除外），其他条款再由各保险公司自己制定，报保险监督管理部门备案即可。2007 年 4 月 1 日起，全国又启用了由中国保险行业协会牵头开发的 2007 年版 A、B、C 三套条款，国内经营车险的保险公司都必须从这三套条款中选择一款经营（天平汽车保险公司除外）。2007 年版 A、B、C 条款与 2006 年版相比，2007 年版条款涵盖险种增多，包含机动车损失险、第三者责任险、车上人员责任险、全车盗抢险、不计免赔率特约险、玻璃单独破碎险、车身划痕损失险和可选免赔额特约险八个险种。2009 年 10 月 1 日，为适应《保险法》的第二次修改，各保险公司纷纷修订了商业汽车保险条款。

为促进保险业的持续健康发展，中国保险行业协会于 2012 年 3 月 14 日，对外发布了《机动车辆保险示范条款》。然后对 2012 年版商业车险示范条款进行修订完善，形成《中保协机动车辆商业保险示范条款（2014 年版）》。这是我国商业车险产品发展进程中的一次重要创新，对我国车险市场持续、健康发展意义重大。2015 年 3 月 24 日，保监会发布了《深化商业车险条款费率管理制度改革试点工作方案》，确定自 2015 年 4 月 1 日起，在黑龙江、山东、广西、陕西、重庆 5 个地区为商业车险改革试点地区。2016 年 1 月 1 日起，启动商业车险改革第二批试点工作，包括天津、内蒙古、吉林、安徽、河南、湖北、湖南、广东、四川、青海、宁夏、新疆 12 个地区。因此，我国现行的机动车车辆商业保险险种是机动车辆商业保险示范条款。

（2）现行机动车保险险种介绍

商业汽车保险主险包括机动车损失险、机动车第三者责任险、机动车车上人员责任险、机动车全车盗抢险共四个独立的险种，投保人可以选择投保全部险种，也可以选择投保其中部分险种。保险人依照保险合同的约定，按照承保险种分别承担保险责任。

以机动车综合商业保险条款为例进行介绍。机动车综合商业保险条款包括机动车损失险、机动车第三者责任险、机动车车上人员责任险、机动车全车盗抢险共四个独立的险种和 11 款车型条款附加险，条款结构如图 2-1 所示。

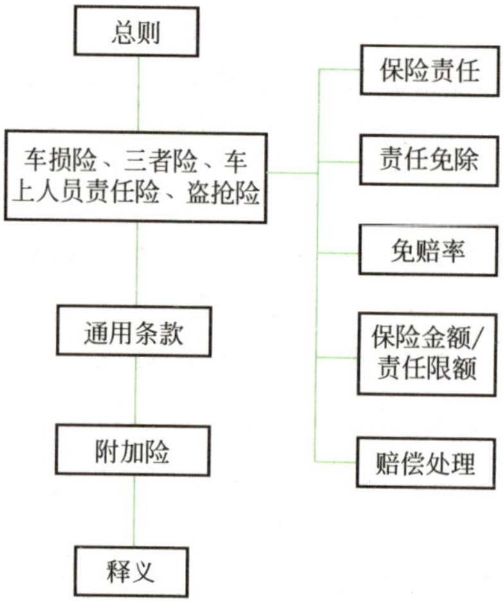

图 2-1　机动车综合商业保险示范条款结构

2.2.2　机动车损失险

（1）机动车损失险概述

机动车损失险是指车辆因遭受保险责任范围内的自然灾害或意外事故，造成车辆本身损失，以及发生的合理施救费用，保险人依照保险合同的规定给予赔偿。

施救费用是指发生事故时，为减少和避免车辆损失所施行的抢救行为而产生的费用。该费用必须是必要的、合理的。即施救行为支出的费用是直接的、必要的，并符合国家有关政策规定。

（2）保险责任

该部分主要阐述保险公司负责保障的风险范围，采用的是风险列明方式。

保险期间内，被保险人或其允许的驾驶人在使用被保险机动车的过程中，因下列原因造成被保险机动车的直接损失，且不属于免除保险人责任的范围，保险人依照保险合同的约定负责赔偿：

① 碰撞、倾覆、坠落；

② 火灾、爆炸；

③ 外界物体坠落、倒塌；

④ 雷击、暴风、暴雨、洪水、龙卷风、冰雹、台风、热带风暴；

⑤ 地陷、崖崩、滑坡、泥石流、雪崩、冰陷、暴雪、冰凌、沙尘暴；

⑥ 受到被保险机动车所载货物、车上人员意外撞击；

⑦ 载运被保险机动车的渡船遭受自然灾害（只限于驾驶人随船的情形）。

发生保险事故时，被保险人或其允许的驾驶人为防止或者减少被保险机动车的损失所支付的必要的、合理的施救费用，由保险人承担；施救费用数额在被保险机动车损失赔偿金额以外的另行计算，最高不超过保险金额的数额。

（3）责任免除

责任免除是指保险人不负赔偿责任的范围。该部分主要阐述保险公司不承担保险金赔偿责任的范围，是对保险责任的限制。

① 在上述保险责任范围内，下列情况，无论何种原因造成被保险机动车的任何损失和费用，保险人均不负责赔偿。

a. 事故发生后，被保险人或其允许的驾驶人故意破坏、伪造现场、毁灭证据。

b. 驾驶人有下列情形之一者：

ⓐ 事故发生后，在未依法采取措施的情况下驾驶被保险机动车或者遗弃被保险机动车离开事故现场；

ⓑ 饮酒、吸食或注射毒品、服用国家管制的精神药品或者麻醉药品；

ⓒ 无驾驶证，驾驶证被依法扣留、暂扣、吊销、注销期间；

ⓓ 驾驶与驾驶证载明的准驾车型不相符合的机动车；

ⓔ 实习期内驾驶公共汽车、营运客车或者执行任务的警车、载有危险物品的机动车或牵引挂车的机动车；

ⓕ 驾驶出租机动车或营业性机动车无交通运输管理部门核发的许可证书或其他必备证书；

ⓖ 学习驾驶时无合法教练员随车指导；

ⓗ 非被保险人允许的驾驶人。

c. 被保险机动车有下列情形之一者：

ⓐ 发生保险事故时被保险机动车行驶证、号牌被注销的，或未按规定检验或检验不合格的；

ⓑ 被扣押、收缴、没收、政府征用期间；

ⓒ 在竞赛、测试期间，在营业性场所维修、保养、改装期间；

ⓓ 被保险人或其允许的驾驶人故意或重大过失，导致被保险机动车被利用从事犯罪行为。

② 下列原因导致的被保险机动车的损失和费用，保险人不负责赔偿：

a. 地震及其次生灾害；

b. 战争、军事冲突、恐怖活动、暴乱、污染（含放射性污染）、核反应、核辐射；

c. 人工直接供油、高温烘烤、自燃、不明原因火灾；

d. 违反安全装载规定；

e. 被保险机动车被转让、改装、加装或改变使用性质等，被保险人、受让人未及时通知保险人，且因转让、改装、加装或改变使用性质等导致被保险机动车危险程度显著增加；

f. 被保险人或其允许的驾驶人的故意行为。

③ 下列损失和费用，保险人不负责赔偿：

a. 因市场价格变动造成的贬值、修理后因价值降低引起的减值损失；

b. 自然磨损、朽蚀、腐蚀、故障、本身质量缺陷；

c. 遭受保险责任范围内的损失后，未经必要修理并检验合格继续使用，致使损失扩大的部分；

d. 投保人、被保险人或其允许的驾驶人知道保险事故发生后，故意或者因重大过失未及时通知，致使保险事故的性质、原因、损失程度等难以确定的，保险人对无法确定的部分，不承担赔偿责任，但保险人通过其他途径已经及时知道或者应当及时知道保险事故发生的除外；

e. 因保险事故损坏的被保险机动车，被保险人未同保险人协商确定修理项目、方式和费用，导致无法确定的损失；

f. 被保险机动车全车被盗窃、被抢劫、被抢夺、下落不明，以及在此期间受到的损坏，或被盗窃、被抢劫、被抢夺未遂受到的损坏，或车上零部件、附属设备丢失；

g. 车轮单独损坏，玻璃单独破碎，无明显碰撞痕迹的车身划痕，以及新增设备的损失；

h. 发动机进水后导致的发动机损坏。

（4）免赔率与免赔额

保险人在依据保险合同约定计算赔款的基础上，按照下列方式免赔。

① 被保险机动车一方负次要事故责任的，实行 5% 的事故责任免赔率；负同等事故责任的，实行 10% 的事故责任免赔率；负主要事故责任的，实行 15% 的事故责任免赔率；负全部事故责任或单方肇事事故的，实行 20% 的事故责任免赔率。

② 被保险机动车的损失应当由第三方负责赔偿，无法找到第三方的，实行 30% 的绝对免赔率。

③ 违反安全装载规定但不是事故发生的直接原因的，增加 10% 的绝对免赔率。

④ 对于投保人与保险人在投保时协商确定绝对免赔额的，保险在实行免赔率的基础上增加每次事故绝对免赔额。

（5）保险金额

保险金额按投保时被保险机动车的实际价值确定。

投保时被保险机动车的实际价值由投保人与保险人根据投保时的新车购置价减去折旧金额后的价格协商确定，或根据其他市场公允价值协商确定。折旧金额可根据保险合同列明的参考折旧系数表确定，参考折旧系数表见表 2-4。

表 2-4　参考折旧系数　　单位：%

车辆种类	月折旧系数			
	家庭自用	非营业	营业	
			出租	其他
9 座以下客车	0.60	0.60	1.10	0.90
10 座以上客车	0.90	0.90	1.10	0.90
微型载货汽车	—	0.90	1.10	1.10
带拖挂的载货汽车	—	0.90	1.10	1.10
低速货车和三轮汽车	—	1.10	1.40	1.40
其他车辆	—	0.90	1.10	0.90

折旧按月计算，不足一个月的部分，不计折旧。最高折旧金额不超过投保时被保险机动车新车购置价的 80%。

折旧金额 = 新车购置价 × 被保险机动车已使用月数 × 月折旧系数

（6）赔偿处理

① 发生保险事故时，被保险人或其允许的驾驶人应当及时采取合理的、必要的施救和保护措施，防止或者减少损失，并在保险事故发生后 48h 内通知保险人。被保险人或其允许的驾驶人根据有关法律法规规定选择自行协商方式处理交通事故的，应当立即通知保险人。

② 被保险人或其允许的驾驶人根据有关法律法规规定选择自行协商方式处理交通事故的，应当协助保险人勘验事故各方车辆、核实事故责任，并依照《道路交通事故处理程序规定》签订交通事故情况协议书。

③ 被保险人索赔时，应当向保险人提供与确认保险事故的性质、原因、损失程度等有关的证明和资料。

被保险人应当提供保险单、损失清单、有关费用单据、被保险机动车行驶证和发生事故时驾驶人的驾驶证。

属于道路交通事故的，被保险人应当提供公安机关交通管理部门或法院等机构出具的事故证明、有关的法律文书（判决书、调解书、裁定书、裁决书等）及其他证明。

被保险人或其允许的驾驶人根据有关法律法规规定选择自行协商方式处理交通事故的，被保险人应当提供依照《道路交通事故处理程序规定》签订的交通事故情况协议书。

④ 因保险事故损坏的被保险机动车，应当尽量修复。修理前被保险人应当会同保险人检验，协商确定修理项目、方式和费用。对未协商确定的，保险人可以重新核定。

⑤ 被保险机动车遭受损失后的残余部分由保险人、被保险人协商处理。如折归被保险人的，由双方协商确定其价值并在赔款中扣除。

⑥ 因第三方对被保险机动车的损害而造成保险事故，被保险人向第三方索赔的，保险人应积极协助；被保险人也可以直接向保险人索赔，保险人在保险金额内先行赔付被保险人，并在赔偿金额内代位行使被保险人对第三方请求赔偿权利。

被保险人已经从第三方取得损害赔偿的，保险人进行赔偿时，相应扣减被保险人从第三方已取得的赔偿金额。

保险人未赔偿之前，被保险人放弃对第三方请求赔偿权利的，保险人不承担赔偿责任。

被保险人故意或者因重大过失致使保险人不能行使代位请求赔偿权利的，保险人可以扣减或者要求返还相应的赔款。

保险人向被保险人先行赔付的，保险人向第三方行使代位请求赔偿权利时，被保险人应当向保险人提供必要的文件和所知道的有关情况。

⑦ 机动车损失赔款按以下方法计算。

a. 全部损失。

赔款 =（保险金额 - 被保险人已从第三方获得的赔偿金额）×（1- 事故责任免赔率）×（1- 绝对免赔率之和）- 绝对免赔额

b. 部分损失。被保险机动车发生部分损失，保险人按实际修复费用在保险金额内计算赔偿。

赔款 =（实际修复费用 - 被保险人已从第三方获得的赔偿金额）×（1- 事故责任免赔率）×（1- 绝对免赔率之和）- 绝对免赔额

c. 施救费。施救的财产中，含有保险合同未保险的财产，应按保险合同保险财产的实际价值占总施救财产的实际价值比例分摊施救费用。

⑧ 保险人受理报案、现场查勘、核定损失、参与诉讼、进行抗辩、要求被保险人提供证明和资料、向被保险人提供专业建议等行为，均不构成保险人对赔偿责任的承诺。

⑨ 被保险机动车发生保险事故，导致全部损失，或一次赔款金额与免赔金额之和（不含施救费）达到保险金额，保险人按保险合同约定支付赔款后，保险责任终止，保险人不退还机动车损失保险及其附加险的保险费。

2.2.3 机动车第三者责任险

(1) 第三者责任险概述

第三者责任险的保险标的与机动车损失保险不同，它以被保险人依法应对第三者承担的赔偿责任作为保险标的。所以，第三者责任险属于责任保险范畴。

这里所说的第三者是指保险合同中，保险公司为第一方，即第一者；被保险人或投保人为第二方，即第二者；因被保险机动车发生意外事故遭受人身伤亡或者财产损失的人，即第三者，但不包括被保险机动车本车上的人员和被保险人。

(2) 保险责任

该部分主要阐述保险公司承担保险金赔偿的风险范围。第三者责任险采用定义式保险责任，同时列明所负的事故责任比例。

① 第三者责任险保险责任为，保险期间内，被保险人或其允许的驾驶人在使用被保险机动车过程中发生意外事故，致使第三者遭受人身伤亡或财产直接损毁，依法应当对第三者承担的损害赔偿责任，且不属于免除保险人责任的范围，保险人依照保险合同的约定，对于超过机动车交通事故责任强制保险各分项赔偿限额的部分负责赔偿。

② 保险人依据被保险机动车一方在事故中所负的事故责任比例，承担相应的赔偿责任。

被保险人或被保险机动车一方根据有关法律法规规定选择自行协商或由公安机关交通管理部门处理事故未确定事故责任比例的，按照下列规定确定事故责任比例：

a. 被保险机动车一方负主要事故责任的，事故责任比例为 70%；

b. 被保险机动车一方负同等事故责任的，事故责任比例为 50%；

c. 被保险机动车一方负次要事故责任的，事故责任比例为 30%。

涉及司法或仲裁程序的，以法院或仲裁机构最终生效的法律文书为准。

(3) 责任免除

① 在上述保险责任范围内，下列情况，无论何种原因造成的人身伤亡、财产损失和费用，保险人均不负责赔偿。

a. 事故发生后，被保险人或其允许的驾驶人故意破坏、伪造现场、毁灭证据。

b. 驾驶人有下列情形之一者：

ⓐ 事故发生后，在未依法采取措施的情况下驾驶被保险机动车或者遗弃被保险机动车离开事故现场；

ⓑ 饮酒、吸食或注射毒品、服用国家管制的精神药品或者麻醉药品；

ⓒ 无驾驶证，驾驶证被依法扣留、暂扣、吊销、注销期间；

ⓓ 驾驶与驾驶证载明的准驾车型不相符合的机动车；

ⓔ 实习期内驾驶公共汽车、营运客车或者执行任务的警车、载有危险物品的机动

车或牵引挂车的机动车；

ⓕ 驾驶出租机动车或营业性机动车无交通运输管理部门核发的许可证书或其他必备证书；

ⓖ 学习驾驶时无合法教练员随车指导；

ⓗ 非被保险人允许的驾驶人。

c. 被保险机动车有下列情形之一者：

ⓐ 发生保险事故时被保险机动车行驶证、号牌被注销的，或未按规定检验或检验不合格的；

ⓑ 被扣押、收缴、没收、政府征用期间；

ⓒ 在竞赛、测试期间，在营业性场所维修、保养、改装期间；

ⓓ 全车被盗窃、被抢劫、被抢夺、下落不明期间。

② 下列原因导致的人身伤亡、财产损失和费用，保险人不负责赔偿：

a. 地震及其次生灾害、战争、军事冲突、恐怖活动、暴乱、污染（含放射性污染）、核反应、核辐射；

b. 第三者、被保险人或其允许的驾驶人的故意行为、犯罪行为，第三者与被保险人或其他致害人恶意串通的行为；

c. 被保险机动车被转让、改装、加装或改变使用性质等，被保险人、受让人未及时通知保险人，且因转让、改装、加装或改变使用性质等导致被保险机动车危险程度显著增加。

③ 下列人身伤亡、财产损失和费用，保险人不负责赔偿。

a. 被保险机动车发生意外事故，致使任何单位或个人停业、停驶、停电、停水、停气、停产、通信或网络中断、电压变化、数据丢失造成的损失以及其他各种间接损失；

b. 第三者财产因市场价格变动造成的贬值，修理后因价值降低引起的减值损失；

c. 被保险人及其家庭成员、被保险人允许的驾驶人及其家庭成员所有、承租、使用、管理、运输或代管的财产的损失，以及本车上财产的损失；

d. 被保险人、被保险人允许的驾驶人、本车车上人员的人身伤亡；

e. 停车费、保管费、扣车费、罚款、罚金或惩罚性赔款；

f. 超出《道路交通事故受伤人员临床诊疗指南》和国家基本医疗保险同类医疗费用标准的费用部分；

g. 律师费，未经保险人事先书面同意的诉讼费、仲裁费；

h. 投保人、被保险人或其允许的驾驶人知道保险事故发生后，故意或者因重大过失未及时通知，致使保险事故的性质、原因、损失程度等难以确定的，保险人对无法确定的部分，不承担赔偿责任，但保险人通过其他途径已经及时知道或者应当及时知道保险事故发生的除外；

i. 因保险事故损坏的被保险机动车，被保险人未同保险人协商确定修理项目、方式和费用，导致无法确定的损失；

j. 精神损害抚慰金。

另外应当由机动车交通事故责任强制保险赔偿的损失和费用，保险人也不负责赔偿；

保险事故发生时，被保险机动车未投保机动车交通事故责任强制保险或机动车交通事故责任强制保险合同已经失效的，对于机动车交通事故责任强制保险责任限额以内的损失和费用，保险人不负责赔偿。

（4）免赔率

保险人在依据保险合同约定计算赔款的基础上，在保险单载明的责任限额内，按照下列方式免赔。

① 被保险机动车一方负次要事故责任的，实行 5% 的事故责任免赔率；负同等事故责任的，实行 10% 的事故责任免赔率；负主要事故责任的，实行 15% 的事故责任免赔率；负全部事故责任的，实行 20% 的事故责任免赔率。

② 违反安全装载规定的，实行 10% 的绝对免赔率。

（5）责任限额

① 每次事故的责任限额，由投保人和保险人在签订保险合同时协商确定。

② 主车和挂车连接使用时视为一体，发生保险事故时，由主车保险人和挂车保险人按照保险单上载明的机动车第三者责任险责任限额的比例，在各自的责任限额内承担赔偿责任，但赔偿金额总和以主车的责任限额为限。

（6）赔偿处理

① 发生保险事故时，被保险人或其允许的驾驶人应当及时采取合理的、必要的施救和保护措施，防止或者减少损失，并在保险事故发生后 48h 内通知保险人。被保险人或其允许的驾驶人根据有关法律法规规定选择自行协商方式处理交通事故的，应当立即通知保险人。

② 被保险人或其允许的驾驶人根据有关法律法规规定选择自行协商方式处理交通事故的，应当协助保险人勘验事故各方车辆、核实事故责任，并依照《道路交通事故处理程序规定》签订交通事故情况协议书。

③ 被保险人索赔时，应当向保险人提供与确认保险事故的性质、原因、损失程度等有关的证明和资料。

被保险人应当提供保险单、损失清单、有关费用单据、被保险机动车行驶证和发生事故时驾驶人的驾驶证。

属于道路交通事故的，被保险人应当提供公安机关交通管理部门或法院等机构出具的事故证明、有关的法律文书（判决书、调解书、裁定书、裁决书等）及其他证明。被保险人或其允许的驾驶人根据有关法律法规规定选择自行协商方式处理交通事故的，被保险人应当提供依照《道路交通事故处理程序规定》签订的交通事故情况协议书。

④ 保险人对被保险人给第三者造成的损害，可以直接向该第三者赔偿。

被保险人给第三者造成损害，被保险人对第三者应负的赔偿责任确定的，根据被保险人的请求，保险人应当直接向该第三者赔偿。被保险人怠于请求的，第三者有权就其应获赔偿部分直接向保险人请求赔偿。

被保险人给第三者造成损害，被保险人未向该第三者赔偿的，保险人不得向被保险人赔偿。

⑤ 因保险事故损坏的第三者财产，应当尽量修复。修理前被保险人应当会同保险人检验，协商确定修理项目、方式和费用。对未协商确定的，保险人可以重新核定。

⑥ 赔款计算。

a. 当（依合同约定核定的第三者损失金额－机动车交通事故责任强制保险的分项赔偿限额）× 事故责任比例等于或高于每次事故赔偿限额时

赔款＝每次事故赔偿限额 ×（1－事故责任免赔率）×（1－绝对免赔率之和）

b. 当（依合同约定核定的第三者损失金额－机动车交通事故责任强制保险的分项赔偿限额）× 事故责任比例低于每次事故赔偿限额时

赔款＝（依合同约定核定的第三者损失金额－机动车交通事故责任强制保险的分项赔偿限额）× 事故责任比例 ×（1－事故责任免赔率）×（1－绝对免赔率之和）

⑦ 保险人按照《道路交通事故受伤人员临床诊疗指南》和国家基本医疗保险的同类医疗费用标准核定医疗费用的赔偿金额。

未经保险人书面同意，被保险人自行承诺或支付的赔偿金额，保险人有权重新核定。不属于保险人赔偿范围或超出保险人应赔偿金额的，保险人不承担赔偿责任。

⑧ 保险人受理报案、现场查勘、核定损失、参与诉讼、进行抗辩、要求被保险人提供证明和资料、向被保险人提供专业建议等行为，均不构成保险人对赔偿责任的承诺。

2.2.4 机动车车上人员责任险

车上人员是指发生意外事故的瞬间，在被保险机动车车体内或车体上的人员，包括正在上下车的人员。

（1）保险责任

① 保险期间内，被保险人或其允许的驾驶人在使用被保险机动车过程中发生意外事故，致使车上人员遭受人身伤亡，且不属于免除保险人责任的范围，依法应当对车上人员承担的损害赔偿责任，保险人依照保险合同的约定负责赔偿。

② 保险人依据被保险机动车一方在事故中所负的事故责任比例，承担相应的赔偿责任。

被保险人或被保险机动车一方根据有关法律法规规定选择自行协商或由公安机关交通管理部门处理事故未确定事故责任比例的，按照下列规定确定事故责任比例：

a. 被保险机动车一方负主要事故责任的，事故责任比例为70%；

b. 被保险机动车一方负同等事故责任的，事故责任比例为50%；

c. 被保险机动车一方负次要事故责任的，事故责任比例为30%。

涉及司法或仲裁程序的，以法院或仲裁机构最终生效的法律文书为准。

（2）责任免除

① 在上述保险责任范围内，下列情况，无论何种原因造成的人身伤亡，保险人均不负责赔偿。

a. 事故发生后，被保险人或其允许的驾驶人故意破坏、伪造现场、毁灭证据。

b. 驾驶人有下列情形之一者：

ⓐ 事故发生后，在未依法采取措施的情况下驾驶被保险机动车或者遗弃被保险机动车离开事故现场；

ⓑ 饮酒、吸食或注射毒品、服用国家管制的精神药品或者麻醉药品；

ⓒ 无驾驶证，驾驶证被依法扣留、暂扣、吊销、注销期间；

ⓓ 驾驶与驾驶证载明的准驾车型不相符合的机动车；

ⓔ 实习期内驾驶公共汽车、营运客车或者执行任务的警车、载有危险物品的机动车或牵引挂车的机动车；

ⓕ 驾驶出租机动车或营业性机动车无交通运输管理部门核发的许可证书或其他必备证书；

ⓖ 学习驾驶时无合法教练员随车指导；

ⓗ 非被保险人允许的驾驶人。

c. 被保险机动车有下列情形之一者：

ⓐ 发生保险事故时被保险机动车行驶证、号牌被注销的，或未按规定检验或检验不合格的；

ⓑ 被扣押、收缴、没收、政府征用期间；

ⓒ 在竞赛、测试期间，在营业性场所维修、保养、改装期间；

ⓓ 全车被盗窃、被抢劫、被抢夺、下落不明期间。

② 下列原因导致的人身伤亡，保险人不负责赔偿：

a. 地震及其次生灾害、战争、军事冲突、恐怖活动、暴乱、污染（含放射性污染）、核反应、核辐射；

b. 被保险机动车被转让、改装、加装或改变使用性质等，被保险人、受让人未及时通知保险人，且因转让、改装、加装或改变使用性质等导致被保险机动车危险程度显著增加；

c. 被保险人或驾驶人的故意行为。

③ 下列人身伤亡、损失和费用，保险人不负责赔偿：

a. 被保险人及驾驶人以外的其他车上人员的故意行为造成的自身伤亡；

b. 车上人员因疾病、分娩、自残、斗殴、自杀、犯罪行为造成的自身伤亡；

c. 违法、违章搭乘人员的人身伤亡；

d. 罚款、罚金或惩罚性赔款；

e. 超出《道路交通事故受伤人员临床诊疗指南》和国家基本医疗保险同类医疗费用标准的费用部分；

f. 律师费，未经保险人事先书面同意的诉讼费、仲裁费；

g. 投保人、被保险人或其允许的驾驶人知道保险事故发生后，故意或者因重大过失未及时通知，致使保险事故的性质、原因、损失程度等难以确定的，保险人对无法确定的部分，不承担赔偿责任，但保险人通过其他途径已经及时知道或者应当及时知道保险事故发生的除外；

h. 精神损害抚慰金；

i. 应当由机动车交通事故责任强制保险赔付的损失和费用。

（3）免赔率

保险人在依据保险合同约定计算赔款的基础上，在保险单载明的责任限额内，按照下列方式免赔：被保险机动车一方负次要事故责任的，实行 5% 的事故责任免赔率；负同等事故责任的，实行 10% 的事故责任免赔率；负主要事故责任的，实行 15% 的事故责任免赔率；负全部事故责任或单方肇事事故的，实行 20% 的事故责任免赔率。

（4）责任限额

驾驶人每次事故责任限额和乘客每次事故每人责任限额由投保人和保险人在投保时协商确定。投保乘客座位数按照被保险机动车的核定载客数（驾驶人座位除外）确定。

（5）赔偿处理

① 发生保险事故时，被保险人或其允许的驾驶人应当及时采取合理的、必要的施救和保护措施，防止或者减少损失，并在保险事故发生后 48h 内通知保险人。被保险人或其允许的驾驶人根据有关法律法规规定选择自行协商方式处理交通事故的，应当立即通知保险人。

② 被保险人或其允许的驾驶人根据有关法律法规规定选择自行协商方式处理交通事故的，应当协助保险人勘验事故各方车辆、核实事故责任，并依照《道路交通事故处理程序规定》签订交通事故情况协议书。

③ 被保险人索赔时，应当向保险人提供与确认保险事故的性质、原因、损失程度等有关的证明和资料。

被保险人应当提供保险单、损失清单、有关费用单据、被保险机动车行驶证和发生事故时驾驶人的驾驶证。

属于道路交通事故的，被保险人应当提供公安机关交通管理部门或法院等机构出具的事故证明、有关的法律文书（判决书、调解书、裁定书、裁决书等）和通过机动车交通事故责任强制保险获得赔偿金额的证明材料。被保险人或其允许的驾驶人根据有关法律法规规定选择自行协商方式处理交通事故的，被保险人应当提供依照《道路交通事故处理程序规定》签订的交通事故情况协议书和通过机动车交通事故责任强制保险获得赔偿金额的证明材料。

④ 赔款计算。

a. 对每座的受害人，当（依合同约定核定的每座车上人员人身伤亡损失金额－应由机动车交通事故责任强制保险赔偿的金额）× 事故责任比例高于或等于每次事故每座赔偿限额时

赔款 = 每次事故每座赔偿限额 ×（1－事故责任免赔率）

b. 对每座的受害人，当（依合同约定核定的每座车上人员人身伤亡损失金额－应由机动车交通事故责任强制保险赔偿的金额）× 事故责任比例低于每次事故每座赔偿限额时

赔款 =（依合同约定核定的每座车上人员人身伤亡损失金额－应由机动车交通事故责任强制保险赔偿的金额）× 事故责任比例 ×（1－事故责任免赔率）

⑤ 保险人按照《道路交通事故受伤人员临床诊疗指南》和国家基本医疗保险的同类医疗费用标准核定医疗费用的赔偿金额。

未经保险人书面同意，被保险人自行承诺或支付的赔偿金额，保险人有权重新核定。因被保险人原因导致损失金额无法确定的，保险人有权拒绝赔偿。

⑥ 保险人受理报案、现场查勘、核定损失、参与诉讼、进行抗辩、要求被保险人提供证明和资料、向被保险人提供专业建议等行为，均不构成保险人对赔偿责任的承诺。

2.2.5 全车盗抢险

（1）保险责任

保险期间内，被保险机动车的下列损失和费用，且不属于免除保险人责任的范围，保险人依照保险合同的约定负责赔偿：

① 被保险机动车被盗窃、抢劫、抢夺，经出险当地县级以上公安刑侦部门立案证明，满 60 天未查明下落的全车损失；

② 被保险机动车全车被盗窃、抢劫、抢夺后，受到损坏或车上零部件、附属设备丢失需要修复的合理费用；

③ 被保险机动车在被抢劫、抢夺过程中，受到损坏需要修复的合理费用。

（2）责任免除

① 在上述保险责任范围内，下列情况，无论何种原因造成被保险机动车的任何损

失和费用，保险人均不负责赔偿：

a. 被保险人索赔时未能提供出险当地县级以上公安刑侦部门出具的盗抢立案证明；

b. 驾驶人、被保险人、投保人故意破坏现场、伪造现场、毁灭证据；

c. 被保险机动车被扣押、罚没、查封、政府征用期间；

d. 被保险机动车在竞赛、测试期间，在营业性场所维修、保养、改装期间，被运输期间。

② 下列损失和费用，保险人不负责赔偿：

a. 地震及其次生灾害导致的损失和费用；

b. 战争、军事冲突、恐怖活动、暴乱导致的损失和费用；

c. 因诈骗引起的任何损失，因投保人、被保险人与他人的民事、经济纠纷导致的任何损失；

d. 被保险人或其允许的驾驶人的故意行为、犯罪行为导致的损失和费用；

e. 非全车遭盗窃，仅车上零部件或附属设备被盗窃或损坏；

f. 新增设备的损失；

g. 遭受保险责任范围内的损失后，未经必要修理并检验合格继续使用，致使损失扩大的部分；

h. 被保险机动车被转让、改装、加装或改变使用性质等，被保险人、受让人未及时通知保险人，且因转让、改装、加装或改变使用性质等导致被保险机动车危险程度显著增加而发生保险事故；

i. 投保人、被保险人或其允许的驾驶人知道保险事故发生后，故意或者因重大过失未及时通知，致使保险事故的性质、原因、损失程度等难以确定的，保险人对无法确定的部分，不承担赔偿责任，但保险人通过其他途径已经及时知道或者应当及时知道保险事故发生的除外；

j. 因保险事故损坏的被保险机动车，被保险人未同保险人协商确定修理项目、方式和费用，导致无法确定的损失。

（3）免赔率

保险人在依据保险合同约定计算赔款的基础上，按照下列方式免赔：

① 发生全车损失的，绝对免赔率为 20%；

② 发生全车损失，被保险人未能提供《机动车登记证书》、机动车来历凭证的，每缺少一项，增加 1% 的绝对免赔率。

（4）保险金额

保险金额在投保时被保险机动车的实际价值内协商确定。

投保时被保险机动车的实际价值由投保人与保险人根据投保时的新车购置价减去折旧金额后的价格协商确定，或按其他市场公允价值协商确定。

折旧金额可根据保险合同列明的参考折旧系数表确定。

（5）赔偿处理

① 被保险机动车全车被盗抢的，被保险人知道保险事故发生后，应在24h内向出险当地公安刑侦部门报案，并通知保险人。

② 被保险人索赔时，须提供保险单、损失清单、有关费用单据、《机动车登记证书》、机动车来历凭证以及出险当地县级以上公安刑侦部门出具的盗抢立案证明。

③ 因保险事故损坏的被保险机动车，应当尽量修复。修理前被保险人应当会同保险人检验，协商确定修理项目、方式和费用。对未协商确定的，保险人可以重新核定。

④ 保险人按下列方式赔偿。

a. 被保险机动车全车被盗抢的，按以下方法计算赔款。

赔款 = 保险金额 ×（1- 绝对免赔率之和）

b. 被保险机动车全车被盗窃、抢劫、抢夺后，受到损坏或车上零部件、附属设备丢失需要修复的合理费用及被保险机动车全车被盗窃、抢劫、抢夺后，受到损坏或车上零部件、附属设备丢失需要修复的合理费用，保险人按实际修复费用在保险金额内计算赔偿。

⑤ 保险人确认索赔单证齐全、有效后，被保险人签具权益转让书，保险人赔付结案。

⑥ 被保险机动车发生保险事故，导致全部损失，或一次赔款金额与免赔金额之和达到保险金额，保险人按保险合同约定支付赔款后，保险责任终止，保险人不退还机动车全车盗抢保险及其附加险的保险费。

【险种解析】

中国出口信用保险公司曾于2016年给出报告：2016全年被盗机动车数辆为4255辆。其中被盗率最高的前十车型分别为五菱宏光、本田CR-V、现代瑞纳、丰田卡罗拉、五菱荣光、本田奥德赛、丰田威驰、本田雅阁、五菱之光与雪弗兰赛欧。这些都是目前市场保有量较高的车型。

2.2.6 通用条款

该部分主要规定了四个主险的保险期间，除另有约定外，保险期间为一年，以保险单载明的起讫时间为准。

2.2.7 其他事项

① 保险人按照保险合同的约定，认为被保险人索赔提供的有关证明和资料不完整

的，应当及时一次性通知被保险人补充提供。

② 保险人收到被保险人的赔偿请求后，应当及时做出核定；情形复杂的，应当在30日内做出核定。保险人应当将核定结果通知被保险人；对属于保险责任的，在与被保险人达成赔偿协议后10日内，履行赔偿义务。保险合同对赔偿期限另有约定的，保险人应当按照约定履行赔偿义务。

保险人未及时履行前款约定义务的，除支付赔款外，还应当赔偿被保险人因此受到的损失。

③ 保险人做出核定后，对不属于保险责任的，应当自做出核定之日起3日内向被保险人发出拒绝赔偿通知书，并说明理由。

④ 保险人自收到赔偿请求和有关证明、资料之日起60日内，对其赔偿数额不能确定的，应当根据已有证明和资料可以确定的数额先予以支付；保险人最终确定赔偿数额后，应当支付相应的差额。

⑤ 在保险期间内，被保险机动车转让他人的，受让人承继被保险人的权利和义务。被保险人或者受让人应当及时通知保险人，并及时办理保险合同变更手续。

因被保险机动车转让导致被保险机动车危险程度发生显著变化的，保险人自收到前款约定的通知之日起30日内，可以相应调整保险费或者解除保险合同。

⑥ 保险责任开始前，投保人要求解除保险合同的，应当向保险人支付应交保险费金额3%的退保手续费，保险人应当退还保险费。

保险责任开始后，投保人要求解除保险合同的，自通知保险人之日起，保险合同解除。保险人按日收取自保险责任开始之日起至合同解除之日止期间的保险费，并退还剩余部分保险费。

⑦ 因履行保险合同发生的争议，由当事人协商解决，协商不成的，由当事人从下列两种合同争议解决方式中选择一种，并在保险合同中载明：

a. 提交至保险单载明的仲裁委员会仲裁；

b. 依法向人民法院起诉。

【险种解析】

商业三者责任险中“第三者”的认定，既是司法实践中争议较大的问题之一，也是保险公司拒赔的理由之一。

如何认定机动车交通事故中“第三者”范围？

① 交通事故中的“第三者”是除本车人员、被保险人（投保人及其允许的合法驾驶人）以外的受害人——李某诉保险公司保险责任纠纷案。

案例要旨：驾驶人因其自己操作不当而发生交通事故，造成自身损害，其不能成为本人利益的侵权人，故不能将驾驶员认定为“第三者”，其对自身造成的损害不能由交强险和商业三者险进行赔偿。

来源：《人民法院报》2018年8月30日第7版。

② 被保险机动车驾驶人的亲属，属于交强险和商业三者险所确定的“第三者”——张某与某保险公司机动车交通事故责任纠纷案。

案例要旨：被保险机动车驾驶人的亲属，下车后被被保险机动车撞到的，也属于交强险和商业三者险所确定的“第三者”范围，保险公司应当赔偿。保险公司无法证明其就保险合同中免除保险人责任的条款内容向投保人履行了提示 、说明义务，则该免责条款不产生法律效力。保险公司提供的格式合同中，若存在免除保险人责任、加重对方责任、排除受益人依法享有权利的格式条款，则该格式条款当属无效。

审理法院：新疆生产建设兵团第三师中级人民法院。

来源：兵团法院网，发布时间为 2015 年 6 月 8 日。

③ 驾驶人被所驾驶车辆撞伤，保险公司不予赔偿——刘某诉中国人民财产保险股份有限公司永新支公司责任保险合同纠纷案。

案例要旨：驾驶人不属于交通事故“第三者”，驾驶人被所驾驶车辆撞伤，保险公司不予赔偿。

来源：《人民法院报》2018 年 3 月 1 日第 7 版。

④ 驾驶人维修车辆时被自己的车辆侧翻砸中致死，因不属于交通事故，所以不适用第三者责任险赔付——唐春香等诉中国人民财产保险股份有限公司绥江县支公司保险合同纠纷案。

案例要旨：驾驶人被自己的车辆在维修中侧翻砸中致死，不属于道路交通事故，保险公司不需要按照第三者责任险对死者家属承担赔偿责任。

案号：（2012）云高民再终字第 56 号。

审理法院：云南省高级人民法院。

来源：《人民法院案例选》2013 年第 4 辑（总第 86 辑）。

【司法观点】

1. 交强险合同中所涉及的“第三者”和“车上人员”的范围

在本条（《最高人民法院关于审理道路交通事故损害赔偿案件适用法律若干问题的解释》第十七条 ）征求意见过程中，很多人提到要明确“第三者”的范围。考虑到实际情况比较复杂，很难用司法解释的一个条文囊括所有的特殊情形，因此，本条仅就投保人特定情形下纳入“第三者”范围问题进行了规定。

司法实践中，特殊的情形还有很多，比如车上人员下车休息时，被疏忽的驾驶人撞死等。虽然司法解释没有做出具体的规定，但我们倾向认为，应将上述人员纳入“交强险”的赔偿范围，理由是：

① 从目的解释看，《交强险条例》的主要目的是保障受害人能够得到及时有效的补偿，因此，因交通事故受到损害的人员应尽量纳入“第三者”范围；

② 从对危险的控制力看，上述人员与其他普通“第三者”对机动车危险的控制力

并无实质差别，均处于弱势地位。

再比如，车上的司乘人员发生交通事故时先摔出车外，后被车辆碾压致死的情况，有人认为，交强险合同中所涉及的“第三者”和“车上人员”均为在特定时空条件下的临时性身份，即“第三者”与“车上人员”均不是永久的、固定不变的身份，两者可以因特定时空条件的变化而转化。因保险车辆发生意外事故而受害的人，如果在事故发生前是保险车辆的车上人员，事故发生时已经置身于保险车辆之下，则属于“第三者”。至于何种原因导致该人员在事故发生时置身于保险车辆之下，不影响其“第三者”的身份。此时，车上人员“转化”为第三者，交强险应予以赔偿。我们认为，“车上人员”与“车外人员”的区别是比较固定的，因交通事故的撞击等原因导致车上人员脱离本车的，不存在“转化”为第三人的问题，上述人员仍属于“车上人员”，不应由交强险予以赔偿。

至于驾驶人下车查看车辆状况时，被未熄火的车辆碾压致死的情形，争议更大。这种情况下，驾驶人本人就是被保险人，且对机动车有实际的控制力，同时，因行为人自己行为造成自身受损害，对其赔偿不符合我国交强险的规定，故我们倾向认为，在现有法律规定下，这种情况下的驾驶人不属于“第三者”（摘自最高人民法院编写组 . 道路交通损害赔偿司法解释适用手册 . 北京：人民法院出版社，2013：70）。

2. 强制机动车责任保险的受害人包括本车上的人员和本车外的第三人

强制机动车责任保险乃是出于保护机动车交通事故受害人的公共政策目的而通过立法产生的新制度，因此，强制保险中的受害人定义及范围必须回归侵权法，与侵权法上的损害赔偿请求权人保持一致，如此才符合强制责任保险的本质及立法目的。凡因交通事故受到损害而对机动车保有人享有损害赔偿请求权者，均属强制机动车责任保险的受害人，依法有权直接向保险人请求保险赔偿金。强制机动车责任保险的受害人包括以下两种。

第一，本车上的人员，但不包括被保险人（机动车所有人、管理人及任何使用被保险汽车的人）及驾驶员。须特别说明的是，被保险人或者驾驶人的同住家庭成员以及其他无偿搭乘的乘客，也在给予保险保护的受害人之列。在伦理观念的影响下，受有伤害的同住家庭成员，向被保险人或驾驶人请求损害赔偿的可能性很小，在侵权法理论上因此有人认为亲属之间不得享有损害赔偿请求权。在任意机动车责任保险中，将被保险人或驾驶人的亲属排除在承保对象之外，除了考虑伦理观念外，还有防范道德危险的因素，以免被保险人等与其亲属合谋欺诈保险公司。但是，与任意责任保险重在保障被保险人因受他人请求赔偿而遭致不利状态的目的不同，强制保险重在填补受害人所受的损害，受害亲属对被保险人是否行使请求权只是其意愿问题，其行使与否并不影响受害亲属仍然享有损害赔偿请求权的前提，只要该项请求权存在，就不能否认通过强制保险填补受害人损害的必要性。如此既能满足受害亲属治疗及康复的实际费用需求，对被保险人及驾驶人也起到了分忧的作用，从而能够鼓励其投保积极性。

同理，其他好意同乘者也应被纳入强制保险的保障范围。只是在亲属搭乘或者其他好意搭乘的情形下，需要酌情减少精神抚慰金的赔偿数额，同时考虑有无过失相抵规则的适用，从而酌减赔偿金额。此外，正在上下被保险车辆的人，宜解释为本车上人员而给予保险保障。

第二，本车外的第三人。在被保险机动车肇事时，本车以外遭受体伤、残废或死亡者都是强制保险中的受害人，自无疑义。需要特别说明的是，在数车之间肇事的情形下，即使是肇事机动车的被保险人或驾驶员，如果他车也属肇事机动车，依法也有损害赔偿责任，则相对他车而言，该被保险人或驾驶人也属受害的第三人，可向他车的强制保险人请求赔偿保险金。自损事故（无其他机动车参与的单方事故，或虽有其他机动车参与，但其他机动车无责的交通事故）中的被保险人及驾驶员则不得为受害人，对本车的保险人不享有保险金请求权。（摘自惠丽蓉，罗蕾.新保险法热点与疑难问题解答.北京：人民法院出版社，2010：230-231）。

【法律依据】

1.《机动车交通事故责任强制保险条例》（2016 年修订）

第二十一条　被保险机动车发生道路交通事故造成本车人员、被保险人以外的受害人人身伤亡、财产损失的，由保险公司依法在机动车交通事故责任强制保险责任限额范围内予以赔偿。

道路交通事故的损失是由受害人故意造成的，保险公司不予赔偿。

第四十一条　本条例用语的含义如下。

（一）投保人，是指与保险公司订立机动车交通事故责任强制保险合同，并按照合同负有支付保险费义务的机动车的所有人、管理人。

（二）被保险人，是指投保人及其允许的合法驾驶人。

（三）抢救费用，是指机动车发生道路交通事故导致人员受伤时，医疗机构参照国务院卫生主管部门组织制定的有关临床诊疗指南，对生命体征不平稳和虽然生命体征平稳但如果不采取处理措施会产生生命危险，或者导致残疾、器官功能障碍，或者导致病程明显延长的受伤人员，采取必要的处理措施所发生的医疗费用。

2.《最高人民法院关于审理道路交通事故损害赔偿案件适用法律若干问题的解释》

第十七条　投保人允许的驾驶人驾驶机动车致使投保人遭受损害，当事人请求承保交强险的保险公司在责任限额范围内予以赔偿的，人民法院应予以支持，但投保人为本车上人员的除外（来源：法信、河北高院）。

2.2.8 附加险

附加险条款的法律效力优于主险条款。附加险条款未尽事宜，以主险条款为准。除附加险条款另有约定外，主险中的责任免除、免赔规则、双方义务同样适用于附加险。

附加险险种见表 2-5。

表 2-5 附加险险种

序号	附加险
1	玻璃单独破碎险
2	自燃损失险
3	新增加设备损失险
4	车身划痕损失险
5	发动机涉水损失险
6	修理期间费用补偿险
7	车上货物责任险
8	精神损害抚慰金责任险
9	不计免赔率险
10	机动车损失保险无法找到第三方特约险
11	指定修理厂险

（1）以机动车损失险为基础的附加险

① 玻璃单独破碎险。

a. 保险责任：保险期间内，被保险机动车挡风玻璃或车窗玻璃的单独破碎，保险人按实际损失金额赔偿。

b. 责任免除：安装维修机动车过程中造成的玻璃单独破碎。本附加险不适用主险中的各项免赔率、免赔额约定。

② 自燃损失险。

a. 保险责任：保险期间内，指在没有外界火源的情况下，由于本车电气、线路、供油系统、供气系统等被保险机动车自身原因或所载货物自身原因起火燃烧造成本车的损失；发生保险事故时，被保险人为防止或者减少被保险机动车的损失所支付的必要的、合理的施救费用，由保险人承担；施救费用数额在被保险机动车损失赔偿金额以外另行计算，最高不超过本附加险保险金额的数额。

b. 责任免除：自燃仅造成电气、线路、油路、供油系统、供气系统的损失；由于擅自改装、加装电气及设备导致被保险机动车起火造成的损失；被保险人在使用被保险机动车过程中，因人工直接供油、高温烘烤等违反车辆安全操作规则造成的损失。本附加险每次赔偿实行 20% 的绝对免赔率，不适用主险中的各项免赔率、免赔额约定。

③ 新增加设备损失险。

a. 保险责任：保险期间内，投保了本附加险的被保险机动车因发生机动车损失保险责任范围内的事故，造成车上新增加设备的直接损毁，保险人在保险单载明的本附加险的保险金额内，按照实际损失计算赔偿。

b. 责任免除：本附加险每次赔偿的免赔约定以机动车损失保险条款约定为准。

④ 车身划痕损失险。

a. 保险责任：保险期间内，投保了本附加险的机动车在被保险人或其允许的驾驶人使用过程中，发生无明显碰撞痕迹的车身划痕损失，保险人按照保险合同约定负责赔偿。

b. 责任免除：被保险人及其家庭成员、驾驶人及其家庭成员的故意行为造成的损失；因投保人、被保险人与他人的民事、经济纠纷导致的任何损失；车身表面自然老化、损坏、腐蚀造成的任何损失。本附加险每次赔偿实行 15% 的绝对免赔率，不适用主险中的各项免赔率、免赔额约定。

⑤ 发动机涉水损失险。

a. 保险责任：保险期间内，投保了本附加险的被保险机动车在使用过程中，因发动机进水后导致的发动机直接损毁，保险人负责赔偿；发生保险事故时，被保险人为防止或者减少被保险机动车的损失所支付的必要的、合理的施救费用，由保险人承担；施救费用数额在被保险机动车损失赔偿金额以外另行计算，最高不超过保险金额的数额。

b. 责任免除：本附加险每次赔偿均实行 15% 的绝对免赔率，不适用主险中的各项免赔率、免赔额约定。

⑥ 修理期间费用补偿险。

a. 保险责任：保险期间内，投保了本条款的机动车在使用过程中，发生机动车损失保险责任范围内的事故，造成车身损毁，致使被保险机动车停驶，保险人按保险合同约定，在保险金额内向被保险人补偿修理期间费用，作为代步车费用或弥补停驶损失。

b. 责任免除：因机动车损失保险责任范围以外的事故而致使被保险机动车的损毁或修理，保险人不承担修理期间费用补偿；非在保险人认可的修理厂修理时，因车辆修理质量不符合要求造成返修，保险人不承担修理期间费用补偿；被保险人或驾驶人拖延车辆送修期间，保险人不承担修理期间费用补偿。本附加险每次事故的绝对免赔额为 1 天的赔偿金额，不适用主险中的各项免赔率、免赔额约定。

⑦ 机动车损失保险无法找到第三方特约险。投保了本附加险后，被保险机动车损失应当由第三方负责赔偿，但因无法找到第三方而增加的由被保险人自行承担的免赔金额，保险人负责赔偿。

⑧ 指定修理厂险。投保了本附加险后，机动车损失保险事故发生后，被保险人可

指定修理厂进行修理。

【险种解析】

车险指定专修险，一般是指到保险公司指定的维修站维修，双方都有合作协议，其目的是保险公司为了控制风险而制定的条款。

保险公司若强制指定车主到某维修厂维修，属于侵犯了消费者的选择权。按照条款规定，投保人在投保时可要求车辆在出险后自主选择具有被保险机动车辆专修资格的修理厂进行修理，并愿意为此选择支付相应的保险费；相反，如果车主没有选择该条款，那么车辆出险之后，由被保险人与保险公司协商确定修理方式和费用。

指定修理厂险是否有必要买要看大家的实际情况，三类人是可以考虑购买的。

① 有自己特别认可、信任的汽车修理厂，想要在出险时去那里修车。

② 购买的汽车比较好，在 15 万元以上，担心部分汽车修理厂修理不好。

③ 属于稀有车型，或者新出车型，到个别汽车修理厂修理比较保险。

一般高端品牌的车，如果不购买指定维修险，发生事故后到 4S 店维修需要自己承担 10% ～ 15% 的费用。

（2）以第三者责任险为基础的附加险——车上货物责任险

a. 保险责任：在保险期间内，发生意外事故致使被保险机动车所载货物遭受直接损毁，依法应由被保险人承担的经济赔偿责任，保险人负责赔偿。

b. 责任免除：偷盗、哄抢、自然损耗、本身缺陷、短少、死亡、腐烂、变质、串味、生锈，动物走失、飞失，货物自身起火燃烧或爆炸造成的货物损失；违法、违章载运造成的损失；因包装、紧固不善，装载、遮盖不当导致的任何损失；车上人员携带的私人物品的损失；保险事故导致的货物减值、运输延迟、营业损失及其他各种间接损失；法律、行政法规禁止运输的货物的损失。本附加险每次赔偿实行 20% 的绝对免赔率，不适用主险中的各项免赔率、免赔额约定。

（3）以第三者责任险和车上人员责任险共同为基础的附加险——精神损害抚慰金责任险

① 保险责任：保险期间内，被保险人或其允许的驾驶人在使用被保险机动车的过程中，发生投保的主险约定的保险责任内的事故，造成第三者或车上人员的人身伤亡，受害人据此提出精神损害赔偿请求，保险人依据法院判决及保险合同约定，对应由被保险人或被保险机动车驾驶人支付的精神损害抚慰金，在扣除机动车交通事故责任强制保险应当支付的赔款后，在本保险赔偿限额内负责赔偿。

② 责任免除：根据被保险人与他人的合同协议，应由他人承担的精神损害抚慰金；未发生交通事故，仅因第三者或本车人员的惊恐而引起的损害；在交通事故发生之日起 30 天以外的怀孕妇女流产。本附加险每次赔偿实行 20% 的绝对免赔率，不适用主险中的各项免赔率、免赔额约定。

（4）以任一主险及其他设置了免赔率的附加险为基础的附加险——不计免赔率险

投保了任一主险及其他设置了免赔率的附加险后，均可投保本附加险。

2.3 车险费率表的使用

保险费率是指按照保险金额计算保险费的比例。其公式为：保险费率 = 保险费 / 保险金额。保险费率是指每一保险金额保险单位，在一定保险期间所交保险费的比例，通常以“%”或“‰”表示。

2.3.1 车险保费计算

（1）保费计算公式

商业车险保费=基准保费 × 费率调整系数

费率调整系数由无赔款优待系数、自主核保系数和自主渠道系数等组成。

① 无赔款优待系数：根据历史赔款记录，按照无赔款优待系数对照表进行费率调整。由中国保险行业协会统一制定颁布，由行业平台自动返回。

② 自主核保系数：根据公司自主上报的系数使用规则，在规定的范围之内调整使用。

③ 自主渠道系数：根据公司自主上报的系数使用规则，在规定的范围之内调整使用。

④ 其他：机动车综合商业保险适用费率调整系数。

（2）基准保费计算公式

$$基准保费 = \frac{基准纯风险保费}{1-附加费用率}$$

其中，基准纯风险保费为投保各主险与附加险基准纯风险保费之和。

费率调整系数 = 无赔款优待系数 × 自主核保系数 × 自主渠道系数

附加费用率由保险公司自主设定唯一值，并严格执行经中国保监会批准的附加费用率，不得上下浮动。

2.3.2 费率表结构

（1）机动车损失险基准纯风险保费

机动车损失险基准纯风险保费由中国保险行业协会统一制定、颁布并定期更新。山东地区机动车损失险基准纯风险保费表见表 2-6。

表 2-6　山东地区机动车损失险基准纯风险保费　　单位：元

车辆使用性质	车辆种类	车型名称	车型编码	车辆使用年限			
非营运性车辆				1年以下	1～2年	2～6年	6年以上
家庭自用汽车	6座以下	北京现代（BH7141MY）舒适型	BBJKROUC0001	1054	1005	992	1026
家庭自用汽车	6～10座	五菱（LZW6376NF）	BSQDZHUA0114	610	581	575	594
家庭自用汽车	10座以上	金杯（SY6543US3BH）	BJBDRDUA0237	1082	1032	1019	1053
企业非营运客车	6座以下	捷达（FV7160FG）新伙伴	BYQKJEUA0026	793	752	745	769
企业非营运客车	6～10座	江铃全顺（JX6466DF-M）	BFTFQUUA0100	958	911	903	934
企业非营运客车	10～20座	依维柯（NJ6593ER6）	BNJCDMUA0152	1623	1547	1535	1573
企业非营运客车	20座以上	斯柯达（SCT6703TRB53LEX）	BSCHKTUA0029	3495	3334	3306	3388
党政机关、事业团体非营运客车	6座以下	桑塔纳（SVW7180CEi）基本型	BSHCSUUA0023	602	573	567	585
党政机关、事业团体非营运客车	6～10座	五菱（LZW6407B3）	BSQDRHUA0020	422	403	399	410
党政机关、事业团体非营运客车	10～20座	金杯（SY6483F3）	BJBDRDUA0194	1155	1097	1085	1120
党政机关、事业团体非营运客车	20座以上	斯柯达（SCT6700RZB53L）	BSCHKTUA0007	2418	2296	2272	2345
非营运货车	2t以下	江铃（JX1020TS3）	BJLOBEUA0087	635	604	598	617
非营运货车	2～5t	江淮（HFC1091KST）	BJHAWMUA0119	876	835	828	849
非营运货车	5～10t	江淮（HFC1141K2R1T）	BJHAJMUA0103	1046	995	986	1016
非营运货车	10t以上	北方奔驰（ND4250W322JJ）	BBFBQZUA0050	2766	2638	2607	2686
非营运货车	低速载货汽车	北京（BJ5815PD-3）	BBJRDTUA0401	495	472	466	482

续表

车辆使用性质	车辆种类	车型名称	车型编码	车辆使用年限			
非营运挂车	2t 以下	仙达（XT9350TZX）	BXDDBH UA0042	391	372	368	380
非营运挂车	2～5t	宝环（HDS9362GGY）	BBHBBH UB0002	4607	4396	4360	4466
非营运挂车	5～10t	骏强（JQ9100）	BJQCBH UA0060	313	298	295	304
非营运挂车	10t 以上	红旗（JHK9390）	BHQABH UA0061	541	516	510	526
营运性车辆				2 年以下	2～3 年	3～4 年	4 年以上
出租、租赁营运客车	6 座以下	捷达（FV7160FG）新伙伴	BYQKJE UA0026	2052	2033	2009	2052
出租、租赁营运客车	6～10 座	别克（SGM6529ATA）舒适版	BTYPBL UC0024	3570	3528	3496	3570
出租、租赁营运客车	10～20 座	依维柯（NJ6596SFF）	BNJCDA UB0019	3357	3326	3295	3357
出租、租赁营运客车	20～36 座	斯柯达（SCT6700RZB54L）	BSCHKT UA0031	5219	5170	5122	5219
出租、租赁营运客车	36 座以上	金龙（KLQ6119E3）	BHGCYZ UB0011	10372	10286	10168	10372
城市公交营运客车	6～10 座	长安（SC6382）	BCADZB UA0076	1083	1072	1061	1083
城市公交营运客车	10～20 座	吉江（NE6732NG01）	BJJBQN UA0001	1822	1803	1790	1822
城市公交营运客车	20～36 座	金龙（XMQ6771Y）	BJLEQN UB0012	3443	3406	3385	3443
城市公交营运客车	36 座以上	吉江（NE6732G01）	BJJBQN UA0041	2778	2751	2723	2778
公路客运营运客车	6～10 座	江淮（HFC6500A1C7F）	BJHARG UC0010	2583	2559	2536	2583
公路客运营运客车	10～20 座	中通（LCK6601D3H）	BZTILO UA0011	1933	1914	1895	1933
公路客运营运客车	20～36 座	中通（LCK6858H）	BZTIBN UA0052	3713	3677	3627	3713

续表

车辆使用性质	车辆种类	车型名称	车型编码	车辆使用年限			
公路客运营运客车	36 座以上	中通（LCK6125H-2）	BZTIYF UA0054	9740	9656	9541	9740
营运货车	2t 以下	江铃（JX5041XXYXGA2）	BJLOQL UA0481	1622	1607	1592	1.622
营运货车	2 ～ 5t	五十铃（QL5100XTPAR）	BQLANY UA0078	3015	2987	2960	3015
营运货车	5 ～ 10t	解放（CA5167XXYPK2L2EA80-1）	BJFKJT UA0334	2502	2472	2450	2502
营运货车	10t 以上	解放（CA4206P1K2T3EA80）	BJFKJA UA0114	4597	4547	4498	4597
营运货车	低速载货汽车	北京（BJ5815PD-3）	BBJRDT UA0401	1319	1306	1292	1319
营运挂车	2t 以下	杨嘉（LHL9401CXY）	BYJFBH UA0008	726	719	713	726
营运挂车	2 ～ 5t	东岳（ZTQ9370GGYQD）	BZTEBH UA0012	3915	3880	3845	3915
营运挂车	5 ～ 10t	骏强（JQ9100）	BJQCBH UA0060	758	749	742	758
营运挂车	10t 以上	扬天（CXQ9402TDP）	BYTEBH UA0288	1582	1566	1549	1582

山东地区第三者责任险基准纯风险保费见表 2-7，山东地区车上人员责任险、全车盗抢险、玻璃单独破碎险基准纯风险保费表见表 2-8。

表 2-7　山东地区第三者责任险基准纯风险保费　　单位：元

车辆使用性质	车辆种类	第三者责任险						
		5 万元	10 万元	15 万元	20 万元	30 万元	50 万元	100 万元
家庭自用汽车	6 座以下	461.50	666.90	759.85	825.50	932.10	1118.65	1457.30
	6 ～ 10 座	428.35	603.20	681.20	735.15	822.90	979.55	1275.95
	10 座以上	428.35	603.20	681.20	735.15	822.90	979.55	1275.95

续表

车辆使用性质	车辆种类	第三者责任险						
		5万元	10万元	15万元	20万元	30万元	50万元	100万元
企业非营运客车	6座以下	492.70	693.55	783.90	845.65	946.40	1127.10	1467.70
	6～10座	474.50	675.35	766.35	828.75	931.45	1112.15	1448.20
	10～20座	549.90	784.55	890.50	964.60	1084.85	1296.75	1689.35
	20座以上	619.45	912.60	1047.15	1145.30	1300.65	1569.75	2044.90
党政机关、事业团体非营运客车	6座以下	415.35	585.00	661.70	713.05	798.85	950.95	1238.25
	6～10座	397.80	560.30	633.75	682.50	765.05	910.65	1186.25
	10～20座	474.50	667.55	755.95	814.45	912.60	1086.15	1414.40
	20座以上	653.25	919.75	1040.00	1121.25	1255.15	1494.35	1946.10
非营运货车	2t以下	520.00	731.90	828.10	892.45	999.70	1190.15	1550.25
	2～5t	683.80	988.65	1127.10	1225.25	1383.85	1660.10	2162.55
	5～10t	812.50	1158.95	1314.95	1424.15	1600.30	1912.95	2490.80
	10t以上	1069.90	1507.35	1704.30	1837.55	2057.90	2450.50	3190.20
	低速载货汽车	441.35	622.05	703.95	758.55	848.90	1012.05	1317.55
出租、租赁营运客车	6座以下	1121.25	1691.95	1966.25	2152.15	2496.65	3163.55	4160.65
	6～10座	1099.80	1660.10	1929.20	2110.55	2449.20	3103.75	4082.65
	10～20座	1162.85	1783.60	2083.90	2292.55	2673.45	3406.00	4479.80
	20～36座	1563.90	2469.35	2912.65	3233.10	3803.80	4888.65	6429.80
	36座以上	2416.70	3732.95	4371.90	4819.75	5633.55	7190.30	9458.80
城市公交营运客车	6～10座	1033.50	1559.35	1812.85	1983.15	2301.00	2916.55	3836.30
	10～20座	1151.15	1737.45	2018.90	2209.35	2563.60	3248.70	4273.10
	20～36座	1595.75	2453.75	2869.10	3157.70	3685.50	4697.55	6179.55
	36座以上	2120.95	3350.10	3952.00	4386.20	5161.00	6631.95	8723.00

续表

车辆使用性质	车辆种类	第三者责任险						
		5 万元	10 万元	15 万元	20 万元	30 万元	50 万元	100 万元
公路客运营运客车	6 ～ 10 座	1011.40	1526.85	1774.50	1941.55	2252.90	2854.15	3755.05
	10 ～ 20 座	1127.10	1700.40	1976.65	2162.55	2509.00	3179.15	4182.75
	20 ～ 36 座	1657.50	2501.85	2908.10	3182.40	3691.35	4678.70	6153.55
	36 座以上	2393.30	3612.05	4199.00	4594.20	5330.00	6754.80	8884.85
营运货车	2t 以下	837.20	1305.20	1，535.95	1691.95	1991.60	2496.65	3261.05
	2 ～ 5t	1347.45	2101.45	2472.60	2722.20	3205.15	4017.65	5247.45
	5 ～ 10t	1547.00	2412.15	2838.55	3125.20	3679.00	4613.05	6024.85
	10t 以上	2119.00	3305.25	3888.95	4281.55	5041.40	6319.95	8255.00
	低速载货汽车	711.75	1109.55	1305.85	1437.80	1692.60	2121.60	2770.95

注：1. 挂车根据实际的使用性质并按照对应吨位货车的 30% 计算。

2. 如果责任限额为 100 万元以上，则基准纯风险保费 =$A+0.9N(A-B)$，式中，A 指同档次限额为 100 万元时的基准纯风险保费，B 指同档次限额为 50 万元时的基准纯风险保费；N=（限额 -100 万元）/50 万元，限额必须是 50 万元的整数倍。

表 2-8　山东地区车上人员责任险、全车盗抢险、玻璃单独破碎险基准纯风险保费

车辆使用性质	车辆种类	车上人员责任险		全车盗抢险		玻璃单独破碎险	
		驾驶人 /%	乘客 /%	基础纯风险保费 / 元	纯风险费率 /%	国产玻璃 /%	进口玻璃 /%
家庭自用汽车	6 座以下	0.2730	0.1755	78.00	0.3185	0.1235	0.2015
	6 ～ 10 座	0.2600	0.1690	91.00	0.2860	0.1235	0.1950
	10 座以上	0.2600	0.1690	91.00	0.2860	0.1430	0.2340
企业非营运客车	6 座以下	0.2730	0.1690	78.00	0.2925	0.0845	0.1560
	6 ～ 10 座	0.2535	0.1495	84.50	0.2990	0.0845	0.1560
	10 ～ 20 座	0.2600	0.1560	84.50	0.2925	0.0975	0.1820
	20 座以上	0.2730	0.1690	91.00	0.2535	0.1040	0.1885

续表

车辆使用性质	车辆种类	车上人员责任险		全车盗抢险		玻璃单独破碎险	
		驾驶人/%	乘客/%	基础纯风险保费/元	纯风险费率/%	国产玻璃/%	进口玻璃/%
党政机关、事业团体非营运客车	6座以下	0.2600	0.1625	71.50	0.2730	0.0845	0.1560
	6～10座	0.2405	0.1430	78.00	0.2795	0.0845	0.1560
	10～20座	0.2470	0.1495	78.00	0.2795	0.0975	0.1820
	20座以上	0.2535	0.1560	84.50	0.2340	0.1040	0.1885
非营运货车	2t以下	0.3055	0.1885	84.50	0.3250	0.0715	0.1040
	2～5t	0.3055	0.1885	84.50	0.3250	0.0715	0.1040
	5～10t	0.3055	0.1885	84.50	0.3250	0.0715	0.1040
	10t以上	0.3055	0.1885	84.50	0.3250	0.0715	0.1040
	低速载货汽车	0.3055	0.1885	84.50	0.3250	0.0715	0.1040
出租、租赁营运客车	6座以下	0.3250	0.2015	65.00	0.2990	0.1235	0.2015
	6～10座	0.2600	0.1560	58.50	0.2795	0.1235	0.2015
	10～20座	0.2730	0.1690	58.50	0.2730	0.1365	0.2275
	20～36座	0.2730	0.1690	52.00	0.2665	0.1625	0.2795
	36座以上	0.2730	0.1690	52.00	0.2665	0.1820	0.3120
城市公交营运客车	6～10座	0.2730	0.1625	39.00	0.2990	0.1235	0.2015
	10～20座	0.2860	0.1755	58.50	0.2795	0.1365	0.2275
	20～36座	0.3250	0.2015	58.50	0.2860	0.1690	0.2860
	36座以上	0.3250	0.2015	58.50	0.2860	0.1885	0.3185
公路客运营运客车	6～10座	0.2730	0.1625	39.00	0.3055	0.1235	0.2015
	10～20座	0.2860	0.1755	58.50	0.2925	0.1365	0.2275
	20～36座	0.3250	0.2015	52.00	0.2340	0.1690	0.2925
	36座以上	0.3250	0.2015	52.00	0.2600	0.1885	0.3185
营运货车	2t以下	0.5005	0.3120	84.50	0.3250	0.0780	0.1170
	2～5t	0.5005	0.3120	84.50	0.3250	0.0780	0.1170
	5～10t	0.5005	0.3120	84.50	0.3250	0.0780	0.1170
	10t以上	0.5005	0.3120	84.50	0.3250	0.0780	0.1170
	低速载货汽车	0.5005	0.3120	84.50	0.3250	0.0780	0.1170

注：挂车根据实际的使用性质并按照对应吨位货车的50%计算。

(2) 附加险基准纯风险保费

附加险基准纯风险保费见表 2-9。

表 2-9 附加险准纯风险保费

<table>
<tr><th>险别</th><th colspan="3">保费计算</th></tr>
<tr><td>新增加设备损失险</td><td colspan="3">保险金额 × 机动车损失险基准纯风险保费 / 机动车损失险保险金额</td></tr>
<tr><td>发动机涉水损失险</td><td colspan="3">机动车损失险基准纯风险保费 ×5.00%</td></tr>
<tr><td>机动车损失险无法找到第三方特约险</td><td colspan="3">机动车损失险基准纯风险保费 ×2.50%</td></tr>
<tr><td>修理期间费用补偿险</td><td colspan="3">约定的最高赔偿时间（天）× 约定的最高日责任限额 ×6.50%</td></tr>
<tr><td>精神损害抚慰金责任险</td><td colspan="3">每次事故责任限额 ×0.52%</td></tr>
<tr><td rowspan="2">车上货物责任险</td><td>车辆使用性质</td><td>非营运货车</td><td>营运货车</td></tr>
<tr><td>费率 /%</td><td>0.5200</td><td>1.7745</td></tr>
<tr><td rowspan="2">指定修理厂险</td><td>国产车</td><td colspan="2">机动车损失险基准纯风险保费的 10%～30%</td></tr>
<tr><td>进口车</td><td colspan="2">机动车损失险基准纯风险保费的 15%～60%</td></tr>
<tr><td rowspan="12">不计免赔率险</td><td colspan="2">适用险种</td><td>费率 /%</td></tr>
<tr><td colspan="2">机动车损失险</td><td>15</td></tr>
<tr><td colspan="2">第三者责任险</td><td>15</td></tr>
<tr><td colspan="2">车上人员责任险</td><td>15</td></tr>
<tr><td colspan="2">全车盗抢险</td><td>20</td></tr>
<tr><td colspan="2">自燃损失险</td><td>20</td></tr>
<tr><td colspan="2">新增加设备损失险</td><td>15</td></tr>
<tr><td colspan="2">车身划痕损失险</td><td>15</td></tr>
<tr><td colspan="2">发动机涉水损失险</td><td>15</td></tr>
<tr><td colspan="2">车上货物责任险</td><td>20</td></tr>
<tr><td colspan="2">精神损害抚慰金责任险</td><td>20</td></tr>
</table>

续表

<table>
<tr><th>险别</th><th colspan="6">保费计算</th></tr>
<tr><td rowspan="10">自燃损失险</td><td rowspan="2" colspan="2">车辆使用性质</td><td colspan="4">费率 /%</td></tr>
<tr><td>2 年以内</td><td>2 ～ 4 年</td><td>4 ～ 6 年</td><td>6 年以上</td></tr>
<tr><td colspan="2">家庭自用汽车</td><td>0.0780</td><td>0.1300</td><td>0.1950</td><td>0.3250</td></tr>
<tr><td colspan="2">企业非营运客车</td><td>0.0780</td><td>0.1300</td><td>0.1950</td><td>0.3250</td></tr>
<tr><td colspan="2">党政机关、事业团体非营运客车</td><td>0.0780</td><td>0.1300</td><td>0.1950</td><td>0.3250</td></tr>
<tr><td colspan="2">非营运货车</td><td>0.0780</td><td>0.1300</td><td>0.1950</td><td>0.3250</td></tr>
<tr><td colspan="2">出租、租赁营运客车</td><td>0.1300</td><td>0.1950</td><td>0.2925</td><td>0.3900</td></tr>
<tr><td colspan="2">城市公交营运客车</td><td>0.1300</td><td>0.1950</td><td>0.2925</td><td>0.3900</td></tr>
<tr><td colspan="2">公路客运营运客车</td><td>0.1300</td><td>0.1950</td><td>0.2925</td><td>0.3900</td></tr>
<tr><td colspan="2">营运货车</td><td>0.1300</td><td>0.1950</td><td>0.2925</td><td>0.3900</td></tr>
<tr><td rowspan="10">车身划痕损失险</td><td rowspan="2">车辆使用年限</td><td rowspan="2">保额 / 元</td><td colspan="4">新车购置价 / 元</td></tr>
<tr><td>30 万元以下</td><td>30 万～50 万元</td><td colspan="2">50 万元以上</td></tr>
<tr><td rowspan="4">2 年以下</td><td>2000</td><td>260.00</td><td>380.25</td><td colspan="2">552.50</td></tr>
<tr><td>5000</td><td>370.50</td><td>585.00</td><td colspan="2">715.00</td></tr>
<tr><td>10000</td><td>494.00</td><td>760.50</td><td colspan="2">975.00</td></tr>
<tr><td>20000</td><td>741.00</td><td>1157.00</td><td colspan="2">1462.50</td></tr>
<tr><td rowspan="4">2 年及以上</td><td>2000</td><td>396.50</td><td>585.00</td><td colspan="2">715.00</td></tr>
<tr><td>5000</td><td>552.50</td><td>877.50</td><td colspan="2">975.00</td></tr>
<tr><td>10000</td><td>845.00</td><td>1170.00</td><td colspan="2">1300.00</td></tr>
<tr><td>20000</td><td>1235.00</td><td>1690.00</td><td colspan="2">1950.00</td></tr>
</table>

（3）费率调整系数

费率调整系数见表 2-10。

表 2-10　费率调整系数

序号	项目	内容	系数
1	无赔款优待及上年赔款记录	连续 3 年没有发生赔款	0.60
		连续 2 年没有发生赔款	0.70
		上年没有发生赔款	0.85
		新保或上年发生 1 次赔款	1.00
		上年发生 2 次赔款	1.25
		上年发生 3 次赔款	1.50
		上年发生 4 次赔款	1.75
		上年发生 5 次及以上赔款	2.00
2	自主核保系数	根据公司自主上报的系数使用规则，在规定的范围之内调整使用	
3	自主渠道系数	根据公司自主上报的系数使用规则，在规定的范围之内调整使用	

（4）机动车损失保险可选绝对免赔额系数

机动车损失保险可选绝对免赔额系数见表 2-11。

表 2-11　机动车损失保险可选绝对免赔额系数

车辆使用年限	免赔额/元	实际价值/元					
		5 万元以下	5 万～10 万元	10 万～20 万元	20 万～30 万元	30 万～50 万元	50 万元以上
1 年以下	300	0.90	0.93	0.95	0.96	0.97	0.98
	500	0.80	0.86	0.91	0.94	0.96	0.96
	1000	0.70	0.77	0.85	0.88	0.91	0.93
	2000	0.57	0.62	0.72	0.79	0.86	0.90
1～2 年	300	0.90	0.93	0.95	0.96	0.97	0.98
	500	0.81	0.87	0.91	0.94	0.96	0.96
	1000	0.70	0.78	0.86	0.89	0.91	0.93
	2000	0.57	0.63	0.74	0.81	0.87	0.90
2～6 年	300	0.91	0.94	0.96	0.97	0.98	0.99
	500	0.82	0.89	0.94	0.96	0.96	0.97
	1000	0.73	0.83	0.88	0.91	0.93	0.95
	2000	0.58	0.69	0.79	0.87	0.90	0.92

续表

车辆使用年限	免赔额/元	实际价值/元					
		5万元以下	5万～10万元	10万～20万元	20万～30万元	30万～50万元	50万元以上
6年以上	300	0.91	0.95	0.97	0.98	0.99	0.99
	500	0.84	0.91	0.95	0.97	0.97	0.97
	1000	0.74	0.86	0.90	0.92	0.95	0.97
	2000	0.59	0.73	0.83	0.90	0.92	0.94

2.3.3 费率表使用

（1）机动车损失险

① 当投保时被保险机动车的实际价值等于新车购置价减去折旧金额时，根据被保险机动车车辆使用性质、车辆种类、车型名称、车型编码、车辆使用年限所属档次直接查询基准纯风险保费。表2-12为山东地区机动车损失险基准纯风险保费的查询方法。

表2-12 山东地区机动车损失险基准纯风险保费

车辆使用性质	车辆种类	车型名称	车型编码	机动车损失险基准纯风险保费/元			
				1年以下	1～2年	2～6年	6年以上
家庭自用汽车	6座以下	北京现代（BH7141MY）舒适型	BBJKROUC0001	1054	1005	992	1026
	6～10座	五菱（LZW6376NF）	BSQDZHUA0114	610	581	575	594
	10座以上	金杯（SY6543US3BH）	BJBDRDUA0237	1082	1032	1019	1053

如山东地区一辆车龄为4年的“北京现代（BH7141MY）舒适型”轿车投保车辆损失险，根据山东地区基准纯风险保费表查询该车对应的机动车损失险基准纯风险保费为992元。

② 当投保时被保险机动车的实际价值不等于新车购置价减去折旧金额时，实际价值差异的机动车损失险基准纯风险保费按下列公式计算。

考虑实际价值差异的机动车损失险基准纯风险保费＝直接查找的机动车损失险

基准纯风险保费 +（协商确定的机动车实际价值 − 新车购置价减去折旧
金额后的机动车实际价值）× 0.09%

如山东地区一辆车龄为 4 年的“北京现代（BH7141MY）舒适型”轿车投保车辆损失险，该车使用 4 年后新车购置价减去折旧金额后的机动车实际价值为 4.9 万元，如果客户要求约定实际价值为 6 万元，则该车考虑实际价值差异的基准纯风险保费为 1002 元，计算步骤如下。

a. 根据表 2-12 示例，查表得到该车的机动车损失险基准纯风险保费为 992 元。

b. 该车考虑实际价值差异的机动车损失险基准纯风险保费 = 992+(60000−49000)× 0.09% = 1002(元)。

如附加险的保费计算基础为机动车损失险基准纯风险保费，是指考虑实际价值差异的机动车损失险基准纯风险保费。

③ 如投保时约定绝对免赔额，可按照选择的免赔额、车辆使用年限和实际价值查找费率折扣系数，约定免赔额之后的机动车损失险基准纯风险保费按下列公式计算。

约定免赔额之后的机动车损失险基准纯风险保费 = 考虑实际价值
差异的机动车损失险基准纯风险保费 × 费率折扣系数

（2）第三者责任险

根据被保险车辆使用性质、车辆种类、责任限额直接查询基准纯风险保费。

（3）车上人员责任险

① 根据车辆使用性质、车辆种类、驾驶人 / 乘客查询纯风险费率。

② 计算公式如下。

驾驶人基准纯风险保费 = 每次事故责任限额 × 纯风险费率

乘客基准纯风险保费 = 每次事故每人责任限额 × 纯风险费率 × 投保乘客座位数

（4）全车盗抢险

① 根据车辆使用性质、车辆种类查询基础纯风险保费和纯风险费率。

② 计算公式如下。

基准纯风险保费 = 基础纯风险保费 + 保险金额 × 纯风险费率

（5）玻璃单独破碎险

① 根据车辆使用性质、车辆种类、投保国产 / 进口玻璃查询纯风险费率。

② 计算公式如下。

基准纯风险保费 = 新车购置价 × 纯风险费率

（6）自燃损失险

① 根据车辆使用性质、车辆使用年限查找纯风险费率。

② 计算公式如下。

基准纯风险保费 = 保险金额 × 纯风险费率

(7) 新增加设备损失险

基准纯风险保费 = 保险金额 × 机动车损失险基础纯风险保费 / 机动车损失险保险金额

(8) 车身划痕损失险

根据车辆使用年限、新车购置价、保险金额所属档次直接查询基准纯风险保费。

(9) 发动机涉水损失险

基准纯风险保费 = 机动车损失险基准纯风险保费 × 费率

(10) 修理期间费用补偿险

基准纯风险保费=约定的最高赔偿时间(天) × 约定的最高日责任限额 × 纯风险费率

(11) 车上货物责任险

① 根据营运货车、非营运货车查询纯风险费率。

② 计算公式如下。

基准纯风险保费 = 责任限额 × 纯风险费率

(12) 精神损害抚慰金责任险

基准纯风险保费 = 每次事故责任限额 × 纯风险费率

(13) 不计免赔率险

① 根据适用的险种查找费率。

② 计算公式如下。

基准纯风险保费 = 适用本条款的险种基准纯风险保费 × 费率

③ 不计免赔率险费率表适用险种一栏中未列明的险种，不可投保不计免赔率险。

(14) 机动车损失险无法找到第三方特约险

基准纯风险保费=机动车损失险基准纯风险保费 × 费率

(15) 指定修理厂险

① 根据国产 / 进口车，对机动车损失险基准纯风险保费进行相应的调整。

② 计算公式如下。

基准纯风险保费 = 机动车损失保险基准纯风险保费 × 费率

第3章

如何选购最佳车险投保组合

3.1 如何选择投保渠道

随着汽车行业的不断发展，汽车投保的渠道也是“百家争鸣、百花齐放”，是4S店可靠，还是保险公司比较放心，中介似乎也是不错的选择。面对各大商家推出的优惠政策，究竟选择哪种汽车投保渠道才是最好的呢？保险公司通过各种渠道将这些产品销售出去，客户无论是从哪里购买保险，最终均是和保险公司签订保险合同。即便是在第三方网站购买的保险，也同样会拥有保单和保单号，并入保险公司系统，购买者可通过保险公司官方网站和客服热线查询保单信息。但是不同的汽车投保的渠道不一样，不同状况的车主选择的保险类型也大相径庭。有专家表示，选择合适自己的投保渠道最重要。商家经不同渠道从保险公司拿到的保险产品成本价不同，在市场上代理费率也不同，所以车主们在给爱车选择投保渠道时，应结合自身状况综合考虑。

3.1.1 购买汽车保险的途径

(1) 通过专业代理机构

即主营的业务就是代卖保险公司的保险产品，通常名称叫作“××保险代理公司”，其组织形式是公司法人。目前，社会上的专业代理公司较多，专业代理公司一般提供多家保险公司的汽车保险产品，可为客户提供较多的产品设计方案。投保程序：将相关资料交于中介公司，由其代为购买。

优点：价格便宜，且可以送保单到家，服务态度非常好。

缺点：费率折扣不透明，保费高于直销渠道，服务水平参差不齐。非法中介也很多，选择中介投保也要注意风险，要选择知根知底的可靠中介。

温馨提示：建议车主选择前找之前投过保的人了解一些具体情况，对理赔速度、售后服务以及修车店的资质、水平等进行综合考察，一定要选择资质过硬的专业代理机构。保单下来后一定要验证其真伪再付款，具体可通过保险公司公布的声讯电话或营业厅查验。

(2) 通过兼业代理

所谓兼业代理（图3-1）显然是“副业”，指在经营主营业务的同时，代卖保险公司的保险产品。保险市场中汽车保险常见的兼业代理有汽车经销商、汽车修理厂、银行、邮政、机场、道路检查机构等。通过这类兼业代理的保险业务员买保险，最大的特点就是可以面谈，给我们足够的安全感。我们不需要自己太懂保险，因为大部分时间听业务员说即可，所有关于产品的问题都可以直接问他们。

图 3-1　兼业代理

注意事项：由于兼业代理机构代卖保险产品是副业，保险公司中代理人的素质参差不齐，若是运气不好遇到不合格的代理人，其专业性可能不足，保险产品价格也不一定便宜。有时候，代理商强烈推荐一家公司的保险产品，其可能是对代理商佣金最高的，但不一定是最合适您的。对于车险而言，价格重要，服务更重要。另外，从代理机构拿到保单后，最好打电话给保险公司，确认一下保单的有效性和有效期。

（3）亲自到保险公司投保

保险公司也有对外营业的窗口（图 3-2）。这种上门投保的形式，节约了保险公司的经营成本，车主可能会得到一些较便宜的价格。但对于一些保险公司，如果没有给您指定“客户经理”，今后您索赔时也都要自己动手，客观上存在较多的麻烦。投保程序：车主携带相关资料去往保险公司营业网点，当场填写保单、缴费投保。

图 3-2　保险公司营业厅

优点：产品可靠，车主可放心购买；手续齐全，立等可取；避免被一些非法中介误导和欺骗。

缺点：需要亲自上门办理业务，时间、交通成本较高；除了规定折扣外无其他优惠。

温馨提示：购车票据、本人身份证明及相关资料复印件都要携带齐全，避免耽误时间。

（4）网络、电话、手机APP投保

保险公司开通专门的服务电话，保险公司有专门的人员接听电话（图3-3），协助办理投保手续，另外还实行上门送单服务。随着近年来电话车险模式的成熟和火热，直接给保险公司打电话投保已经成为与4S店、中介并驾齐驱的投保方式。但是短时间的电话沟通，车主无法对整个产品形成完整的认知，也容易忽视许多细节。业务员电话直销车险存在的风险比较大，而且具有一定的欺骗性，购买前一定要问清楚，有条件的还要录音，另外由于不知道具体业务员的个人信息，追责起来比较困难，严重的可能还会遇到诈骗。下单后，应根据保险单号去保险公司官网查询是否真实，还要确定好送保单人员的身份，然后再付保费。

图3-3 电话投保

保险公司大都设立专门的网站（电子商务平台），如图3-4所示。进行网络投保时，可登录到保险公司的官方网站，输入车主的个人信息和车辆信息，选好险种，网站会自动显示总共投保的价格；当车主点击在线付款后，就可以生成在线订单。当点击在线订单后，保险公司的业务员会打电话与车主确认。根据保监会统计，2017年，在网上买保险的人数已有3.3亿人。网上保险签单件数124.91亿件，保费收入1835.29亿元。这是目前最方便快捷的投保方式，但对于不经常使用网络的客户来说，可能不太方便。需要注意的是，车主在线付款后，相当于全款购买了保险，并没有什么优惠。如果车主填完信息后不点击在线付款，保险公司的业务员会给车主打电话，还可以商量折扣。在官方网站上购买车险，很讲究技巧。

图 3-4　网络投保

很多与汽车相关的 APP 已经能实现购买车险的功能，只要点开 APP 就能轻松购买车险（图 3-5），而且有一定折扣的优惠，有时为了促销也会有礼品。这种类似于业务员的电话车险，只是形式不同而已。

图 3-5　APP 投保

投保程序：网络或者电话咨询购买车险后，保险公司会有专业人员上门服务。

优点：简单，快捷，省去代理环节的中间成本，直接让利给消费者，所以在价格上更优惠。同时，随着近年来车险的不断发展完善，网络 / 电话车险可提供包含上门送单、日常免费救援服务、简便的理赔流程等一系列服务内容。

缺点：出险后无论是理赔还是维修，都需要自己去办理。另外，需提防“山寨”版投保网站或电话，避免遭遇假保单的危险。

温馨提示：投保前需先了解保险公司是否有网络或电话车险业务，仔细核实正确的投保电话号码后再去投保。

① 直接面对保险公司，避免被不良中介误导和欺骗。

② 保监会规定商业车险费率最多可以打到七折，但是电话车险这种渠道可以在七折的基础上再优惠 15%。

3.1.2 不同途径购买汽车保险的区别

购买汽车保险既然有很多途径，那么应该如何选择呢？表 3-1 是一些对比信息，其实，不同的途径都各有优点和弊端，关键是看是否最方便和适合自己的需要。

表 3-1 不同渠道对比

途径 / 渠道	方便性	优点描述	缺点描述
专业代理	★★★	服务积极 / 上门办理手续 / 理赔有人帮	成本较高 / 若选择不当则有风险
兼业代理（汽修行业）	★★★	保险与今后可能的理赔可以在一起办	讨价还价费口舌 / 若选择不当则有风险
上门投保	★★	保单不会有假，可靠 / 保费可能便宜	花费一些自己的时间
电话投保	★★★★	足不出户 / 保单送上门	不太容易和保险公司谈判 / 不是直接沟通，有误导可能
网上投保	★★★★		

3.1.3 通过保险中介购买汽车保险的注意事项

对于购买保险来讲，通过汽修厂或 4S 店是最方便的，因为毕竟在今后的汽车维修、事故索赔等方面都可以直接由汽修厂直接代办。目前北京市场中约有 60% 的汽车保险是通过代理来做的。

对于新车车主来说，4S 店也许是首选。4S 店一般都承担着新车车主的车险知识“扫盲”任务，在车主买车的同时，帮助车主上保险、联系保险公司，解决新车车主对车险一无所知的问题。但其缺点就是价格比较贵。同时，因为 4S 店毕竟是代理机构，车主只能在4S店代理的范围内进行选择，而可供选择的保险公司往往并不多。买新车时经销商往往会强烈推荐在他们那里购买保险，并且能说出种种诱人的好处来，因为保险返利在销售利润中占了不少比例，而且日后的保险理赔方面经销商也能赚到一笔修理费。经销商的诱人好处还是很实事求是的，有4S店做“后盾”，不管是代理理赔的便捷性，还是维修质量和配件质量，都能得到保障。

在选择保险中介时，应该注意以下几点。

第一点：应该选择具有合法资格、信誉较好的大的汽车经销商或者4S店，一般不要选择街边小维修厂代理的保险，小维修厂一般不具有合法的“保险兼业代理资格”，所以保单造假的可能性也较大。

第二点：即便保险中介给您推荐最适合的险种，您也要有所选择，保险中介是站在能多收保险代理费的角度思考问题，所以有时他们推荐的险种虽然很多，但不一定适合您。曾有一位私家车主朋友在4S店被推荐购买一个“车载货物掉落责任险”，而这个险种一般是营运性货车才承保的，私家车几乎不可能用到这个险种，所以他这几百元钱算是白花了。

第三点：收到保单后，一定要打电话到保险公司确认一下保单是否生效，以及确认一下保单的期限，这倒不是说对保险中介不信任，而是检查疏漏、避免错误的一个注意事项。

3.2 新车车主选购车险组合

随着近几年车险条款与费率的不断调整，新车车主购买车险时的困惑也越来越多，看着保险业务员放在面前的险种明细，不少车主都犯了嘀咕——应如何选择车险才适合自己呢？怎样既省钱又能获得最大程度的保障呢？

车主选择机动车辆保险时，应了解自身的风险和特征，根据实际情况选择个人所需的风险保障。对于机动车辆保险市场现有产品应进行充分了解，以便购买适合自身需要的机动车辆保险。

3.2.1 新车车主购买保险的注意事项

对于“新手”车主而言，车主的驾车技术正属于“磨合期”，且属于发生车祸的高风险人群，尤其对于贷款买车的“新手”，一不小心发生了车祸立刻面临的就是事后无力承担责任的尴尬境况。所以当车主不能对车辆安全提供很好的保障时，最好投保车辆的商业险。但车险种类繁多，很多消费者买了很多险种，其中不乏重复投保和不必要险种。所以新车车主在购买保险时，需注意如下几点。

（1）买保险要认准品牌

新车车主在买保险时需认准品牌，因为大品牌保险公司险种比较齐全，在全国各地的服务网点完善，同时因实力雄厚，在理赔上会有更为充足的保障，一些小品牌公司虽然在条款上有不少诱人的地方，并且费率优势较大，但由于服务网点相对较少，消费者在定损理赔时仍有不便，尤其是车辆在外地肇事时，因小保险公司服务网点不健全会给车主索赔增加诸多不便。如真正传统意义上的汽车保险，基本上行业里认可的“三大车险集团”：中国人民保险集团股份有限公司（PICC，副部级央企），中国平安财产保险股份有限公司（我国最大民营保险），中国太平洋财产保险股份有限公司（我国最大国企保险）。2018 年我国车险十大排名见表 3-2。

表 3-2 2018 年我国车险十大排名

序号	保险公司	原保险保费收入/万元	简要介绍
1	中国人民保险集团股份有限公司	28705680.59	中国人民保险集团股份有限公司是一家综合性保险（金融）公司，世界 500 强之一，是目前世界上最大的保险公司之一
2	中国平安财产保险股份有限公司	17383987.82	中国平安财产保险股份有限公司是我国第一家以保险为核心，融证券、信托、银行、资产管理、企业年金等多元金融业务为一体的综合金融服务集团
3	中国太平洋财产保险股份有限公司	8470720.47	中国太平洋财产保险股份有限公司是中国太平洋保险（集团）股份有限公司旗下的一家专业子公司，为客户提供全面的财产保险产品和服务
4	中国人寿财产保险股份有限公司	5299752.05	中国人寿财产保险股份有限公司为国务院同意、中国保监会批准、中国人寿保险（集团）公司及旗下中国人寿保险股份有限公司共同发起设立的全国性专业财产保险公司，注册资本 80 亿元人民币
5	中华联合财产保险股份有限公司	3303978.21	中华联合财产保险股份有限公司始建于 1986 年，是新中国成立以来第二家具有法人资格的保险公司，也是全国首家以“中华”冠名的全国性综合保险公司。总部原设在乌鲁木齐，2010 年 12 月正式迁至北京
6	中国大地财产保险股份有限公司	3046707.10	中国大地财产保险股份有限公司渊源于 1949 年 10 月成立的原中国人民保险公司，是经中国保监会批准成立，由中国再保险（集团）股份有限公司以投资人和主发起人的身份控股设立的全国性财产保险公司
7	阳光财产保险股份有限公司	2726541.37	阳光财产保险股份有限公司是于 2004 年 12 月 24 日经中国保监会正式批准筹建，主要经营财产保险业务的全国性保险公司，于 2005 年 7 月 28 日正式成立，注册资本金为 26.5 亿元人民币，总部设在北京

续表

序号	保险公司	原保险保费收入/万元	简要介绍
8	太平人寿保险公司	1772603.25	太平人寿保险公司是我国第一家跨国金融保险集团公司，也是中国太平内地客户最为集中的成员公司和中国太平最重要的市场接口。于 2001 年 12 月 20 日，经国务院同意，中国保监会批准，太平保险全面恢复我国境内的财产保险业务
9	天安财产保险有限公司	1164449.17	天安财险是天安财产保险股份有限公司旗下品牌，于 2015 年 6 月 19 日注册完成，主要提供保险精算、保险经纪、保险信息、健康保险 、保险咨询、人寿保险、金融服务、金融咨询、信托服务等
10	华安财产保险股份有限公司	924853.04	华安财产保险股份有限公司是经中国人民银行批准，于 1996 年 10 月 18 日正式创立的一家专业性保险公司。主要经营各种财产险、责任险、信用保证险、农业险、意外伤害险和短期健康险业务

（2）低价格不是“馅饼”

不少消费者上车险时光顾着看价格的高低，也正是基于这一点，一些公司不断推荐低价的车险，这里面可能会有一些让利的成分，但是让利毕竟是有限的，通过减少险种或是降低保障达到低价的方法才是其惯用的方式。一些车主只贪图眼前的小利，买下这些看似“馅饼”的保险，一旦出险得不到相应的保障时，才知道自己得到的是一个“陷阱”。当然车险也不是花的钱多就能得到更多的保障，车主在买保险时不要盲目求多求全。一些车主为了得到更多的保障，再加上车险代理商的游说，总是认为买越多的车险就能得到越多的服务，其实有些保险可买可不买。一般情况下，一些保险公司车险的基本条款中就已经包括很多方面了，车主不必花钱买多余的险种。

（3）买保险就要买合适的

车主应学会“不求最贵、不求最全、但求最好”。一般情况下，第一年的新车，因为车主的驾驶问题，很容易出现事故，所以应该尽量购买比较全的商业险，第二年至少购买两项主要的车损险与第三者责任险，其他附加险则要根据自己的实际情况购买，否则就会花冤枉钱。如果车辆经过了改装，建议购买设备损失险，如果车主居住的小区保安情况很好，又很少借给别人开，那么盗抢险就可以免了。

（4）准确理解某险种的意义

① 优先购买足额的商业第三者责任险，在所有的汽车保险险种中第三者责任险最为重要。毕竟，汽车毁了可以不开，但是，他人的赔偿是免除不了的，购买汽车保险时应该将保持赔偿他人损失的能力放在第一位。所以，为了避免麻烦，还是应把第三者责任险保足额。

② 车辆损失险是附加险的基础，只有保了车辆损失险才能保其他附加险。

③ 附加险中，车主可以根据自己的情况选择。如果车辆在比较可靠、安全的停车场中停放，上下班路途中也没有什么特别僻静的路段，就可以考虑不保盗抢险（但如果你的车属于很常见的、丢失率比较高的车型，那一定要保盗抢险）。如果你的车很便宜，那么玻璃险的保费就可能达到挡风玻璃本身价格的30% ～ 40%，则很不划算了，因此，可以考虑放弃玻璃险。如果你的车是新车，那么自燃的概率是非常低的，可以考虑不保。

④ 不计免赔险一定要保，否则，一旦出险，保险公司最多只赔付总损失的80%。

3.2.2 新车车主选购车险组合

（1）新车型特点

这里的新车主要指新上市的汽车。由于新近上市，市面上的配件较少，一般只有4S店提供，因此车辆损失险的价格相对较高。另外新车失窃可能性较大，可投保盗抢险。新车的外观很重要，发生小剐小蹭后要及时喷漆，要考虑买一份划痕险。如果是进口玻璃，则最好单独投保一份玻璃破碎险。

（2）投保方案建议

除了法定的交强险以及商业险的主险部分（车损险），车险到底怎么组合安排，可说是因人而异的。既想得到车险的保障，又希望节省保费，就要选择对自己来说性价比最高的组合。对于“新手”车主和新车而言，商业险的组合可以参考以下几种模块。

① 最低保障方案。

险种组合：机动车交通事故责任强制保险。

保障范围：只对第三者的损失负赔偿责任。

特点：适用于那些怀有侥幸心理，认为上保险没用的人或急于拿保险单去上牌照或验车的人。

该保障方案虽可以用来应对上牌照或验车。但一旦遇到大额赔偿时，该方案缺乏商业险的配套补充，略显力不从心，同时涉及自身车辆的损失需自己负担。

② 基本保障方案。

险种组合：机动车交通事故责任强制保险 + 车辆损失险 + 第三者责任险。

保障范围：只投保基本险，不含任何附加险。

特点：适用于部分认为事故后修车费用很高的车主，尤其是针对零整比较高的车辆，新车车主可以为自身车辆和第三者的人身伤亡及财产损毁寻求保障。

该保障方案必要性最高，但不是最佳组合。

③ 经济保障方案。

即机动车交通事故责任强制保险 + 车辆损失险 + 第三者责任险 + 不计免赔特约险。

这一方案是最常见也是性价比较高的组合方案。一方面车损险为车辆本身提供了保障；另一方面事故中发生第三者伤亡，车主也可以在交强险的基础上给受害者以足够的补偿，解决了车主的后顾之忧。而不计免赔条款的作用主要是，通常的车险产品都会有 15% ～ 20% 的免赔额，这一部分需要由车主自己承担，而添加了不计免赔特约条款以后即可将这一免赔部分的风险也转嫁给保险公司。

④ 最佳保障方案（需要根据车主实际情况执行）。

往往需要针对自身实际情况在经济保障方案基础上进行量身制定（交强险必须购买，不再强调）。

A 险种组合：车辆损失险 + 第三者责任险 + 不计免赔特约险 + 全车盗抢险。

此方案适用于购置了新车，但却没有专门的车库，同时小区停车点的安保情况又不是很好的车主朋友。

特别需要注意的是，如果购置的是已上市很长一段时间的车种，由于其上市时间较长，车辆的性能、特点等都早已被众人所熟识，因而盗车贼往往容易得手；相反，那些刚刚上市的车辆反而难偷一些。

仅在 2017 年的 10 月，某租车公司在云南、安徽、黑龙江、北京、湖北、陕西和四川等地就发生了高达 97 起车辆被盗事件！其中 87 辆车遭遇被盗未遂，7 辆车被警察或租车公司找回，还有 3 辆汽车未找回，仅仅一个月，仅仅一家租车公司就丢了将近 100 辆车。相比较而言，前几年车辆防盗能力还没有这么强大的时候，常常会有一些盗贼光顾车辆，一般都是偷车内的贵重物品，很多车主也是蒙受了损失。

虽说车辆被盗的情况出现得越来越少了，但是大家也不能掉以轻心，如今有一些盗贼盯上了车辆上的零件，比如轮胎，这些零件丢失之后也会给车主带来很大损失，因此车辆零件也要保护好，这一点要注意。

B 险种组合：车辆损失险 + 第三者责任险 + 不计免赔险 + 玻璃单独破碎险。

如果新车主准备出门自驾游，那么不妨再附加一个玻璃单独破碎险。

很多路况差的路段会有许多小石子，汽车碾过时，不仅尘土飞扬，有时会有飞起的小石子将车窗的玻璃打裂，甚至打出洞来，要知道换一块玻璃的价格可不是小数目，只有购买这项保险，这笔钱才能由保险公司出。

若小区环境较差，车主也可以考虑这一险种，因为当停放的车辆一旦遭遇外来物袭击导致玻璃损坏，其他险种都无法予以理赔。

车主要是没有上汽车玻璃单独破碎险，而汽车玻璃出现损坏的话，保险公司是可以拒绝赔偿的。意思就是，如果出了事故，汽车玻璃和其他部位都有损伤，那保险公司才会负责赔偿。

原因是汽车玻璃和轮胎都是易损部件，保险公司有相关规定，要是单个易损部件出现损坏，保险公司是不会赔偿的。

C 险种组合：车辆损失险 + 第三者责任险 + 车上人员责任险 + 不计免赔特约险。

特点：在经济投保方案的基础上，加入了车上人员责任险，使乘客及车辆易损部分得到安全保障。

在购买车上人员责任险时，必须指明投保的座位数。在出现保险事故时，保险公司仅承担投保座位数以内的责任。

建议经常自己驾车的车主只够买驾驶人座位险就够了；而有家庭或者经常载人的车主最好按车上座位数购买车上人员责任险，多出一点钱，给乘坐您车的家人和朋友多一份保障。

在车险安排中，有关“保人”的部分要特别重视，再省钱也不能省这一块保费。车上人员责任险的优先级比较低。只有在己方责任范围内，车上人员责任险才有用，而且还有一定的免赔率和除外情况。如果要保障人身安全，不如直接购买人身意外险，可以覆盖所有的意外情形。相对来说，人身意外险的价格还比车上人员责任险更加便宜。

而车上人员责任险则是跟车走，采用不记名的方式，以座位进行承保，也就是说该险种并不限定特定的被保险人。乘坐投保车辆的人员都算做被保险人，因此范围更广泛。

由此可见，车上人员责任险更适合经常开车带上朋友或其他人、“新手”或者经常开车的人，建议购买。

至于家人，如果已有意外险，则不需要买了；如果没有，最好是配备意外险，毕竟保额大，保费低，否则只好购买车上人员责任险。

车主们可能有这样的感受，交通事故不可怕，可怕的是事故中有人受伤甚至死亡。一旦发生了这样的不幸，驾驶人除了要承受精神上的痛苦外，还要支付相当高额的经济赔偿。因此，我们建议车主不要在第三者责任险上太过“吝啬”。增加几万元、几十万元的保额不过是在保费上增加几十元，最多几百元，多保一些还是有必要的。

该保障方案是投保价值大的险种。

⑤ 完全保障方案。

险种组合：机动车交通事故责任强制保险 + 车辆损失险 + 第三者责任险 + 车上责任险 + 挡风玻璃险 + 不免赔特约险 + 新增加设备损失险 + 自燃损失险 + 全车盗抢险 + 发动机特别损失险

特点：险种多，风险保障覆盖范围广泛。

该保障方案几乎与汽车有关的全部事故损失都能得到赔偿。投保的人员不必为少保某一个险种而得不到赔偿，承担投保决策失误的损失。但保险保费较高，某些险种出险的概率非常小。

最佳的保障方案需要结合实际情况具体分析，如老王拥有一辆迈腾轿车，车龄3年，但老王是单位司机，拥有15年的驾龄，平时老王开自己私家车上下班，对车辆保养有佳，周末骑自行车健身。上班时车辆停在单位专属停车位中，下班老王将车停放在自己的车库中。这时，老王的最佳保障方案为：机动车交通事故责任强制保险 + 车辆损失险 + 第三者责任险 + 车上人员责任险（可选）+ 不计免赔特约险。

3.2.3 新车车险购买操作流程

何时为新车买保险是车主遇到的一个问题，是购车时？还是上牌后？

对于新车，要先买保险再上牌照。《道路交通安全法》第八条规定：国家对机动车实行登记制度。机动车经公安机关交通管理部门登记后，方可上道路行驶。尚未登记的机动车，需要临时上道路行驶的，应当取得临时通行牌证。第九条第一款规定：申请机动车登记，应当提交以下证明、凭证。

① 机动车所有人的身份证明。

② 机动车来历证明。

③ 机动车整车出厂合格证明或者进口机动车进口凭证。

④ 车辆购置税的完税证明或者免税凭证。

⑤ 法律、行政法规规定应当在机动车登记时提交的其他证明、凭证。

《机动车交通事故责任强制保险条例》第四条第二款规定：公安机关交通管理部门、农业（农业机械）主管部门（以下统称机动车管理部门）应当依法对机动车参加机动车交通事故责任强制保险的情况实施监督检查。对未参加机动车交通事故责任强制保险的机动车，机动车管理部门不得予以登记，机动车安全技术检验机构不得予以检验。所以新买的机动车辆只有先买保险才能再上牌照。

新车上牌照的流程如下。

在汽车销售商处选好自己中意的车辆并交付购车款后，销售商会为你提供厂家的汽车质量合格证，并根据客户要求提供有效期为 3 ～ 30 天的临时牌照，同时开具购车发票。

首先，到各车管所上牌点机动车查验处（查验岗）提交机动车的整车出厂合格证明或者进口机动车的进口凭证，查验机动车、核对车辆识别代号拓印膜并制作机动车标准照片（不属于经海关进口的机动车和国务院机动车产品主管部门认定的免予检验车型的，需先到各机动车测试中心检测车辆）。

其次，到相应上牌点受理大厅受理并领取受理凭证，需提交的资料有：

① 机动车所有人的身份证明原件及复印件；

② 购车发票等机动车来历证明；

③ 车辆购置税的完税凭证或者免税凭证副联原件；

④ 机动车交通事故责任强制保险凭证原件；

⑤ 法律、行政法规规定的应当在机动车注册登记时提交的其他证明、凭证；

⑥ 若为代理，需提交委托书和代理人身份证明原件及复印件（代理人为单位的，还需提交经办人的身份证明）。

最后，机动车所有人凭受理凭证并根据自愿选定的选号方式到选号台确认机动车号牌号码，再到相应上牌点受理大厅缴费后领取机动车号牌、机动车行驶证、机动车登记证书和机动车检验合格标志。

目前，全国已有8800多家汽车销售商、二手车市场，1100多个保险网点，5700多家邮政网点代办交管业务，城市交管服务覆盖半径由过去的10多千米缩短至现在的3km左右，其中包括车辆登记销售企业快捷代办。将自2019年9月20日起在直辖市、省会市、自治区首府市、计划单列市等大中城市率先推行，年底前在全国全面推行，逐步增加机动车销售企业代办网点数量，实现服务全覆盖。此项措施实施后，群众购车登记不需要再往返销售企业、保险公司、车管所等多个地点。

由设立机动车登记服务站的机动车销售企业为群众提供购买车辆、购置保险、选号登记等全流程服务，群众购车后无需前往车管所办理登记，变多处奔波为在销售企业“一站办结”。实行销售前车辆预查验、资料预审核、信息预录入，最大限度压缩群众办事等待时间，实现登记上牌更高效率、更优体验。

目前，济南有17家汽车4S店设置了机动车登记服务站，群众在这些汽车4S店购车即可享受购买车辆、购置保险、选号登记等全流程服务。下一步，济南交警支队还将进一步推动全市汽车4S店建立服务站的工作，增加汽车4S店登记服务站的数量，延伸汽车登记代办的触角，让更多的汽车4S店为群众提供购买车辆、购置保险、缴纳税费、选号登记“一站式”服务，真正实现群众购车挂牌“一站办”“零跑腿”。

买保险时由于使用的是临时车牌，在上牌后应尽量及时去保险公司办理批改手续。一些保险合同的特别约定中有未办理批改手续，不承担保险责任。一般对于新车，购买车险时会先用发动机号当车牌，当挂好车牌后可以通知保险公司以批单方式变更车牌，但需要提供车主身份证及行驶证。

机动车辆保险批单是对原机动车辆保单所做的修改，而并不是简单的对原保单的补充。一般涉及车辆牌照、发动机号、车驾号、被保险人、第一受益人的批改，另外还有保险责任的批增和批减，甚至批退。批单的效力是优先于保单的，即最终的保险责任或车辆信息以批单为准。

3.3 二手车投保的方式

首先应分清保险价值、保险金额、实际价值之间的关系。目前车辆的保险价值是根据车的实际价值确定的。车辆损失险的保险金额也是按投保时的保险价值确定的，不得超过保险价值，超过部分无效。保险金额按投保时被保险机动车的实际价值确定。

投保时被保险机动车的实际价值由投保人与保险人根据投保时的新车购置价减去折旧金额后的价格协商确定，或根据其他市场公允价值协商确定。折旧金额可根据保险合同列明的参考折旧系数确定，参考折旧系数见表 3-3。

表 3-3 参考折旧系数 单位：%

车辆种类	月折旧系数			
	家庭自用	非营运	营运	
			出租	其他
9 座以下客车	0.60	0.60	1.10	0.90
10 座以上客车	0.90	0.90	1.10	0.90
微型载货汽车	—	0.90	1.10	1.10
带拖挂的载货汽车	—	0.90	1.10	1.10
低速货车和三轮汽车	—	1.10	1.40	1.40
其他车辆	—	0.90	1.10	0.90

折旧按月计算，不足一个月的部分，不计折旧。最高折旧金额不超过投保时被保险机动车新车购置价的 80%。

折旧金额 = 新车购置价 × 被保险机动车已使用时间（月）× 月折旧系数

赔偿分全年损失和部分损失两种。

赔偿金额与保险金额相关。旧车投保时的保险金额按车辆的实际价值确定，保险金额等于保险价值，等于实际价值。车辆损失以不超过保险金额为限，如果保险车辆按全部损失计算赔偿或部分损失一次赔款达到保险金额时，车辆损失险的保险责任终止。

“一辆 18 万的别克二手车，同样的人开同样的车，由于车主的个性化选择不一样，车险价格相差 200 多元”，中国平安财产保险深圳市分公司车险部陈先生告诉记者。记者采访了解到，二手车车主投保保险很有窍门，会投保的车主，不仅能省钱，还能省心，更能获得好的保险保障。

（1）连续 3 年无赔款记录“七折优惠”

有些车主在购买二手车时，会更多地考虑车型的性能、价格，而往往忽然二手车的历史记录。据保险专家介绍，随着车险市场日益个性化，同一类车型，使用年份相同，也许仅仅因为历史记录的不同，车险价格相差千元丝毫不让人惊奇。

陈先生认为：“对于保险来说，新车与二手车的最大不同就是新车无历史记录，而二手车有历史记录，这里说的历史记录就是二手车以前在保险公司的赔付记录。”

一辆有赔付记录的旧车保险费肯定高过无赔付记录的旧车，因此，车主在购买二手车的同时，在考虑车辆的性能、价格时，不要忘记向原车主索要原车保单，如果保险公司有过赔付，可在车险保单上找到盖过章的标记确认。据介绍，平安的个性化车险规定，连续 3 年无赔付记录，车险优惠 30%，仅这一项，没有赔付记录的二手车车主每年就能为自己节省一笔少则几百元、多则上千元不等的保险费。

（2）“新手”和“老手”开二手车投保金额有不同

一辆新车购置价为 40 万元，车辆在使用 3 年后，由另一位车主以 28 万元的价格购买，该辆二手车车主购买车险的时候，是应该投保 40 万元的保险金额，还是 28 万元的保险金额呢？

以上述情况为例，投保方式需要按照 28 万元来投保，一旦发生部分损失，保险公司按照实际修理费用进行赔偿。若发生全损，保险公司也是按 28 万元的保险金额来赔偿。

3.4 投保单的填写

3.4.1 投保单内容

投保单是保险合同组成部分之一，投保人必须如实填写。表 3-4 为 ×× 财产保险股份有限公司汽车保险投保单。

表 3-4　×× 财产保险股份有限公司汽车保险投保单

No.:

欢迎您到 ×× 财产保险股份有限公司投保！在您填写本投保单前请先详细阅读《机动车交通事故责任强制保险条款》及我公司的机动车辆保险条款，阅读条款时请您特别注意各个条款中的保险责任、责任免除、投保人义务、被保险人义务等内容并听取保险人就条款（包括责任免除条款）所作的说明。您在充分理解条款后，再填写本投保单各项内容（请在需要选择的项目前的“□”内划“√”表示）。为了合理确定投保机动车的保险费，并保证您获得充足的保障，请您认真填写每个项目，确保内容的真实可靠。您所填写的内容我公司将为您保密。本投保单所填写内容如有变动，请及时到我公司办理变更手续

投保人	投保人名称 / 姓名				投保机动车数	辆
	联系人姓名		固定电话		移动电话	
	投保人住所				邮政编码	□□□□□□

续表

<table>
<tr><td rowspan="5">被保险人</td><td colspan="2">□自然人姓名：</td><td>身份证号码</td><td colspan="3">□□□□□□□□□□□□□□□□□□</td></tr>
<tr><td colspan="3">□法人或其他组织名称：</td><td>组织机构代码</td><td colspan="2">□□□□□□□□□</td></tr>
<tr><td>被保险人单位性质</td><td colspan="5">□党政机关、团体 □事业单位 □军队（武警） □使（领）馆
□个体、私营企业 □其他企业 □其他</td></tr>
<tr><td>联系人姓名</td><td></td><td>固定电话</td><td></td><td>移动电话</td><td></td></tr>
<tr><td>被保险人住所</td><td colspan="3"></td><td>邮政编码</td><td>□□□□□□</td></tr>
<tr><td rowspan="18">投保车辆情况</td><td>被保险人与车辆的关系</td><td colspan="2">□所有 □使用 □管理</td><td>车主</td><td colspan="2"></td></tr>
<tr><td>号牌号码</td><td></td><td>号牌底色</td><td colspan="3">□蓝 □黑 □黄 □白 □白蓝 □其他颜色</td></tr>
<tr><td>厂牌型号</td><td></td><td>发动机号</td><td colspan="3"></td></tr>
<tr><td>VIN 码</td><td colspan="3">□□□□□□□□□□□□□□□□□</td><td>车架号</td><td></td></tr>
<tr><td>核定载客</td><td>人</td><td>核定载质量</td><td>千克</td><td>排量 / 功率</td><td>L/kW</td></tr>
<tr><td>初次登记日期</td><td>年　月</td><td>已使用年限</td><td>年</td><td>年平均行驶里程</td><td>km</td></tr>
<tr><td>车身颜色</td><td colspan="5">□黑色 □白色 □红色 □灰色 □蓝色 □黄色 □绿色
□紫色 □粉色 □棕色 □其他颜色</td></tr>
<tr><td>机动车种类</td><td colspan="5">□客车 □货车 □客货两用车 □挂车 □摩托车（不含侧三轮） □侧三轮
□农用拖拉机 □运输拖拉机 □低速载货汽车 □特种车（请填写用途）：
__________</td></tr>
<tr><td>机动车使用性质</td><td colspan="5">□家庭自用 □非营运用（不含家庭自用）
□出租 / 租赁 □城市公交 □公路客运 □旅游客运 □营业性货运</td></tr>
<tr><td colspan="2">上年是否在本公司投保商业机动车保险</td><td colspan="4">□是　□否</td></tr>
<tr><td>行驶区域</td><td colspan="5">□省内行驶 □固定行驶路线 具体路线：__________</td></tr>
<tr><td>是否为未还清贷款的车辆</td><td>□是 □否</td><td colspan="3">车损险与车身划痕险选择汽车专修厂</td><td>□是 □否</td></tr>
<tr><td>上年赔款次数</td><td colspan="5">□交强险赔款次数 ______ 次 □商业机动车保险赔款次数 ______ 次</td></tr>
<tr><td colspan="2">上一年度交通违法行为</td><td colspan="4">□有 □无</td></tr>
<tr><td colspan="2">投保主险条款名称</td><td colspan="5"></td></tr>
<tr><td>指定驾驶人</td><td>姓名</td><td colspan="4">驾驶证号码</td><td>初次领证日期</td></tr>
<tr><td>驾驶人 1</td><td></td><td colspan="4">□□□□□□□□□□□□□□□□□□</td><td>___ 年 ___ 月 ___ 日</td></tr>
<tr><td>驾驶人 2</td><td></td><td colspan="4">□□□□□□□□□□□□□□□□□□</td><td>___ 年 ___ 月 ___ 日</td></tr>
<tr><td colspan="2">保险期间</td><td colspan="5">___ 年 ___ 月 ___ 日零时起至 ___ 年 ___ 月 ___ 日二十四时止</td></tr>
</table>

续表

投保险种		保险金额 / 责任限额 / 元	保险费 / 元	备注
□机动车交通事故责任强制保险				
□机动车损失险：新车购置价 ______ 元				
□商业第三者责任险				
□车上人员责任险	投保人数　　人	/ 人		
	投保人数　　人	/ 人		
□盗抢险				
□附加玻璃单独破碎险	□国产玻璃			
	□进口玻璃			
□附加停驶损失险：日赔偿金额　元 ×　天				
□附加自燃损失险				
□附加火灾、爆炸、自燃损失险				
□附加车身划痕损失险		元		
□附加新增加设备损失险				
□附加车上货物责任险				
□附加不计免赔率特约条款	□机动车损失险			
	□第三者责任险			
□附加可选免赔额特约条款		免赔金额：		
保险费合计（人民币大写）：　　（¥：　　元）				
特别约定				
保险合同争议解决方式选择	□诉讼 □提交 ____________ 仲裁委员会仲裁			

本保险合同由保险条款、投保单、保险单、批单和特别约定组成。

投保人声明：保险人已将投保险种对应的保险条款（包括责任免除部分）向本人作了明确说明，本人已充分理解；上述所填写的内容均属实，同意以此投保单作为订立保险合同的依据。

投保人签名 / 签章：

______ 年　月　日

续表

验车验证情况	□已验车　□已验证　查验人员签名：　年　月　日　时　分		
初审情况	业务来源：□直接业务　□个人代理 □专业代理　□兼业代理 □经纪人　□网上 / 电话业务 代理（经纪）人名称： 上年度是否在本公司承保：□是　□否 业务员签字：　年　月　日	复核意见	复核人签字：　年　月　日

注：阴影部分内容由保险公司人员填写。

3.4.2 投保单填写

（1）投保人与被保险人的信息

① 填写目的。

a. 确定投保人，判断其资格，看是否对保险标的具有保险利益。

b. 确定缴费义务人，投保人是缴费义务人。

c. 确定被保险人，被保险人是享有保险金请求权的人。

d. 为客户提供后续增值服务。

② 填写要求。

a. 投保人与被保险人为单位的，名称填写全称，应与公章名称一致。

b. 投保人与被保险人为个人的，填写姓名，与身份证一致。

c. 名称应与车辆行驶证相符，使用人或所有人称谓与行驶证不符或车辆是合伙购买与经营时，应在投保单规定位置注明，以便登录在保险单上。

d. 地址是指法律确认的自然人的生活住所或法人的主要办事机构所在地。

e. 根据被保险人单位性质，把汽车所属性质分为：党政机关（团体）车辆、事业单位车辆、军队（武警）车辆、使（领）馆车辆、个体或私营企业车辆、其他企业车辆、其他车辆等。

（2）投保车辆信息

① 填写目的。

a. 确定投保车辆的唯一性。

b. 依据不同的所属性质、使用性质、车辆类型、座位 / 吨位、车龄、行驶区域等确定费率。

② 填写要求。

a. 被保险人与车辆的关系如为所有关系，则被保险人与车主同一人，如为使用或管理关系，则被保险人与车主不是同一人。此栏主要是看被保险人是否对标的车具有保险利益。

b. 号牌号码。填写车辆管理机关核发的号牌号码并注明底色，如鲁 A×××××（蓝）。号牌号码应与车辆行驶证（图 3-6）一致，号牌底色分蓝、黑、黄、白、白蓝、其他颜色六类。

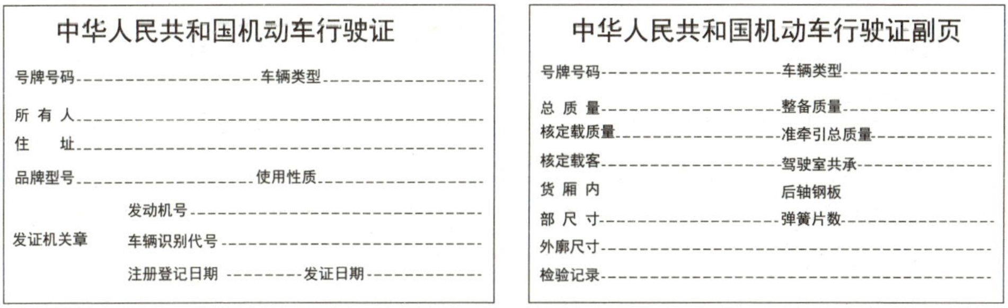
中华人民共和国机动车行驶证

号牌号码------------ 车辆类型------------

所 有 人------------

住　址------------

品牌型号------------ 使用性质------------

发证机关章

发动机号------------

车辆识别代号------------

注册登记日期-------- 发证日期------------

中华人民共和国机动车行驶证副页

号牌号码------------ 车辆类型------------

总 质 量------------ 整备质量------------

核定载质量------------ 准牵引总质量------------

核定载客------------ 驾驶室共承------------

货 厢 内 部 尺 寸------------ 后轴钢板弹簧片数------------

外廓尺寸------------

检验记录------------

图 3-6　机动车行驶证

c. 厂牌型号、发动机号、车架号、VIN 码等按照投保车辆行驶证或合格证的内容填写。对于新车尤其注意要把合格证上的发动机号码、车架号、VIN 码中的字母和数字都要写完整；对于有 VIN 码的车辆，应以 VIN 码代替车架号。

d. 核定载客 / 核定载质量。根据车辆行驶证注明的核定载客人数或核定载质量填写。客车填核定载客人数，货车填核定载质量，客货两用车填写核定载客人数 / 核定载质量。

e. 排量 / 功率。汽车、摩托车填排量，拖拉机填功率。排量单位为“L”，功率单位为“kW”。

f. 初次登记年月。根据行驶证上“登记日期”填写。它是理赔时确定车辆实际价值的依据。

g. 已使用年限。指车辆自上路行驶到保险期限起始时的已使用年数，不足一年的不计算。

h. 年平均行驶里程。指投保车辆自出厂到投保单填写日的实际已行驶的总里程与已使用年限的比值。一般根据里程表上显示的总里程数计算，如里程表有损坏或进行过调整、更换，应根据车辆实际已行驶的里程计算。

i. 车身颜色。按照车身颜色的主色系在黑、白、红、灰、蓝、黄、绿、紫、粉、棕 10 种颜色中归类选择 1 种颜色；多颜色车辆，应选择面积较大的 1 种颜色；有机动车辆登记证书（图 3-7）的车辆，按照登记证书中的“车身颜色”栏目填写。如实在无法归入上述色系中，可作为“其他颜色”。

机动车登记证书编号：××××××××××××

注册登记摘要信息栏

Ⅰ	1. 机动车所有人/身份证明名称/号码					
	2. 登记机关		3. 登记日期		4. 机动车登记编号	

过户、转入登记摘要信息栏

Ⅱ	机动车所有人/身份证明名称/号码					
	登记机关		登记日期		机动车登记编号	
Ⅲ	机动车所有人/身份证明名称/号码					
	登记机关		登记日期		机动车登记编号	
Ⅳ	机动车所有人/身份证明名称/号码					
	登记机关		登记日期		机动车登记编号	
Ⅴ	机动车所有人/身份证明名称/号码					
	登记机关		登记日期		机动车登记编号	
Ⅵ	机动车所有人/身份证明名称/号码					
	登记机关		登记日期		机动车登记编号	
Ⅶ	机动车所有人/身份证明名称/号码					
	登记机关		登记日期		机动车登记编号	

注册登记机动车信息栏

5. 车辆类型		6. 车辆品牌		
7. 车辆型号		8. 车身颜色		
9. 车辆识别代号/车架号		10. 国产/进口		
11. 发动机号		12. 发动机型号		
13. 燃料种类		14. 排量/功率	mL/ kW	
15. 制造厂名称		16. 转向形式		
17. 轮距	前 后 mm	18. 轮胎数		
19. 轮胎规格		20. 钢板弹簧片数	后轴 片	
21. 轴距	mm	22. 轴数		
23. 外廓尺寸	长 宽 高 mm			33. 发证机关章
24. 货厢内部尺寸	长 宽 高 mm			
25. 总质量	kg	26. 核定载质量	kg	
27. 核定载客	人	28. 准牵引总质量	kg	
29. 驾驶室载客	人	30. 使用性质		
31. 车辆获得方式		32. 车辆出厂日期		34. 发证日期

图 3-7　机动车登记证书

j. 车辆种类。按照车辆行驶证上注明的车辆种类填写。车辆种类主要包括货车、客车、客货两用车、挂车、摩托车（不含侧三轮）、侧三轮车、农用拖拉机、运输拖拉机、低速载货汽车、特种车等种类，若为特种车，还需要写明车辆用途。

k. 汽车使用性质。车辆使用性质主要分营业与非营业两类，目前，多数保险公司又将其细分为家庭自用、非营运用（不含家庭自用）、出租/租赁、城市公交、公路客运、旅游客运、营运性货运等。

l. 上年是否在本公司投保商业车险，用以判定投保人能否享受无赔款优待以及优待比例，同时还判定投保人是否为本公司的续保客户或忠诚客户。

m. 对于车损险与车身划痕险，若选择汽车专修厂，则费率将上浮一定比例。

n. 上年度的赔款次数和交通违法行为是费率浮动的依据。

③ 车辆识别代码（VIN 码）。VIN 码是 Vehicle Identification Number 的缩称，由 17 位字符组成，俗称 17 位码。VIN 的每位代码都代表汽车某一方面信息。按识别代码顺序，可识别出该车的生产国家、制造公司或生产厂家、车辆类型、品牌名称、车型系列、车身型式、发动机型号、车型年款、安全装置型号、检验数字、装配工厂名称和出厂顺序号码等。

（3）驾驶员信息

① 填写目的。

a. 确定指定驾驶员后的费率优惠系数。

b. 为理赔做准备，如果不是指定驾驶人使用车辆出险，保险公司将增加一定的免赔率。

② 填写要求。

a. 不指定驾驶人的不用填写。

b. 若指定驾驶人，可以指定 1 名，也可以指定多名。

c. 指定驾驶人的姓名、性别、年龄、初次领证日期、驾驶证号码等信息根据机动车驾驶证（图 3-8）信息填写。

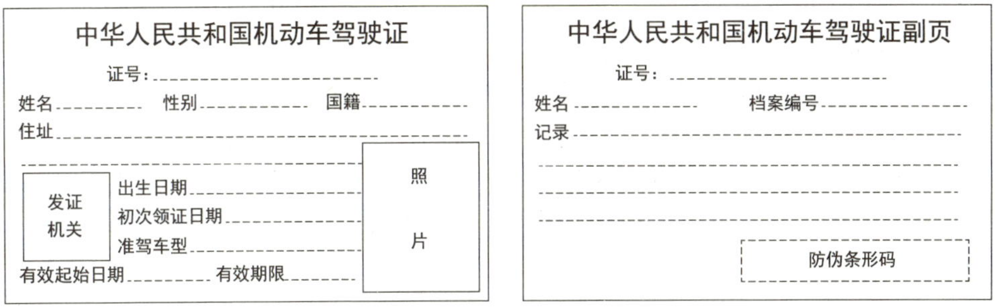

图 3-8　机动车驾驶证

（4）保险期间

① 填写目的。

明确合同期限。

② 填写要求。

a. 保险期限通常为 1 年，费率表中的费率是保险期限为 1 年的费率。

b. 保险期限不足 1 年的按短期月费率计收保险费，不足 1 个月的按 1 个月计算。

c. 短期保险费 = 年保险费 × 短期月费率系数（表 3-1）。

（5）投保险种信息

① 填写目的。

a. 确定投保险种。

b. 确定保险金额或责任限额。

② 填写要求。

a. 交强险固定赔偿限额，保费根据上一年事故次数进行浮动。

b. 对车辆损失保险，首先要告知客户合同为不定值保险合同，其次是要清楚新车购置价是指保险合同签订地购置与保险车辆同类型新车（含车辆购置税）的价格，最后按车辆信息从费率表中选取基础保费和相应费率。

c. 对第三者责任险，根据车辆信息、个人确定的责任限额从费率表中选取不同档次的固定保险费。

d. 其他险种的保险金额、责任限额及保费计算公式根据第 4 章内容即可确定。

e. 保费计算时注意费率优惠系数的适用险种。

（6）特别约定

① 填写目的。

对保险合同的未尽事宜，投保人和保险人协商后，在此栏注明。

② 填写要求。

a. 特别约定内容不得与法律相抵触，否则无效。

b. 投保单和保险单特别约定内容要一致，且在投保时向客户如实告知。

c. 对保单收费的约定如下。

ⓐ 在保险合同签订时交清保险费，否则本公司不承担保险责任。

ⓑ 自起保之日起 ×× 日内交清保险费，否则本公司不承担保险责任。

ⓒ 本保单保费分 ×× 期付款，第一期保费 ×× 元于起保前交清，剩余保费于 ×× 年 ×× 月 ×× 日前交清。逾期未交，发生保险事故，按出险时的保费到账比例赔付。

d. 对投保车辆损失险的特别约定如下。

ⓐ 如车损险保险金额未达到新车购置价，应约定“车损险不足额投保，出险后按比例赔付”。

ⓑ 除新车、未保车辆损失险的车辆、车辆损失保额低于实际价值的车辆外，应

约定“如标的车损超过出险时的实际价值，按出险时的实际价值计算赔偿。

ⓒ 除前述约定外，对车况较差的车辆，也可以根据车况约定“本标的车实际价值为 ×× 元”。

e. 对投保全车盗抢险的特别约定如下。

ⓐ 如没有办理正式牌照，应约定“盗抢险自办理正式牌照并到本公司办理批改之日起生效，保险止期不变”。

ⓑ 承保主要在本地使用的外省、市籍牌照车辆，可约定“盗抢险限在 ×× 省、市内”。

f. 对投保玻璃单独破碎险的特别约定如下。

进口玻璃按国产玻璃投保，应约定“本车按国产玻璃收费，出险时按国产玻璃赔付”。

g. 对投保新增设备损失险的特别约定如下。

应准确列出新增设备明细及金额。

h. 对营业性大货车、长途客车如下。

应约定“装载必须符合国家法律法规中有关机动车辆装载的规定”。

（7）争议解决方式选择

① 填写目的。

明确合同的履行发生争议时采取的司法手段。

② 填写要求。

争议处理方式分为仲裁和诉讼两种，根据投保人的要求选择相应的项目即可。

（8）投保人声明

① 投保人声明的含义。

a. 投保人声明投保单各项内容填写属实，核对无误。

b. 投保人声明对条款内容特别是责任免除和投保人、被保险人义务无异议。

c. 投保人同意投保，完成合同的要约步骤。

② 填写要求。

投保人声明必须由投保人本人（本单位）签字（签章）。

（9）标的初审

① 审核目的。

完成合同是否承诺步骤。

② 填写要求。

a. 查验人员要写明验车或验证情况，并签名。

b. 业务来源要分类，业务员要签字。

c. 复核人签发意见并签名。

3.5 投保后的注意事项

（1）了解保险责任开始时间

保险责任开始时间应由双方在保险合同中约定。如果没有约定，则按保险实务中所规定的，于次日零时生效。投保人必须清楚合同生效时间，合同生效才对自己有保障，否则，保险公司不承担赔偿责任。

（2）注意对保险车辆的安全维护

对车辆的安全维护，是被保险人应尽的义务，也是享受保险合同保障的前提条件。

（3）投保人具有退保的权利

对保险公司服务不满意的，投保人具有随时退保的权利。

退保时，保险公司应收取自保险责任开始之日起至合同解除之日止的保险费，退还剩余部分保险费。

（4）车险保单信息可以网上查询

目前，多数开展车险业务的保险公司都开通了保单信息网上查询业务，在查询系统上输入保单号码、被保险人证件号等信息后，使客户可以足不出户，轻松查询自己的保险信息和理赔信息，让生活变得更加便捷轻松。

第 4 章

车险理赔（索赔）小常识

俗话说“常在河边走，哪有不湿鞋”，常年开车，技术再好也免不了剐擦，出了保险事故不可怕，作为车主虽说不是车险理赔专家，也应对于各种交通事故的理赔常识略知一二，本章主要给各位车主普及一下车险理赔的小常识。

4.1 车险理赔流程

车险理赔是指保险车辆在发生保险责任范围内的损失后，保险人依据保险合同对被保险人提出的索赔请求进行处理的行为。

根据车险理赔的操作流程，可以将理赔工作分为六个步骤，即受理案件 → 现场查勘 → 损失确定 → 赔款理算 → 核赔 → 赔付结案。

① 受理案件是指保险人接受被保险人的报案，并对相关事项做出安排。受理案件是汽车保险理赔工作的第一步，各保险公司均非常重视，为此，各保险公司均公布了报案受理部门，开通了多种报案方式，并对报案的内容进行详细记录等。

② 现场查勘是指运用科学的方法和现代技术手段，对保险事故现场进行实地勘察和查询，将事故现场、事故原因等内容完整而准确地记录下来的工作过程。现场查勘是查明保险事故真相的重要手段，是分析事故原因和认定事故责任的基本依据，也为事故损害赔偿提供了证据。所以，各保险公司均建立了合理的服务网络，配备了完善的查勘工具，有一定数量且经验丰富的查勘人员，以保证现场查斯工作的快速有效。

③ 损失确定是根据保险合同的规定和现场查勘的实际损失记录，在尊重客观事实的基础上，确定保险责任，然后开展事故定损（图 4-1）和赔款计算工作。损失确定包括车辆损失、人身伤亡费用、其他财产损失等。车辆损失主要是确定维修项目的工时费和换件项目的价格；人身伤亡费用按道路交通事故的相关规定进行计算即可；其他财产损失一般按实际损失通过与被害人协商确定。

图 4-1 车辆事故定损拍摄

④ 赔款理算是保险公司按照法律和保险合同的有关规定，根据保险事故的实际情况，核定和计算应向被保险人赔付金额的过程。理算工作决定保险人向被保险人赔修款额的多少与准确性，因此，保险公司理赔人员应本着认真负责的态度做好理算工作，确保既维护被保险人的利益，又维护保险公司的利益。理算工作的开展需以被保险人提供的单证为基础，首先核对单证的真实性、合法性和合理性，然后理算人员对交强险、车辆损失险、第三者责任险附加险及施救费用等分别计算赔款。计算完赔款后，要缮制

赔款计算书。赔款计算书应该分险别项目计算，并列明计算公式。赔款计算应尽量用计算机出单，应做到项目齐全、计算准确。业务负责人审核无误后，在赔款计算书上签署意见和日期，然后送交核赔人员。在完成各种核赔和审批手续后，转入赔付结案程序。

⑤ 核赔是在保险公司授权范围内独立负责理赔质量的人员，按照保险条款及公司内部有关规章制度对赔案进行审核的工作。核赔工作的主要内容包括：核定保险标的出险原因和损失情况；核定保险责任的确定；核定损失；核定赔款计算。

⑥ 赔付结案是指业务人员根据核赔的审批金额，向被保险人支付赔款，对理赔的单据进行清分并对理赔案卷进行整理的工作，是理赔案件处理的最后一个环节。

单方事故的处理及索赔程序： 指不涉及人员伤亡或第三者财物损失的单方交通事故。

举例：碰撞外界物体，自身车辆损坏，但外界物体无损坏或者无需赔偿。

双（多）方事故的处理及索赔程序： 双（多）方肇事指不涉及人员伤亡，但涉及第三者财物损失、事故责任明确的双（多）方交通事故。

举例 1：车辆追尾，后车负全部责任，对方或两方车辆均损坏。

举例 2：碰撞防护栏，车辆负全部责任，防护栏损坏也需赔偿。

停放被撞事故的处理及索赔程序： 停放被撞指车辆在停放过程且无人照料的情况下被不明物体碰撞造成车辆受损的事故。

举例：车辆在停车场停放时被第三方车辆碰撞损坏，但第三方车辆无法找到。

注意：该类案件保险公司只承担 70% 的赔偿责任。

整车被盗抢事故处理及保险索赔程序： 整车被盗抢指整部车辆被盗、被抢。该类事故因为涉及交警大队立案以及必要的侦破时间，所以处理起来周期比较长。

4.2 车险理赔所需材料

发生车险理赔时，保险公司会要求车主提供各种佐证材料，在此向车主简单介绍一下，免得给车主带来麻烦。

（1）基础材料

① 索赔申请书（保险人提供）。

② 交强险单。

③ 商业保险单。

④ 车辆行驶证（正、副证）。

⑤ 驾驶证（正、副证）复印件。

⑥ 营运车辆服务证。

⑦ 事故处理部门出具的事故责任认定书、调解书、简易事故处理书、其他事故证明。

⑧ 法院、仲裁机构出具的裁定书、裁决书、调解书、判决书、仲裁书。

（2）涉及交强险案件的索赔材料

① 公安部门要求垫付 / 预付的通知书。

② 医疗部门的抢救医疗费用清单。

③ 被保险人的权益转让书。

（3）涉及车辆损失案件的索赔材料

① 修理协议。

② 修理发票。

③ 修理清单。

④ 定损协议书。

（4）涉及第三者财产损失案件的索赔材料

① 物品损失鉴定书。

② 损失清单。

③ 购置、修复受损财产的有关费用单据。

④ 施救费发票。

（5）涉及人员损伤案件的索赔材料

① 县级以上医院诊断证明、就医病历。

② 医疗费明细 / 报销凭证（须附处方及治疗、用药明细单据）。

③ 需要护理人员证明、病休证明。

④ 转院医疗证明、出院通知书。

⑤ 伤、残、亡人员误工证明及收入情况证明（收入超过纳税金额的应提交纳税证明）。

⑥ 护理人员误工证明及收入情况证明（收入超过纳税金额的应提交纳税证明）。

⑦ 残者须提供法医伤残鉴定书；亡者须提供死亡证明、户口注销证明。

⑧ 户籍派出所出具的受害者家庭情况证明、户口、被扶养人证明材料、丧失劳动能力证明。

⑨ 交通费报销凭证、住宿费报销凭证。

⑩ 参加事故处理人员工资证明（收入超过纳税金额的应提交纳税证明）。

⑪ 残疾用具购置发票。

⑫ 二次医疗费用就诊医院证明。

⑬ 道路交通事故经济赔偿凭证。

（6）涉及车辆盗抢案件的索赔材料

① 出险当地县级以上公安刑侦部门证明。

② 车辆行驶证 。

③ 车辆停放当事人驾驶证（正、副证）复印件。

④ 车辆来历证明或购车原始发票。

⑤ 购置附加费 / 税证明。

⑥ 车钥匙。

⑦ 车辆报停手续。

⑧ 登报声明。

⑨ 权益转让书。

⑩ 营业执照或身份证复印件。

⑪ 汽车出厂原始证明。

⑫ 机动车登记证书或整车出厂证明或进口证明。

（7）涉及车辆火灾（自燃）案件的索赔材料

消防部门出具的火灾鉴定报告证明。

（8）领取赔款时须提供的材料和证件

① 被保险人是自然人，本人领取赔款时，须提供被保险人身份证明。

② 非被保险人本人领取赔款，或被保险人为非自然人的，须提供领取赔款授权书、被保险人身份证明、领取赔款人员身份证明。

4.3 快速理赔

快速理赔作为一种新型投保方式在各大城市、各大保险公司蓬勃发展。快速理赔一般针对单方事故，出险原因简单，没有争议，损失在规定数额（据各市而定）以下，或者是双方损失都在规定数额（一般 2000 ～ 5000 元）以下，单独只有财产损失的双方事故，责任认定清晰，没有争议。即交管部门为了道路通畅，简化交通事故的处理流程，将事故的处理程序简化，事故双方就近到快速处理中心解决，没有交警队的事故责任认定书和赔偿凭证，取而代之的是快速处理中心的协议、定损单、赔偿凭证，只有“全责 / 无责”“同责 / 同责”两种责任判定。

4.3.1 基本条件

肇事车辆双方均为办理了机动车交通事故责任强制保险的机动车，事故中没有人员伤亡，且机动车能够自行移动、车辆损失金额在 2000 元以下、当事人对基本事实及成因无争议的道路交通事故，可进行保险快速理赔。没有人员伤亡、财产损失小的交通事故，快速理赔大大简化了事故处理及理赔程序。要想走快速理赔程序，同时还要未碰撞水、电、通信、道路交通等公共设施，且双方车辆必须手续齐全。出现轻微事故后，事故车辆应立即停车，开启危险报警闪光灯，肇事双方相互记下车辆牌号，在确保安全的情况下，立即将事故车辆就近移至不妨碍交通的地点，设置警告标志，然后自行确定事故责任。如果肇事双方有异议不能达成共识的，不适于用快速理赔进行处理，应保护现场，然后报警。

4.3.2 基本流程

① 现场报警：拨打“122”电话报警（包括事故时间、地点、各方车号、报案人姓名、联系方式等）。

② 现场拍照：对现场拍照（三张照片：前方、后方、接触部位，照片中号牌清晰），拍摄事故现场周围参照物，因条件限制无法拍照的，撤离现场后可以文字记录方式记载事故情况。

③ 撤离验证：立即将车辆移至不妨碍交通的地点，点验并可互拍驾驶证、行驶证及参保情况，并向保险公司报案。

④ 协商快赔：协商或约定在 2 个作日内共同到就近的快处快赔拆检定损中心、快处快赔服务点办理理赔手续，或按照保险公司指定方式进行后续处理。

4.3.3 快速理赔具体流程

① 当事人自行协商的事故处理流程如图 4-2 所示。

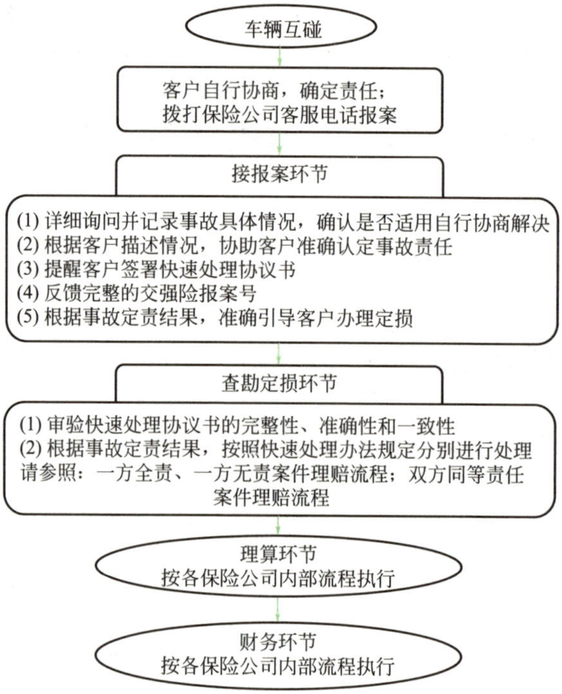

图 4-2　当事人自行协商的事故处理流程

② 一方全责、一方无责的事故处理流程如图 4-3 所示。

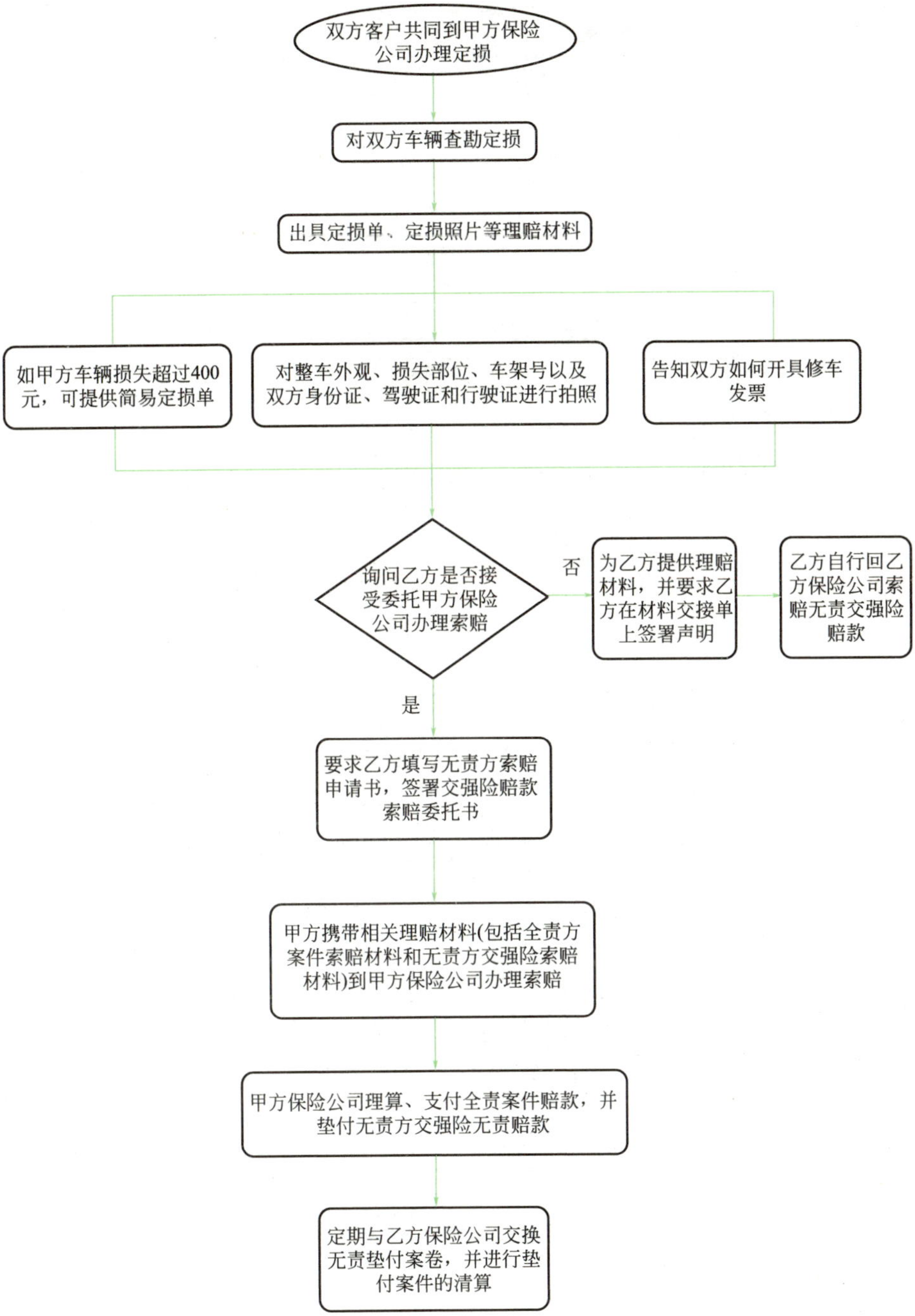

图 4-3 一方全责、一方无责的事故处理流程

③ 双方同等责任的事故处理流程如图 4-4 所示。

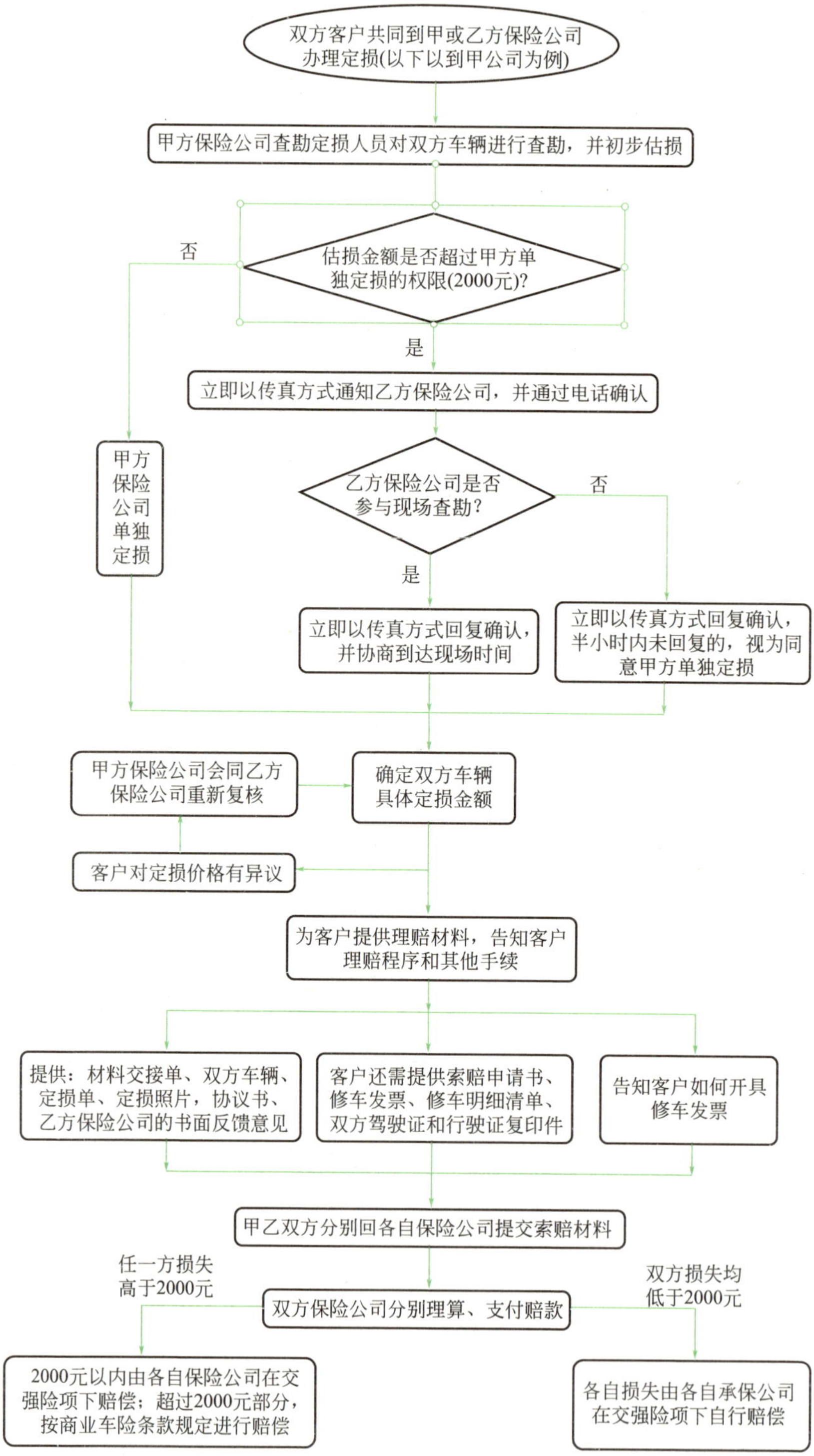

图 4-4 双方同等责任的事故处理流程

4.3.4 快速理赔经验

① 责任要分清，简易地自行划分责任。对于一方当事人有下列行为之一：追尾、逆行、倒车、溜车以及依法应负全部责任的其他行为时，而另一方当事人没有上述行为，有行为的一方负此交通事故全部责任，如果各方当事人均有过错的，承担事故同等责任。

② 随车最好带粉笔，为了应对可能发生的交通事故，可用粉笔来标划、固定停车位置，然后尽快把车挪开，以免堵塞交通。需要标划现场等待交警处理的交通事故，双方在固定机动车停车位置时，可用粉笔在车辆的每个车轮外延中心垂直于地面上标划“T”形线。如果是多车轮车辆，只需标划前后四个车轮的位置即可。

③ 及时签订协议书，48h 内去索赔。明确各方在事故中的责任后，将车辆移至不妨碍交通的地方停放以避免影响交通，然后由责任方向投保的保险公司报案、签订相关文件，并凭“协议书”及相关证据，于 48h 内前往“快速理赔中心”索赔。超过规定期限或非当事人本人前往，索赔将不予受理；超过规定期限 48h 的或非当事人本人前往索赔，快速理赔中心将不予受理。

目前快速理赔基本形成了交警定责、保险公司定损、协会派驻人员受理和复核、驻点单位提供服务保障的运行架构。快处快赔机制的实施对保障交通顺畅、缓解交警出警压力、提高车险理赔服务质量和效率方面发挥了较好的作用。

4.4 自己学点查勘技能

4.4.1 事故现场

所有事故都会有出险现场，现场一般分为原始现场、变动现场和恢复现场三类。

① 原始现场（图 4-5）也称第一现场，是指事故现场的车辆、物体以及痕迹等，仍保持着事故发生后的原始状态，没有任何改变和破坏。原始现场保留了事故原貌，可为事故原因的分析与认定提供直接证据，是现场查勘最理想的出险现场。

② 变动现场（图 4-6）也称移动现场，是指由于自然或人为的原因，致使出险现场的原始状态发生改变的事故现场，包括正常变动现场、伪造现场、逃逸现场等。

图 4-5　原始现场

图 4-6　变动现场

a. 正常变动现场。下述原因导致的出险现场变动均属于正常变动。

ⓐ 为抢救伤者而移动车辆，致使现场的车辆物体或人员位置发生了变化。

ⓑ 因保护不善，导致事故现场被过往车辆或行人破坏。

ⓒ 由于风吹、雨淋、日晒、下雪等自然因素导致事故现场被破坏。

ⓓ 由于事故车辆另有特殊任务，比如消防车、救护车、工程抢险车等在执行任务过程中出险后需驶离现场致使出险现场发生变化。

ⓔ 在交通主干道或城市繁华地段发生的交通事故，为疏导交通而导致出险现场变化。

ⓕ 其他原因导致事故现场变化，如车辆发生事故后当事人没有察觉和离开现场的。

b. 伪造现场。指当事人为逃避责任或嫁祸于人，有意改变现场遗留物状态的现场。

c. 逃逸现场。指当事人为逃避责任而驾车逃逸，导致事故现场原貌改变的现场。

③ 恢复现场是指事故现场撤离后，为分析事故或复查案件，需根据现场调查记录资料重新布置恢复的现场。为与前述的原始现场相区别，这种现场一般称为恢复现场。

4.4.2 现场查勘的主要内容

现场查勘的主要内容包括查明出险时间，查明出险地点，查明出险车辆情况，查清驾驶人情况，查明事故原因，事故现场受损财产施救以及查明事故损失情况等。

（1）出险时间

查明出险时间的主要目的是判断事故是否发生在保险期限内。对接近保险期限起止时间的案件应特别注意，应认真查实，排除道德风险。

为获得真实出险时间，应仔细核对公安部门的证明与当事人的陈述时间是否一致，同时要详细了解车辆的启程时间、返程时间、行程路线、伤者住院治疗时间等。若涉及装载货物出险的，还要了解委托运输单位的装卸货物时间等。同时，对出险时间和报案时间进行对比，看是否在48h之内。

确定出险时间有时还可对事故原因的判断提供帮助。尤其是在一些特定时间（如每天尤其是节假日的13：00～16：00，20：00～23：00），对一些特定驾驶群体（如青壮年男性驾驶员、经营人员），出险后应考虑是否存在酒后驾车问题，应设法与公安人员一起取证。譬如某地中秋节之夜的21：30发生了一起追尾车祸，作为后车的轿车，追尾撞上了前边的大货车，轿车上乘客全部死亡，轿车几乎报废。查勘人员根据时值中秋佳节，又是21：30左右这一事实，怀疑可能存在酒后驾驶，建议公安人员重点查验这项内容，最后与公安人员一起取驾驶人血样送检，由公安部门得出了“酒后驾车，车速过快，导致追尾，后车全责”的结论。保险公司依据“酒后驾车”的客观事实，拒绝了车主的赔付要求。

（2）出险地点

出险地点分为高速公路、普通公路、城市道路、乡村便道和机耕道场院及其他，在查勘时要详细写明，并记录出险地邮政编码。查明以上出险地点，主要是判断事故是否在此处发生，如果不是，要查明变动原因。尤其是对私自移动出险地点或谎报出险地点的，必须排除道德风险。同时，确定出险地点还可确定车辆是否超出保单所列明的行驶区域，是否属于在责任免除地发生的损失，如车辆在营业性修理场所、收费停车场出险等。

（3）出险车辆

查明出险车辆的情况，首先是查明车型、牌照号码、发动机号码、VIN码/车架号码、行驶证，详细记录事故车辆已行驶里程、车身颜色，并与保险单或批单核对是否相符。同时要查实车辆出险时的使用性质是否与保险单记载的一致，以及是否运载危险品、车辆结构有无改装或加装。如果是与第三方车辆发生事故，还应查明第三方车辆的基本情况。

车辆使用性质与其使用风险直接相关，当使用性质改变，导致车辆危险程度增加后出险的，保险人一般是不予赔偿的。查勘时，务必查清出险年辆的实际使用性质。两种常见的使用性质与保单不符的情况：营运货年按非营运货车投保；非营运乘用车从事营运。

随着年辆走向家庭，对私家年的改装也越来越多，现场查勘时，查清车辆结构有无改变是非常重要的。因为对汽车的自行改装，有可能破坏了车辆原有的性能，影响了行车的安全，出险后的损失保险公司也是不予赔偿的。

（4）驾驶人情况

查勘时要查清驾驶人的姓名、驾驶证号码、准驾车型、初次领证时间、职业类型等。注意检查驾驶证的有效性，是否为被保险人或其允许的驾驶员，是否为保险合同中约定的驾驶人，特种车辆出险要查验驾驶人是否具备国家有关部门核发的有效证件，对驾驶营运性客车的驾驶人要查验是否具有国家有关行政管理部门核发的有效资格证书。

（5）事故原因

查明事故原因是现场查勘的重点，要深入调查，利用现场查勘技术进行现场查勘，并采取多听、多问、多看、多想、多分析的办法索取证明，收集证据，全面分析。凡是与事故有关的重要情节，都要尽量收集以反映事故全貌。

对驾驶人有饮酒、吸食或注射毒品、被药物麻醉后使用保险车辆或无照驾驶、驾驶车辆与准驾车型不符、超载等嫌疑时，应协同公安交警部获取相应证人证言和检验证明。

对于所查明的事故原因，应说明是客观因素还是人为因素，是车辆自身因素还是车辆以外因素，是违章行驶还是故意违法行为。

对于复杂或有疑问的理赔案件，要走访有关现场见证人或知情人，了解事故真相，归纳出询问记录，载明询问日期和被询问人地址，并由被询问人确认签字。

对于造成重大损失的保险事故，如果事故原因存在疑点、难以断定的，应要求被保险人或造成事故的驾驶人、受损方对现场查勘记录内容进行确认并签字。

（6）事故现场受损财产施救

施救受损财产是查勘人员的义务，查勘人员至到达现场后，如险情尚未控制，应立即会同被保险人及有关部门研究、确定施救方案，采取合理施救措施，以防损失进一步扩大。

保险车辆受损后，如果当地修理价格合理，应安排就地修理，不得使车辆带故障行驶。如果当地修理费用过高需拖回本地修理的，应采取防护措施，拖拽牢固，以防再次发生事故。如果无法修复的，应妥善处理汽车的残值部分。

（7）事故损失情况

查清受损车辆、承运货物和其他财产的损失或伤亡情况，查清事故各方应承担的责任比例，确定损失程度。同时应核查保险车辆有无重复保险情况，以便理赔计算时分摊赔款。

现场查勘结束后，查勘人员应按上述内容及要求认真填写现场查勘记录。如果可能，力争让被保险人或驾驶人确认签字。

现场查勘所采用的主要方法有沿车辆行驶路线查勘法、由内向外查勘法、由外向内查勘法、分段查勘法四种。沿车辆行驶路线查勘法要求事故发生地的痕迹必须清楚，以便能顺利取证摄影、丈量与绘制现场图。

4.4.3 现场查勘的方法

由内向外查勘法适用于范围不大痕迹与物件集中且事故中心点明确的出险现场，此时可由事故中心点开始按由内向外的顺序取证摄影、丈量与绘制现场图，进而确定事故原因。

由外向内查勘法适于范围较大、痕迹较为分散的出险现场，此时，可按由外围向中心的顺序取证摄影、丈量与绘制现场图，进而确定事故原因。

分段查勘法适用于范围大的事故现场，此时，先将事故现场按照现场痕迹、散落物等特征分成若干的片或段，分别取证摄影、丈量与绘制现场图，进而确定事故原因。

4.4.4 轻微交通事故现场查勘的流程

交通小意外是用车生活不可避免的一部分，正确处理轻微交通事故，是每个车主的必修课。以最快的速度，把事故处理完，减少对正常生活的影响为原则。

（1）轻微交通事故正确的处理流程

① 只是轻微刮擦或碰撞，车辆损失价值不高，也没人受伤，那么基本判断可以走轻微交通事故快速处理流程（图 4-7）。

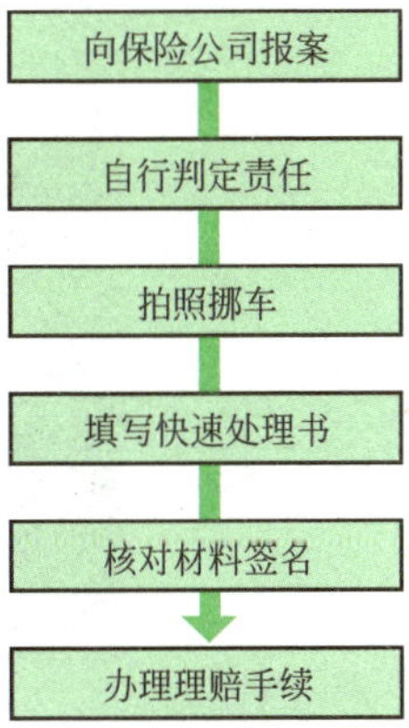

图 4-7　轻微交通事故现场处理流程

② 和对方协商走交通事故快速处理流程，然后相互查看对方的手续——其中要仔细检查驾驶证、行驶证和交强险标志。

③ 双方当事人自行判定责任，现场拍照，方便之后的理赔。

（2）轻微交通事故拍摄事故现场照片的方法

① 第一张照片为远景（图 4-8），为受损方

向的整车大立方体照片，能涵盖事故双方的全貌。包含所在道路的行驶方向，距离交通标示线的位置，以方便事故责任的划定。

图 4-8　远景照片

② 第二张照片为近景（图 4-9），为近景立方体，也要包括事故车辆整体都在照片内，力求反映事故双方整体的碰撞部位。

图 4-9　近景照片

③ 第三张照片包含各自损失车辆的立方体，反映每个车的损失情况（图 4-10）。

图 4-10　车辆损失近景照片

④ 第四张照片为具体配件的损失（图 4-11）。照片要让理赔人员知道你拍的是哪个部件，左边还是右边的，损失程度是什么样的。

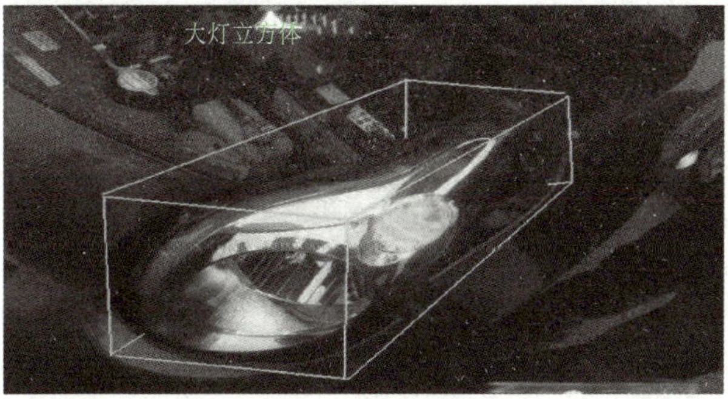

图 4-11　细节照片

当然，这几张照片是最基础的，车架号、双方的证件，也都要在现场拍摄。还有一点，最好把对方的驾驶人也拍摄进去，避免后期替换驾驶人的情况出现，以防止对方酒后或者无证驾驶情况。

⑤ 填写快速处理协议书（图 4-12），写清事故情况、双方信息、时间、地点等 。

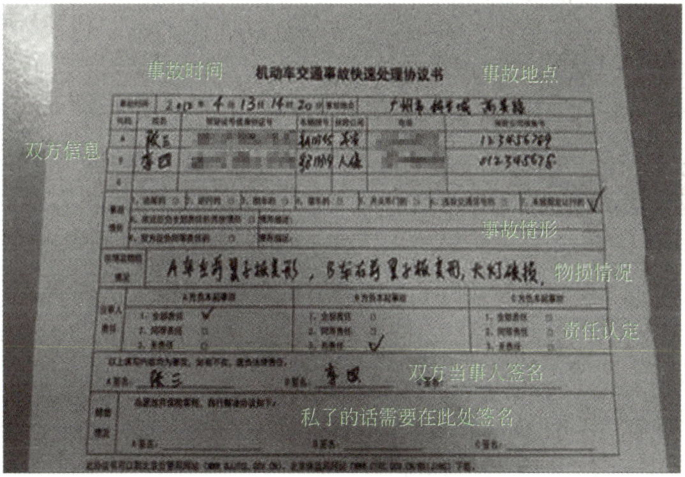

图 4-12　事故快速处理协议书

（3）轻微交通事故的索赔

① 双方约定时间去全责方的保险公司理赔点进行理赔，这点一定要协调好双方的时间。

② 双方到了理赔中心后，拿着协议书和双方驾驶人的驾驶本、行驶本、交强险保单找工作人员进行查勘、照相、定损。

③ 选择自己准备去修车的 4S 店或修理厂，保险公司理赔员可以帮忙查询。

④ 定损后将车辆开到指定修理厂，车修好后，全责方可能需要垫付修车费才可取车，双方要约定好时间和细节。

⑤ 全责方向修理厂索取修车发票和修车旧件到自己所属保险公司进行理赔报销，整个理赔环节就完成了。

（4）轻微交通事故处理注意事项

① 前提是机动车和机动车发生的事故，如果是机动车和行人、自行车发生的交通事故则不能走快速处理的流程。

② 事故中没人受伤或死亡，如果有人受伤，建议还是联系交警来处理。

③ 事故中的车辆等损失较小，如果是和豪华车（例如宾利等）发生事故，还是报警等待交警前来处理比较稳妥。

4.4.5 普通交通事故现场查勘的流程

现场查勘流程及要点：接受调度、联系客户及现场处理、拍摄事故照片、填写查勘报告等。

（1）接受调度

① 查勘员通过 GPS 手机接受车险查勘调度指接到调度短信任务提示后，查勘员应在 4min 内手动下载并确认接受任务。

② 接受新任务后，首先查勘抄单信息，了解客户及事故信息等内容，便于查勘现场。

③ 如遇 GPS 系统故障时，接受电话调度；通过电话调度的案件，查勘员接到电话调度时，应详细记录车牌号码、联系人电话、出险地点、事故经过等详细报案信息。

④ 查勘员不能正常完成查勘工作时，符合改派条件的，应在 3min 内通过 GPS 手机申请调度改派，并详细说明改派理由。

（2）联系客户及现场处理

① 单方事故。

a. 现场查勘处理要点。详细询问出险经过，与事故现场环境、车辆碰撞痕迹、车辆损失情况进行对比，重点核查事故真实性，特别注意事故当事人是否为被保险人允许的合格驾驶员、是否存在酒后驾驶或其他违法行为。

通过车辆损失部位锈蚀程度，判断出险时间与客户描述是否吻合；通过车体碰撞部位与碰撞物体之间刮擦情况和用卷尺测量距离地面高度，判断是否接触；通过车体碰撞部位形变情况与碰撞物体形状，判断车辆损失是否由本次事故造成的。

b. 调查事故情况。在事故地点周边进行走访调查，寻找第三方事故目击证人，并记录询问情况。

c. 如果事故现场与车损明显不相吻合，应及时认真分析，排除疑点。若有疑问，则应立即到事故第现场进行复勘， 根据承保险种及出险情况确定是否属于保险责任范围的事故。若事故不属于保险责任范围，或被保险人有欺骗行为时，应及时搜集、掌握相关证据资料，移交调查或按照拒赔实务规定进行拒赔处理。

② 双方 / 多方事故。

a. 现场查勘处理要点。事故任何一方的估计损失超过交强险赔偿限额的，应提醒事故各方当事人依法进行责任划分，要求客户拨打交通事故报警电话报警，并由交警划分事故责任，出具事故责任认定书。

详细询问出险经过，与事故现场环境、车辆碰撞痕迹、车辆损失情况进行对比，重点核查事故真实性，特别注意碰撞痕迹、损失程度是否一致。通过车辆损失部位锈蚀程度，判断出险时间与客户描述是否吻合：通过车体碰撞部位与碰撞物体之间刮擦情况和用卷尺测量距离地面高度，判断是否接触；通过车体碰撞部位形变情况与碰撞物体形状，判断车辆损失是否为本次事故造成的；同时应注意碰撞点周围是否有呈放射分布的油漆和配件残片。

b. 如果事故实际所涉及车辆、财产、人伤等标的数量多于 GPS 手机接受调度任务的数量时，可在 GPS 手机终端中手动增加三者车损、物损、人伤等任务，并通知调度进行任务调派。

c. 要求事故各方提供交强险保单复印件，或对各方交强险标志进行拍照取证，以便进行交强险“无责代赔”“互碰自赔”处理。

d.“无责代赔”处理。双方、多方仅涉及车辆损失的事故，若一方负事故全部责任，其余各方不负事故责任，可以按照全责方“无责代赔”处理，全责方在交强险项下代为赔偿无责方交强险无责财产赔偿限额 100 元，索赔时应提供无责各方的交强险保单复印件并且现场查勘时应拍摄交强险标识。

e.“互碰自赔”处理。有车主问：“前两天开车发生了三方碰撞小事故，因为三方驾驶人都有操作不当的地方，所以交警判了同责。但交警在交通事故快速处理书的调节结果上写了“互碰自赔”。我自己车辆的损失为 1900 元，另外两辆车一辆损失差不多 1000 元，另一辆大概 1500 元。“互碰自赔”是自己赔自己吗？那还能报保险吗？会不会影响我明年的保费啊？”

“互碰自赔”即当事人各方对事故发生均有责任，各方车辆损失均在交强险有责任财产损失赔偿限额 2000 元以内，不涉及人伤和车外财产损失的交通事故，在当事人同意“互碰自赔”处理办法的情况下，可由各自的保险公司直接对车辆进行查勘、定损、赔付。

详细拆解上述定义，互碰自赔应当满足下列六个条件。

ⓐ 多车互碰——两辆车或多辆车互碰。

ⓑ 有交强险——事故各方都有交强险且在有效期内。

ⓒ 只有车损——事故只导致各方车辆损失，没有发生人员伤亡和车外的财产损失。

ⓓ 损失不超 2000 元——各方车损都不超过 2000 元。

上路行驶的车辆必须投保交强险，但是发生碰撞的车辆不一定都有商业险。商业险按照“按责赔偿”方式；而交强险采用“无过错”赔偿方式，且有责任方财产损失赔偿限额最高为 2000 元，故限制在 2000 元内。

ⓔ 都有责任——交警裁定或事故各方自行协商确定为各方都有责任（同等或主次责任）。

ⓕ 各方同意——事故各方都同意采用“互碰自赔”。

报保险理赔会影响来年保费吗？

答案是：肯定会！但“互碰自赔”实际是在自己的交强险中赔付的，相对商业险出险理赔而言对保费的影响会小得多。

以一般家庭常用的 5 座轿车为例，交强险基础保费为 950 元，那么在发生“互碰自赔”报保险的情况下保费变化见表 4-1。

表 4-1　车险费率变化

车主出险情况	保费变化 /%	当年保费 / 元
上一个年度发生一次有责任但不涉及死亡的道路交通事故	不变	950
上一个年度发生两次有责任但不涉及死亡的道路交通事故	上升 10	1045

③ 物损事故。

a. 详细了解物损标的的归属，确认属于车上物品、车上货物还是三者物损，根据承保信息判断是否属于保险责任，并在手机端系统内进行归属调整，根据事故财产损失情况可在手机端手动增加和删除财产类型。

b. 确认受损财产数量。对于广告牌、电线杆、防护栏、隔离桩、绿化树、家畜等三者财产损失，应认真清点受损数量。

④ 重大案件判断和初步确认。根据事故现场情况，判断是否属于重大案件，并在 GPS 手机终端中进行初步确认，在系统中填写“重大赔案呈报表”，根据《车险重大赔案管理办法》上报审核立案。

⑤ 人伤事故需要进行现场查勘的，按照人伤调查理赔实务进行处理。

⑥ 通赔、盗抢、水淹、火灾、爆炸、自燃、简易、拒赔、注销等特殊赔案，按照《车险特殊赔案处理办法》处理。

（3）拍摄事故照片

① 会同客户查勘事故损失并拍摄事故照片，基本拍摄照片要求：

a. 数码相机的日期顺序调整为年、月、日，数码照片显示日期必须与拍摄日期一致；

b. 照相机的焦距调整准确，光线使用得当；数码相机像素调整为 640×480。

② 事故第一现场案件的照片拍摄。第一步斜 45° 角拍摄事故现场远景概貌照片，前后各一张，要求能记录事故现场和运动痕迹，能看清涉案事故车牌号及涉及的物损概貌。第二步近距离拍摄带车牌及损失部位照片，要求能够反映车辆全貌、物损全貌。第三步拍摄事故车损配件照片以及涉及的物损照片，要求能够反映出零件损失部位、物损部位、散落碎片、人伤部位。第四步拍摄车辆、驾驶人证件照片。第五步拍摄查勘员与事故车辆的人车合照。具体拍摄要求如下。

a. 现场环境照

ⓐ 拍摄事故现场周围的地形、道路走向、路标、建筑物和现场所处位置等（图 4-13），以便于确定大致地理位置。

ⓑ 拍摄事故现场有关车辆、人员、物体的状态。

图 4-13　方位摄影

b. 现场痕迹照

ⓐ 拍摄事故车辆碰撞点照片。

ⓑ 拍摄车辆、人员、物体的接触部位照片（图 4-14），包括拍摄各接触部位的痕迹特征，拍摄各接触部位的形状变化情况。

c. 顺车辆运动方向拍摄车辆运动痕迹照片（包括刹车痕迹），以及车辆、人员、物体间的各种有关痕迹照片。

ⓐ 放置比例尺拍摄痕迹的形状、大小、深浅、受力方向、颜色、质感。

ⓑ 拍摄痕迹在物体上的具体位置。

ⓒ 拍摄痕迹在路面上的特定位置和起止距离。

图 4-14　中心摄影

d. 拍摄现场散落碎片物照片（图 4-15）。

ⓐ 拍摄散落物在现场中的原始位置。

ⓑ 拍摄散落物的形状、体积特征，并充分反映散落物的质地。

ⓒ 拍摄散落物在原物体上的位置。

图 4-15　散落物拍摄

e. 车辆检验照。

ⓐ 拍摄涉案车辆各方向 45° 全景照片（左前、左后、右前、右后）。

ⓑ 拍摄事故车辆的牌照号码、车辆铭牌、VIN 码。如涉及车辆发动机损失，还应拍摄发动机钢印号。

ⓒ 拍摄事故车辆相关证件，包括行车证、驾驶证、营运车辆从业资格证、特种车辆操作证等。

③ 无事故现场的照片拍摄。参照“事故第一现场案件的照片拍摄”第二步和第三步。

④ 拍摄物损照片。涉及物损的要拍摄事故地点照片及物损照片。受损财产的照片能够反映出财产损失的全貌及损失部位，多处受损应分别拍摄；带包装的物品受损应将包装拆下后拍摄，并注意拍摄包装物上的数量、类型、型号、重量等；价值较高的货物在分类后单独编号拍摄。

⑤ 拍摄人员的照片。

a. 拍摄查勘员与事故车辆、事故现场环境的合照：查勘员站立在车辆旁，拍摄与事故车辆、事故现场环境的全景照片，确认查勘员身份。

b. 事故当事人员与事故车辆合照（根据各机构具体要求执行）。

ⓐ 请事故当事人站立在车辆旁，拍摄肇事车辆全景和事故当事人全身照片。

ⓑ 照片能够清晰反映车牌号码。

c. 拍摄受伤人员照片。

ⓐ 拍摄受伤人员辨认照片。

ⓑ 拍摄伤者受伤部位照片，在不影响救护工作的前提下，尽可能拍摄伤痕的原始状况。

⑥ 损失部位不明显时，应做标记或有人指示损失处拍摄；拍摄玻璃照片时注意玻璃的光线反光；玻璃单独破碎险中玻璃损坏不严重，先拍一张照片，再击打玻璃受损处扩大明显后，再拍一张照片。

⑦ 拍摄涉案事故车辆行驶证正副本、当事驾驶人驾驶证正副本及被保险人身份证，双方/多方事故拍摄涉案车辆交强险标志或保单，以上证件均需拍摄正、反两面。

⑧ 相机使用要求。照相距离：照相距离就是照相机镜头和被拍摄物体间的距离，在查勘拍摄中要根据所拍摄主体的范围和大小，正确使用远景、中景、近景、特写和微距。一般在表现现场概貌时，宜使用远景和中景拍摄；在表现局部细小物体或某些痕迹时，宜使用近景和特写拍摄；在拍摄车架号、发动机号、证件照片时，宜使用微距拍摄。事故照片组如图 4-16 所示。

图 4-16

图 4-16　事故照片组

(4) 填写查勘报告

① 一般案件的查勘报告应在 GPS 手机终端中填写完成。查勘报告填写要求如下。

a. 查勘员根据调查结果和掌握的各种信息、资料，结合现场查勘记录情况，填写查勘报告。

b. 对保险车辆、第三方车辆、财产、人员以及其他项目的“事故损失金额”进行认真估计，并将其填写在查勘报告的相关项目中。

c. 查勘报告要能反映事故发生经过、出险原因及损失情况，初步判定保险责任，填写完整、描述清晰、记录真实。

② GPS 手机系统无法填写记录的，应手写纸质查勘报告，然后拍照上传到理赔工作流系统。

③ 手写的查勘报告要求字迹工整清楚，用蓝或黑色笔填写，不得涂改。

④ 手写查勘报告填写完毕，一般不用客户签名确认。但对于有疑问的案件、特殊案件（如出险情况可疑，或驾驶证、行驶证过期，或客户放弃索赔等情况），要求客户签字确认。

4.5　交通事故责任认定的依据和划分标准

交通事故责任认定事关事故双方是否承担民事赔偿责任甚至是刑事责任，公安机关交通管理部门应根据交通事故现场勘验、检查、调查情况和有关检验、鉴定结论，对交通事故的基本事实、成因和当事人的责任做出具体的认定。各位车主需要对交通事故的责任认定的依据和划分标准有所了解。

《中华人民共和国道路交通安全法实施条例》规定“公安机关交通管理部门应当根据交通事故当事人的行为对发生交通事故所起的作用以及过错的严重程度，确定当事人的责任”。认定交通事故责任，必须依法确认事故中各方当事人的法定义务；依法确认各方当事人法定义务的优先原则；确认各方当事人的行为在交通事故中的作用和过错的严重程度；根据各方当事人的行为在交通事故中的作用和过错的严重程度确认不同的交通事故责任。交通事故认定应掌握行为责任原则、因果关系原则、路权原则、安全原则和结果责任原则。

4.5.1　行为责任原则

如果当事人对某一起交通事故负有责任，则必定因其行为引起，没有实施行为的当事人不负事故责任。

交通事故认定是确定当事人行为在事故中所起作用程度的技术认定，在认定交通事故责任时，应实事求是地表述当事人行为在事故中所起作用的程度，不需考虑法律责任问题。交通事故责任认定是过错认定原则。当事人的行为对发生交通事故所起的作用，即指有因果关系的行为在事故中的所起的作用；过错的严重程度。其中“过错的严重程度”是以“当事人的行为”为前提的。在认定交通事故责任时，先看“当事人的行为对发生交通事故所起的作用”，然后，确定该行为过错的严重程度。

4.5.2　因果关系原则

根据《交通事故处理程序规定》第四十五条第一款的规定，认定交通事故责任时，必须认定哪些行为在事故中起作用及作用的大小。与事故有直接因果关系的行为才起作用。

（1）因果关系原则

当事人存在违法行为，是否一定在事故中起作用？违法的严重程度与在事故中的作用并不成“正比”，有些行为并不违法，但在事故中也起到了作用；也有些违法行为很严重，但在事故中并未起作用。行为与该事故的发生没有因果关系，也没有加重事故后果。同样，交通事故当事人的某些违法行为也不一定是导致事故的原因。要确定交通事故当事人的责任，其行为必须与事故有因果关系。交通事故认定是技术认定，在确定行为与事故因果关系时，只需要确定行为人的行为是否事实上属于事故的原因即可。事实上原因的检验方法，可以借鉴侵权行为法中的因果关系理论，采取必要条件规则。按照必要条件规则，凡构成后果发生的必要条件的情况，均为事实上的原因。其检验方法如下。

①“如果没有”检验法，即如果没有行为人的行为，交通事故及损害结果仍会发生，行为人的行为就不是事故的原因；反之，如果没有行为或事件的出现，就不会有损害事实的发生。行为或事件是交通事故发生的必要条件，凡属于损害事实发生的必要条件的行为或事件均为事实因果关系中的原因。

② 剔除法，即如果将行为人的行为从交通事故事实中剔除，事故仍会按原来的因果序列和方式发生，则行为人的行为与事故的发生和损害结果之间没有因果关系；反之，则构成事实上原因。

③ 代换法，即如果把行为人的行为换成一个无过错的行为，或者把他的不作为换成一个适当的作为以后，交通事故及损害结果仍然会发生，则行为人原来的行为就不是事故发生的原因；反之，则构成事实上的原因。必要条件规则最显著的缺点是“即使行为不发生，结果无论如何都会发生，那么行为就不是结果的事实原因。”这源于由果追因的思维逻辑。

④ 因果关系的推定规则。在某些情况下，运用通常的规则无法证实事实因果关系，法律规定了特殊的认定规则，这里包括因果关系的推定规则。该规则要求责任人举证证明应当由其承担责任的行为或事件不是造成损害结果发生的原因，如果不能举证，则认定有事实上的因果关系。《道路交通安全法》第七十六条认为“机动车与非机动车驾驶人、行人之间发生交通事故的，由机动车一方承担责任；但是，有证据证明非机动车驾驶人、行人违反道路交通安全法律、法规，机动车驾驶人已经采取必要处置措施的，减轻机动车一方的责任。交通事故的损失是由非机动车驾驶人、行人故意造成的，机动车一方不承担责任”。除了能够证明损害是由于受害人自己故意造成的，否则就认为行为与结果具有因果关系，侵权人或相关事件及行为的责任人即应当承担民事责任。

（2）直接原因原则

行为人的行为是实实在在地足以引起交通事故及损害后果发生的因素，它就构成事实上原因，即直接原因。交通事故认定作为技术认定，应载明事故发生的直接原因，交通事故认定只是证据之一，在认定交通事故责任时，应从技术的角度出发，认定直接行为人的责任，而不需考虑应承担相关法律责任人的事故责任。

4.5.3 路权原则

路权原则即各行其道原则。《道路交通安全法》第三十八条规定："车辆、行人应当按照交通信号通行；遇有交通警察现场指挥时，应当按照交通警察的指挥通行；在没有交通信号的道路上，应当在确保安全、畅通的原则下通行"。各行其道原则是交通安全的重要保证，是交通参与者参与交通的基本原则。现代化交通设施给所有的交通参与者都规定了各自的通行路线，然而，在当前的交通环境中，极少有绝对的"专用道路"，"借道通行"必然存在。在强调交通参与者各行其道的同时，也要规范交通参与者使用非其法定优先使用道路的行为，即"借道通行"的行为。在科学的管理制度下，交通参与者在使用非其法定优先使用的道路时，必须遵守一定的原则，这样才能确保安全。在交通事故认定中如何体现各行其道的原则，应考虑以下几个方面。

（1）借道避让原则

各行其道要求交通参与者必须按照法律法规的规定各行其道。为了合理利用交通资源，在法律法规允许的情况下，交通参与者可以借用非其专用的道路通行。当然，法律法规明令禁止的除外，如高速公路禁止非机动车和行人通行。交通参与者实施借道通行时，有可能与被借道路本车道的参与者产生冲突点，为保证安全，必须明确谁有义务主动防止冲突的发生。借道避让原则在调整交通行为和交通事故认定中仍应起到规范性作用。

（2）行人在没有交通信号控制的路段横过道路与机动车发生事故的特殊原则

既然确定了借道避让原则，对此类事故的认定思路已经有一定的概念，即借道通行者应较本道通行者承担更多的安全义务。但此原则存在特殊性。《道路交通安全法》第四十七条规定："机动车行经人行横道时，应当减速行驶；遇行人正在通过人行横道时，应当停车让行。机动车行经没有交通信号灯的道路时，遇行人横过道路，应当避让。"

《道路交通安全法》第六十二条规定："行人通过路口或者横过道路，应当走人行横道或者过街设施；通过有交通信号灯的人行横道，应当按照交通信号灯指示通行；通过没有交通信号灯、人行横道的路口，或者在没有过街设施的路段横过道路，应当在确认安全后通过"。人行横道是保护行人横过道路的通行区域，机动车遇行人通过人行横道时，负有避让行人的义务。行人在没有交通信号灯的路段横过机动车道时，虽属借道通行，但在此情况，机动车有避让行人的义务，同时行人也有确保安全的义务。这是行人在没有交通信号灯控制的路段横过道路的特殊通行规定，也是《道路交通安全法》以人为本指导思想的具体体现，充分表现出重点保护弱者的特点，这是新法的重大突破。在新法施行前，路权原则是认定交通事故责任的理论依据，认定行人在没有交通信号灯的路段横过道路与机动车发生交通事故时，以机动车在机动车道相对行人有先行权这一指导思想来划分事故责任。

由于行人横过道路时存在没有主动避让机动车的过错，认定此类事故责任时往往先确定行人侵犯机动车的路权，再看机动车有无违章行为，如果机动车存在与事故有因果关系的违章行为，再根据违章在事故中的作用大小不同程度地减轻行人的责任。此类事故以行人负主要或全部责任的占多数。各行其道原则认定交通事故责任，其本质就是认定事故当事人在通行规定上应承担的安全义务大小，如借道通行者应承担确保安全的义务应大于本车道正常通行参与者的义务，在划分责任时，应承担较大义务的参与者也应负主要及以上的责任；反之，负次要及以下责任。确保安全义务是衡量当事人交通事故责任的标尺，这也是各行其道原则的本质。那横过道路的行人和机动车谁承担的义务大呢？机动车和横过道路的行人应承担同等的安全义务。主要有两方面的原因：一是充分体现以人为本的思想，新法既然已经明确规定了机动车应避让横过道路的行人，就不能简单地将行人横过道路的情形等同于其他借道通行的行为，即不能认为行人应承担比机动车更大的安全义务；二是行人应当受到保护，但行人也应当维护交通安全。个体的利益需要法律保护，但社会的利益需要每个人共同维护。行人横过道路与机动车发生交通事故，行人固然是受害者，但社会的利益也受到了侵害，行人同样有义务维护社会的利益。在认定机动车与行人横过道路发生的交通事故责任时，还应考虑以下两个问题。

① 行人横过道路与机动车发生事故的特殊原则的使用仅限于《道路交通安全法》第四十七条第二款的情形，即行人在没有交通信号灯的路面上横过道路与机动车发生事故的情形，并非适用于所有行人与机动车发生的事故。《道路交通安全法》第七十六条所规定的机动车与行人或非机动车发生交通事故后所承担的责任，仅限于民事责任，并非交通事故责任。

② 客观对待不同交通参与者的交通特性。《道路交通安全法》着重保护行人和非机动车等交通环境中的弱者，同样也强调交通参与者遵守交通法律法规。在分析机动车与行人发生的交通事故时，不但要立足于法律法规，还要客观、具体地分析机动车与行人的交通特性。机动车相对行人来说，速度快，但操作不灵活，驾驶人在行车过程中如遇险情，控制能力低。行人则速度慢，但行动灵活，控制能力强。行人在横过道路时，其观察交通环境的能力强于机动车在运行中观察行人动态的能力，在认定机动车与行人的交通事故时，不能一味强调法律条文而忽视机动车和行人的交通特性。既不能要求机动车像行人那样灵活控制，也不能要求行人像机动车那样行动迅速。

4.5.4 安全原则

(1) 合理避让原则

交通事故的形态千变万化，事故原因多种多样，交通参与者在享受通行权利的同时，如遇他人侵犯己方的合法通行权，必须做到合理避让，主动承担维护安全的义务。

如果发生了交通事故，应怎样分析双方的行为在事故中所起的作用呢？事故责任的划分，先确定一方已违反了通行规定，后分析另一方如何处置，再以事故发生时双方是否尽到了安全义务来衡量双方行为的作用并划分责任。

① 一方存在过错，其行为影响了另一方的交通安全，这是运用合理避让原则的基本条件，如果一方没有过错或即使有过错但行为没有影响另一方的交通安全，则不适用此原则。

② 被妨碍安全一方应该发现危险的存在却未发现。未尽到符合其交通参与者身份的一般注意义务为标准，在尽到了一般注意义务，能够发现危险存在的，视为应当发现；反之视为不应当发现。

③ 被妨碍一方尽到了符合其身份的义务，能够采取有效的避让措施但没有采取或没有采取正确的措施。如果被妨碍方尽到了符合其身份的一般义务要求，能够采取正确措施而没有采取的，则适用本原则；反之不适用。

④ 被妨碍一方虽有条件采取措施避让妨碍方，但其所采取的措施不妨碍第三方的交通安全，如果会对正常参与交通的第三方产生危险的，不适用本原则。一般来说，以各行其道原则划分事故责任相对比较简单，因为此类事故的路面痕迹及车辆停放位置通常能够相对客观地反映当事人的行为。而根据合理避让原则，直接证据取证比较困难。虽然大多数交通事故都是民事侵权案件，但与其他民事侵权案件存在着不同，交通事故多在动态运行中发生，交通事故中各方当事人的相互作用性较其他民事侵权案件强，为使每一个交通参与者都建立维护交通安全的意识，用合理避让原则划分交通事故责任有其合理性。

（2）合理操作原则

合理操作原则为，交通参与者在参与交通运行时，为了保证交通安全，应主动杜绝一些法律法规未禁止，但有可能存在危险隐患的行为。如果实施了上述行为且造成了交通事故，应负事故责任。

《道路交通安全法》第二十二条第一款的规定：“机动车驾驶人应当遵守道路交通法律、法规的规定，按照操作规范安全驾驶、文明驾驶”。首先，每个交通参与者在参与交通运行时，都有自己的操作习惯，一些习惯存在着危害交通安全的隐患，而法律不可能列举在参与交通时可能出现的所有行为。其次，再完善的法律也难以对全部交通行为做出无遗漏的规定。在法律实施后，社会上会出现新的事物参与到道路交通运行中，这些新的事物也许存在危害交通安全的隐患。使用合理操作原则认定交通事故责任，应着重考虑“虽未违法，但存在交通过错”的行为。

4.5.5 结果责任原则

行为人的行为虽未造成交通事故的发生，但加重了事故后果，应负事故责任，即结果责任原则。确定该原则主要原因有两个方面。

（1）技术认定的客观性

从技术的角度出发，造成交通事故的原因可分为发生原因和结果原因两种，这两种原因共同导致了交通事故的结果。严格来说，这两类原因在交通事故中的作用和地位有一定的区别。发生原因是主动打破交通平衡环境的因素，有一定的主动性。结果原因是在外在因素的作用下，才能造成结果的因素，有一定的受动性。这两类原因并不是完全孤立的，有时一种原因既含有发生因素也含有结果因素。比如，货车超载运输硫酸，车辆在转弯时，驾驶人因车辆超载而不能有效控制，致使车辆占用对向车道，与对向车辆碰撞，此时超载表现为发生原因。由于车辆超载，捆绑不牢固，硫酸罐落到地面后摔裂，硫酸泄漏腐蚀车辆和路面，超载在此表现为结果原因。一般认为，发生原因的作用大于结果原因，但发生原因和结果原因在一起事故中的作用方式不尽相同，在事故中的作用大小也不能一概而论，必须从实际出发，在充分调查取证的情况下综合考虑。交通事故认定是全面、客观反映交通事故成因的技术认定，应该客观、科学、公正地表述事故成因。作为证据，当事人的过错客观地造成了事故后果或是造成后果的原因之一，有过错的当事人就应该负事故责任。

（2）增强交通参与者维护交通安全的意识

交通环境是一个复杂的大系统，交通参与者是其中的子系统，为了维护大系统的正常运转，子系统必须要正常运转，这要求每一个交通参与者都必须自觉遵守交通法律法规。任何一个违反交通法律法规的行为，都存在影响交通环境正常运转和导致交通事故的隐患。为了保障交通安全，任何人在参与交通时都要自觉遵守交通法律法规。同时，对违反交通法律法规的违法行为是加大事故后果原因的违法者认定事故责任是非常必要的。

公安机关交通管理部门经过调查后，应当根据当事人的道路交通安全违法行为对导致交通事故的作用及其行为的严重程度，确定当事人的过错，同时还应注意以下两点。

① 应强调驾驶人职业上的注意义务，避免对行人、非驾驶方的苛刻要求，留给其精神和身体以适度的自由空间。判断驾驶人责任时，不应仅看其是否违章（不违章不意味着已尽注意义务），还应看其是否遵守一般安全义务，因为任何发达的交通规则都不能完全概括现实交通的复杂状况。

② 如果双方均未报案，一般应认定驾驶方有条件报案而未报案，应承担赔偿责任。

4.6 交通事故责任认定图解

很多车主在路上发生交通事故后一脸迷茫，不熟悉交通法规总是无法认定事故责任的划分。发生交通事故后如何判定责任呢？

通过上文对交通事故责任认定依据和划分标准的了解，本小节通过图解的形式，详细介绍责任认定相关情形（图 4-17）。

图解：追撞前车尾部的，图中所示为 2 车负全责

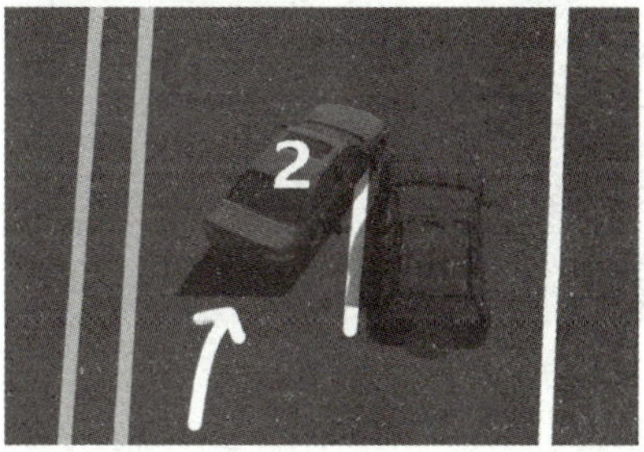

图解：变更车道时，未让正在该车道行驶的车先行的，图中所示为 2 车负全责

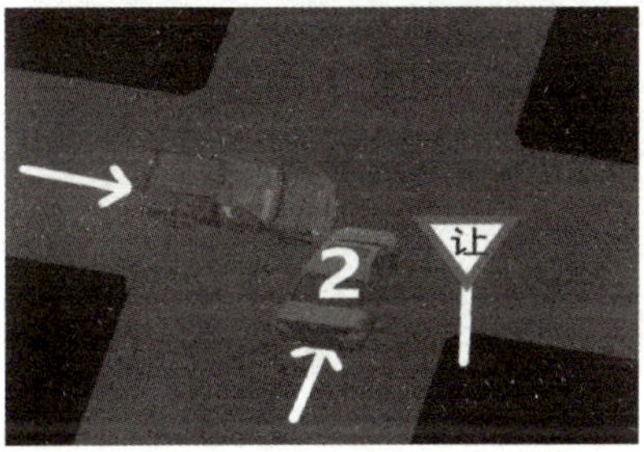

图解：通过没有交通信号灯控制或者交通警察指挥的交叉路口时，未让交通标志、交通标志线规定优先通行的一方先行的，图中所示为 2 车负全责

图解：通过没有交通信号灯控制或者交通警察指挥的交叉路口时，在交通标志、标线未规定优先通行的路口、未让右方道路的来车先行的，图中所示为 2 车负全责

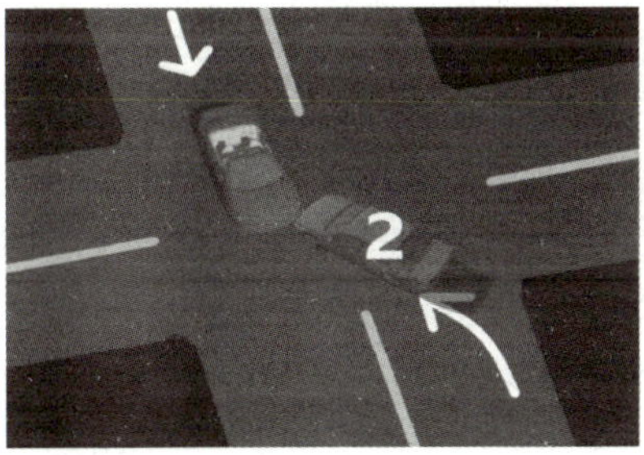

图解：通过没有交通信号灯控制或者交通警察指挥的交叉路口时，遇相对方向来车、左转弯车未让直行车先行的，图中所示为 2 车负全责

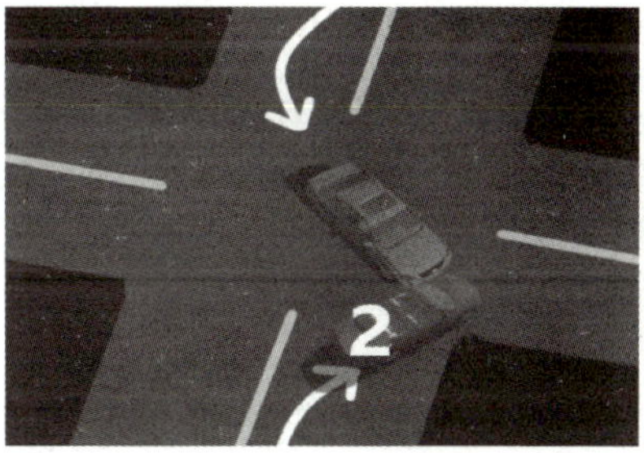

图解：通过没有交通信号灯控制或者交通警察指挥的交叉路口时，相对方向行驶的右转弯车未让左转弯车的，图中所示为 2 车负全责

图 4-17

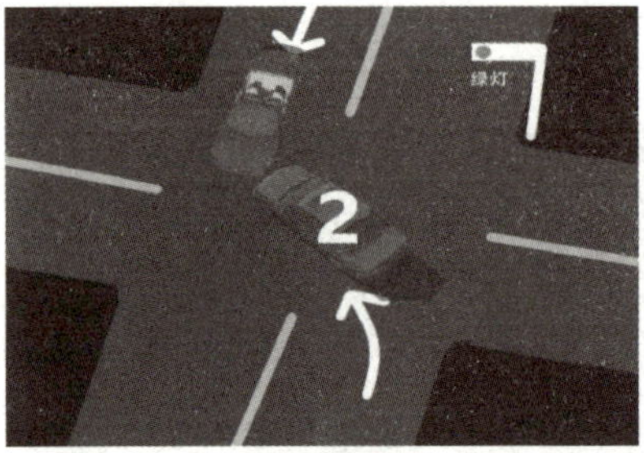

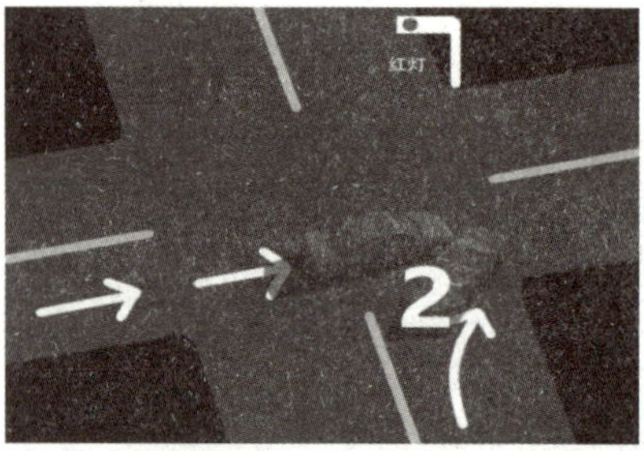

图解：绿灯亮时，转弯车未让被放行的直行车先行的，图中所示为 2 车负全责

图解：红灯亮时，右转弯车未让被放行的车先行的，图中所示为 2 车负全责

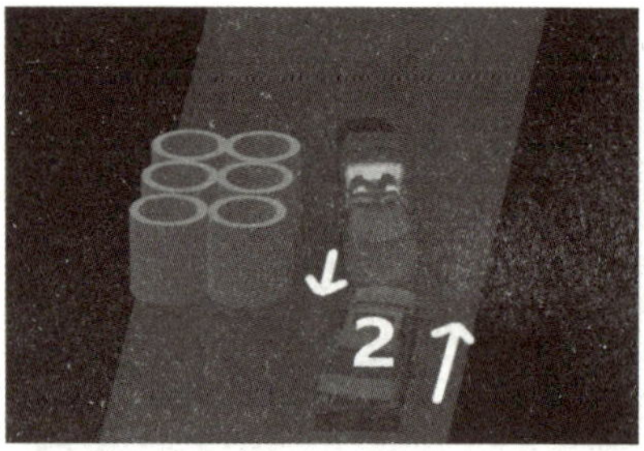

图解：在没有中心隔离设施或者没有中心线的道路上会车时，有障碍的一方未让无障碍的一方先行的，图中所示为 2 车负全责

图解：在没有中心隔离设施或者没有中心线的道路上会车时，在有障碍的一方已驶入障碍路段，无障碍一方未驶入时，无障碍一方未让有障碍一方先行的，图中所示为 2 车负全责

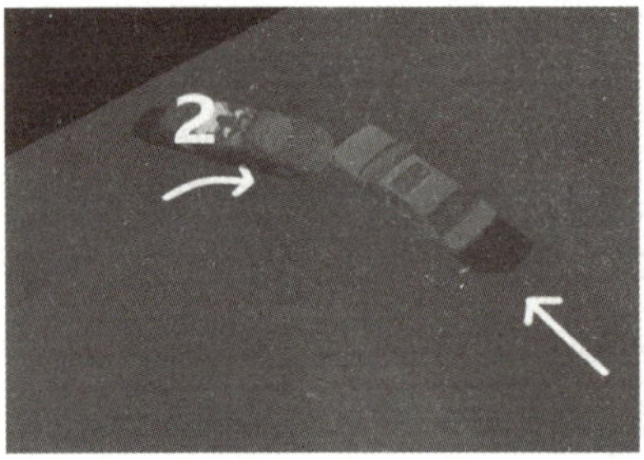

图解：在没有中心隔离设施或者没有中心线的道路上会车时，下坡车未让上坡车先行的，图中所示为 2 车负全责

图解：在没有中心隔离设施或者没有中心线的道路上会车时，下坡车已行至中途而上坡车未上坡时，上坡车未让下坡车先行的，图中所示为 2 车负全责

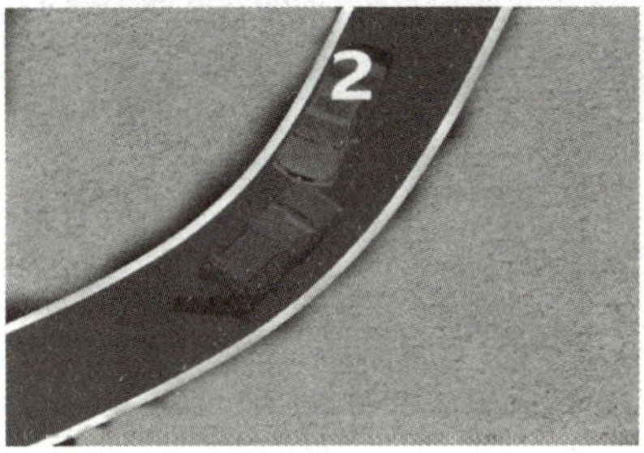

图解：在没有中心隔离设施或者没有中心线的狭窄山路会车时，在两车难于同时通过的情况下，靠近山体的一方未做减速或停车等避让措施让对方先行的，图中所示为 2 车负全责

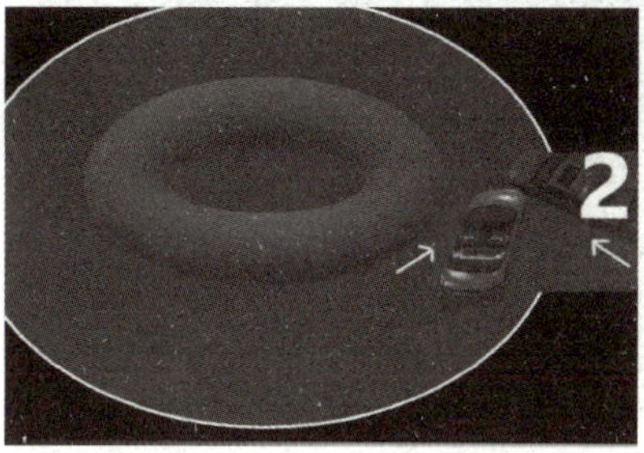

图解：进入环形路口的车未让已经在路口内的车先行的，图中所示为 2 车负全责

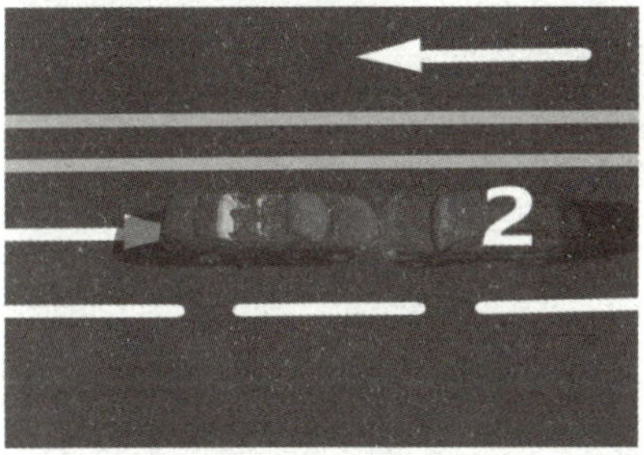

图解：逆向行驶的，图中所示为 2 车负全责

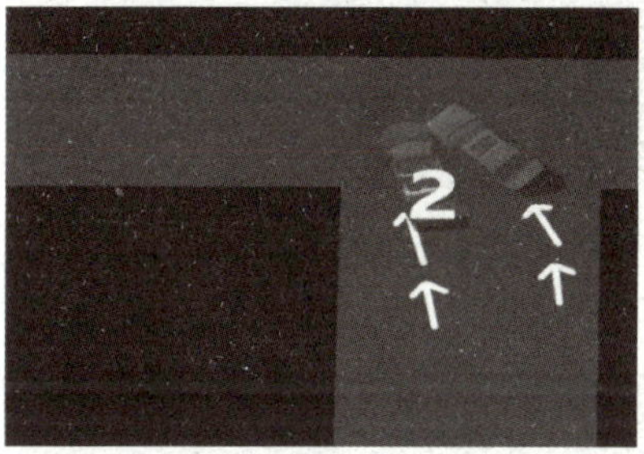

图解：超越前方正在左转弯车的，图中所示为 2 车负全责

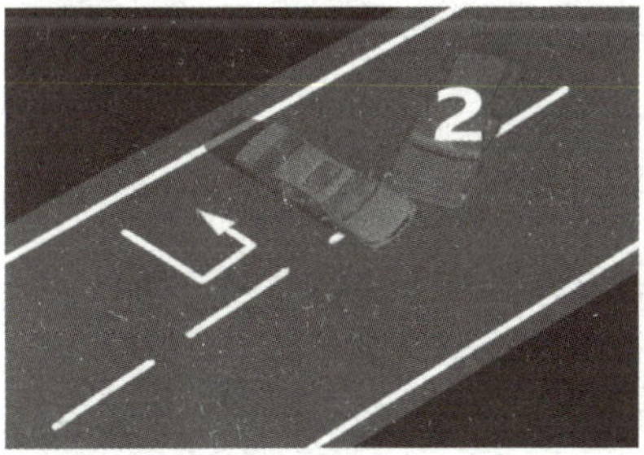

图解：超越前方正在掉头车的，图中所示为 2 车负全责

图解：超越前方正在超车的车的，图中所示为 2 车负全责

图 4-17

图解：与对面来车有会车可能时超车的，图中所示为 2 车负全责

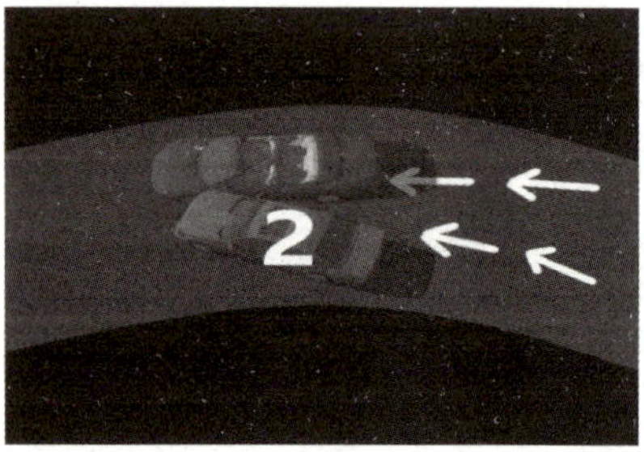

图解：行经交叉路口、窄桥、弯道、陡坡、隧道时超车的，图中所示为 2 车负全责

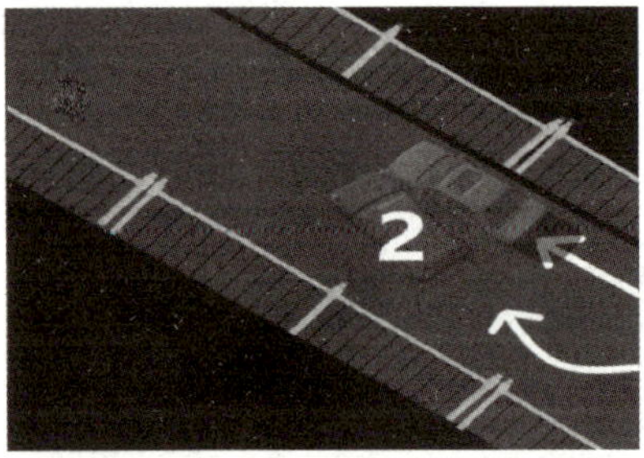

图解：行经交叉路口、窄桥、弯道、陡坡、隧道时超车的，图中所示为 2 车负全责

图解：在没有中心线或者同一方向只有一条机动车道的道路上，从前车右侧超越的，图中所示为 2 车负全责

图解：在没有禁止掉头标志、标线的地方掉头时，未让正常行驶车先行的，图中所示为 2 车负全责

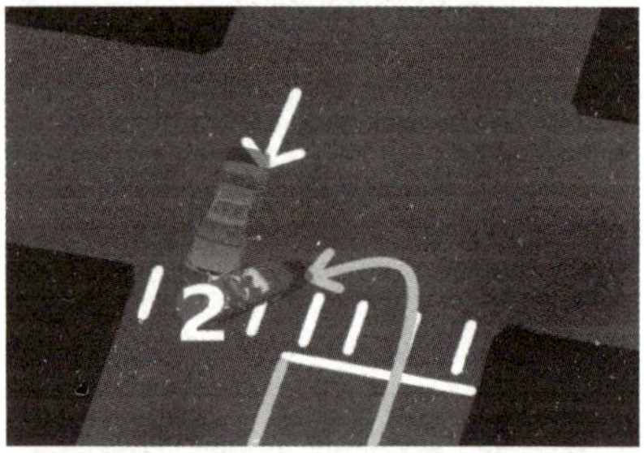

图解：在有禁止掉头标志、标线的地方以及在人行横道、桥梁、陡坡、隧道掉头的，图中所示为 2 车负全责

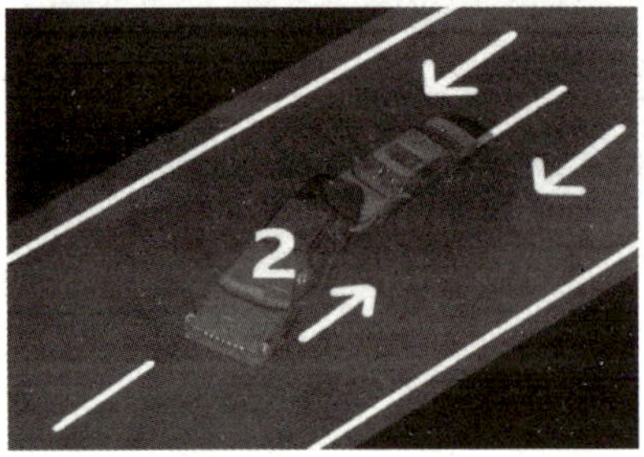

图解：倒车的，图中所示为 2 车负全责

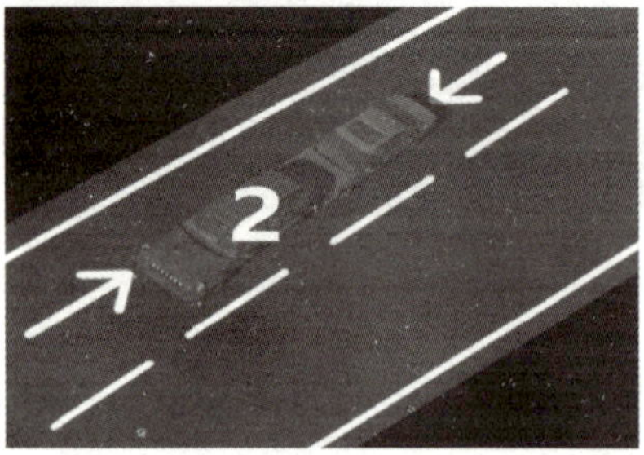

图解：溜车的，图中所示为 2 车负全责

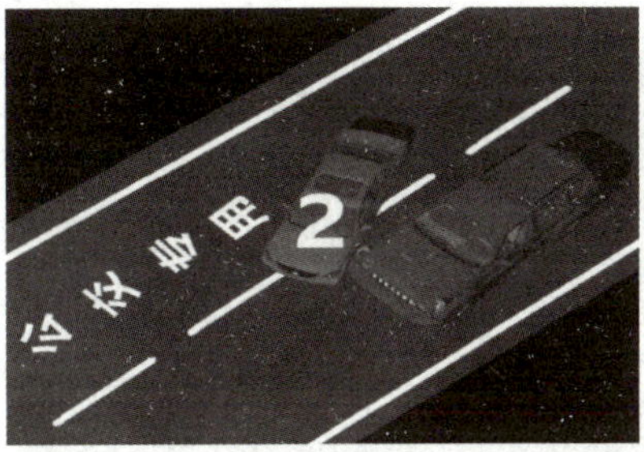

图解：违反规定在专用车道内行驶的，图中所示为 2 车负全责

图解：未按照交通警察指挥通行的，图中所示为 2 车负全责

图解：驶入禁行线的，图中所示为 2 车负全责

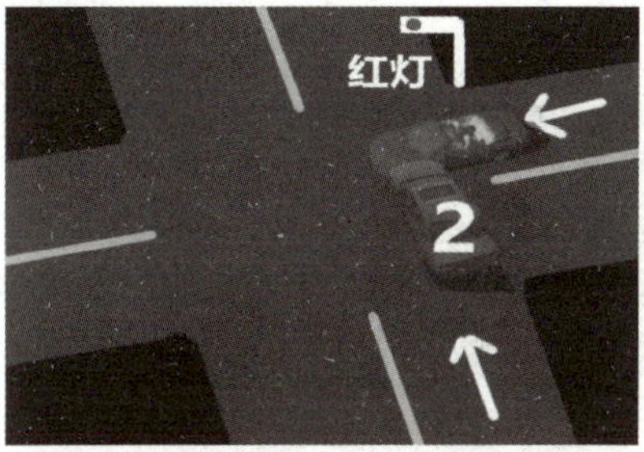

图解：红灯亮时，继续通行的，图中所示为 2 车负全责

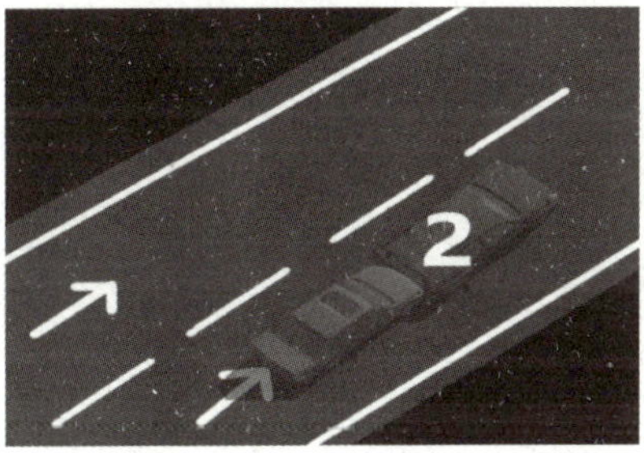

图解：在机动车道上违法停车的，图中所示为 2 车负全责

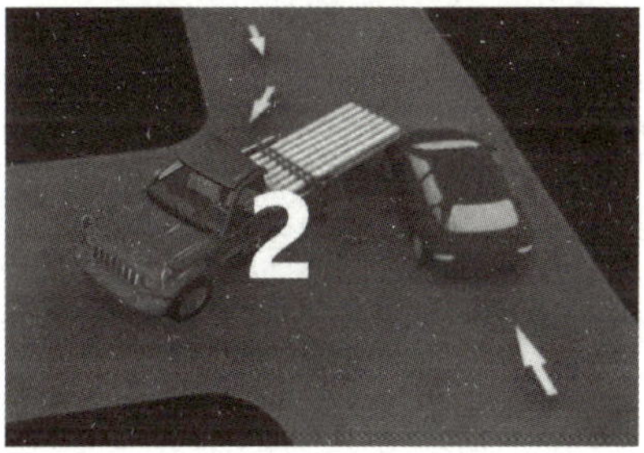

图解：违反装载规定，致使货物超长、超宽、超高部分造成交通事故的，图中所示为 2 车负全责

图解：违反装载规定，致使货物超长、超宽、超高部分造成交通事故的，图中所示为 2 车负全责

图解：装载的货物在遗撒、飘散的过程中导致交通事故的，图中所示为 2 车负全责

图 4-17

图解：违反导向标识指示行驶的，图中所示为2车负全责

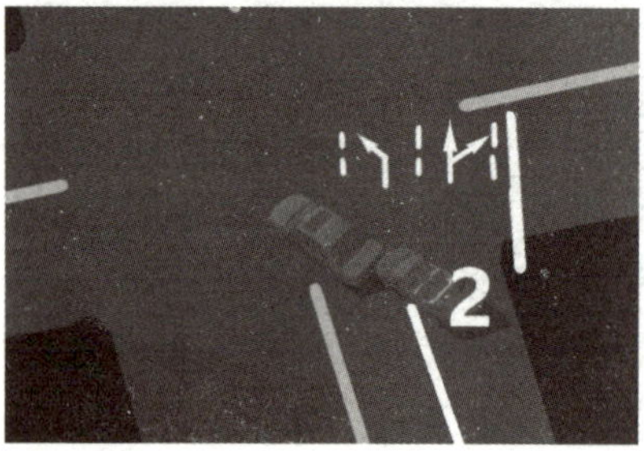

图解：未按导向车道指示方向行驶的，图中所示为2车负全责

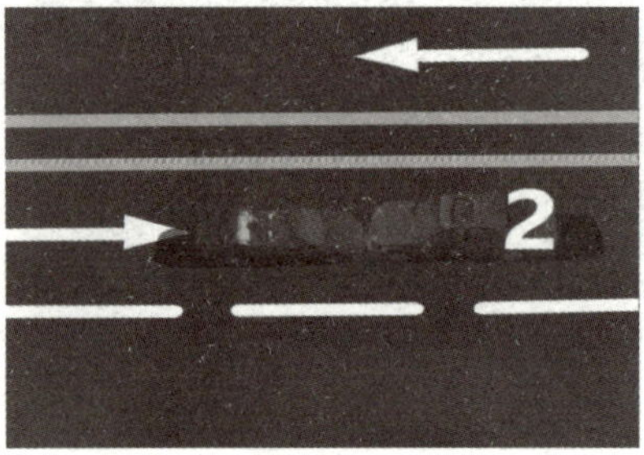

图解：未按导向车道指示方向行驶的，图中所示为2车负全责

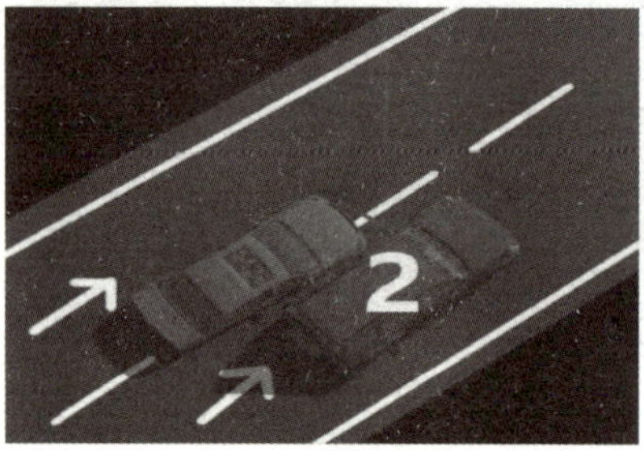

图解：开关车门造成交通事故的，图中所示为2车负全责

图4-17　38种交通事故责任认定图解

第 5 章

汽车碰撞估损快速学

5.1 车辆损失确定

确定车辆损失应遵循修复原则和会同验损原则，即确定车辆损失时应会同被保险人和修理厂进行车辆损失的确定工作。对于涉及第三者责任的，必要时还应有第三者或者其保险人参与损失确定工作。在确定车辆的损失之前，对于损失情况严重和复杂的，在可能的条件下，应对受损车辆进行必要的解体，以保证检验工作能够全面反映损失情况。车辆的损失是由其修复的费用具体体现的。对不经过保险人定损而被保险人自行修理的车辆，保险人在重新核定修理费用时，被保险人应当如实向保险人提供车损情况、修理情况、证明材料等，如不属实，保险人可部分或全部拒赔。

5.1.1 车型识别

（1）铭牌识别

车辆铭牌是标明车辆基本特征的标牌。其主要内容包括车型型号、发动机排量、发动机功率、车辆识别代号、总质量、载质量或载客人数、出厂编号、制造年月、制造国等。车辆必须装置产品铭牌，其位置一般置于车辆前部易于观察的地方，客车铭牌常置于车内前乘客门的上方。

图 5-1　车辆铭牌

L—中国；SGM—上汽通用；B—2011 年；7—轿车；16—排量 1.6L

（2）车辆识别代号

车辆识别代号（Vehicle Identification Number，VIN）是为识别车辆而指定的由字码组成的代号（图 5-2），这个代号是由制造厂按照一定的规则，依据本厂的实际情况而确定的。

设计车辆识别代号的基本目的是识别每辆车，并利用它的这个特性，应用在各个方面的统计和计算机检索中，因而它与汽车产品型号有着不同的基本目的和用途。它具有对车辆的唯一识别性，因此又有人将其称为“汽车身份证”。车辆识别代号中含有车辆的制造厂家、生产年代、车型、车身型式、发动机及其他装备的信息。车辆识别代号不会取代车型号，也不能取代车型号。

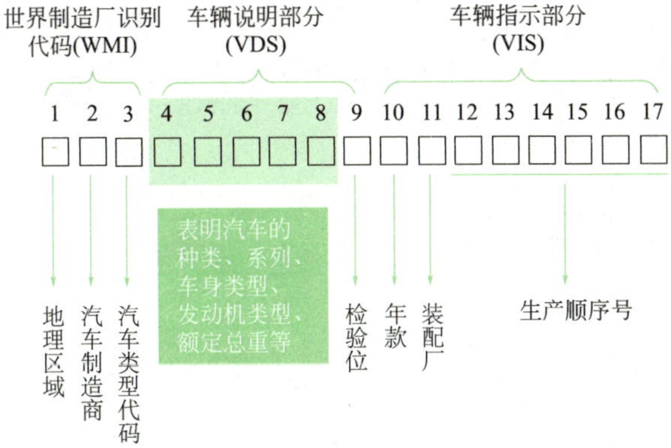

图 5-2 车辆识别代号

① 年份。车辆识别代号年份代码如表 5-1 所示。

表 5-1 车辆识别代号年份代码

年份	代码	年份	代码	年份	代码	年份	代码
1991	M	2001	1	2011	B	2021	M
1992	N	2002	2	2012	C	2022	N
1993	P	2003	3	2013	D	2023	P
1994	R	2004	4	2014	E	2024	R
1995	S	2005	5	2015	F	2025	S
1996	T	2006	6	2016	G	2026	T
1997	V	2007	7	2017	H	2027	V
1998	W	2008	8	2018	J	2028	W
1999	X	2009	9	2019	K	2029	X
2000	Y	2010	A	2020	L	2030	Y

② 整车型号。SG 代表上汽通用；SGM 代表上汽通用别克品牌；TV 代表一汽丰田；GTM 代表广汽丰田；FV 代表一汽大众；SVW 代表上海大众；HG 代表北京现代。

车辆型号代码见表 5-2。

表 5-2 车辆型号代码

1——载货汽车	2——越野汽车	3——自卸汽车	4——牵引汽车
5——专用汽车	6——客车	7——轿车	8——半挂车

越野车、特种车、专用车、牵引车都是按汽车总质量分类的，如 1092，表示汽车总质量为 9t；客车是按长度分类的，如 6360 表示 3.6m 长；轿车是按排量分类的，如 7180 表示排量为 1.8L。

5.1.2 车辆结构

（1）车辆组成

车辆的简易组成如图 5-3 所示。

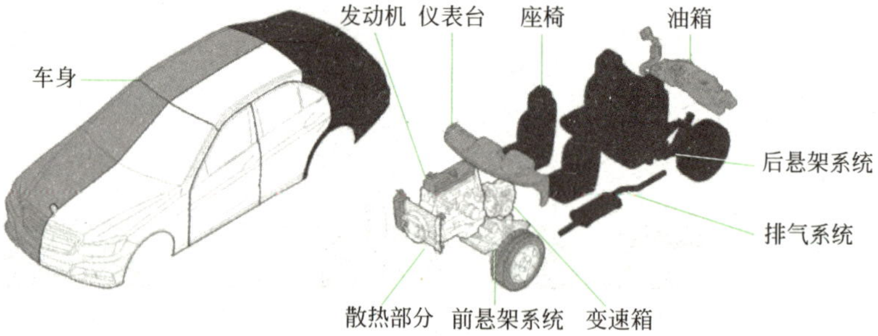

图 5-3 车辆的简易组成

汽车一般由车身、底盘、电气设备和发动机四个基本部分组成。

车身主要分为承载式和非承载式。

发动机由两大机构和五大系统组成，包含曲轴连杆机构、配气机构，以及燃油供应系统、润滑系统、冷却系统、点火系统、启动系统。

底盘包括传动系统、行驶系统、转向系统、制动系统。

（2）车身分类

① 非承载式车身：底盘车架与车身分离（图 5-4）。

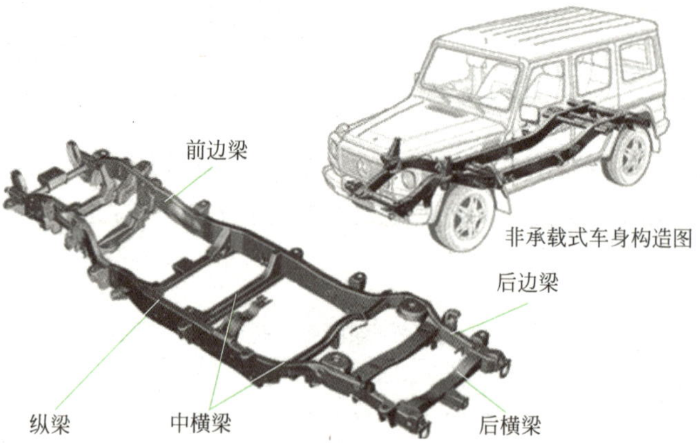

图 5-4 非承载式车身

优点：过滤来自底盘的振动，车架刚性强，有效保护车厢，车厢内噪声低。

缺点：比较笨重，质量大，汽车重心高，高速行驶时稳定性较差。

主要应用于货车、大客车、越野车等。

② 承载式车身：车身和底盘车架共同组成了车身本体的刚性空间结构（图 5-5）。

图 5-5　承载式车身

优点：质量小，重心低，装配简单，高速行驶稳定性较好。

缺点：道路负载会通过悬架装置直接传给车身本体，因此噪声和振动较大。

主要应用于轿车、城市 SUV 等。

5.1.3　汽车分部结构图

（1）车身前部结构

车身前部简易结构如图 5-6 所示。

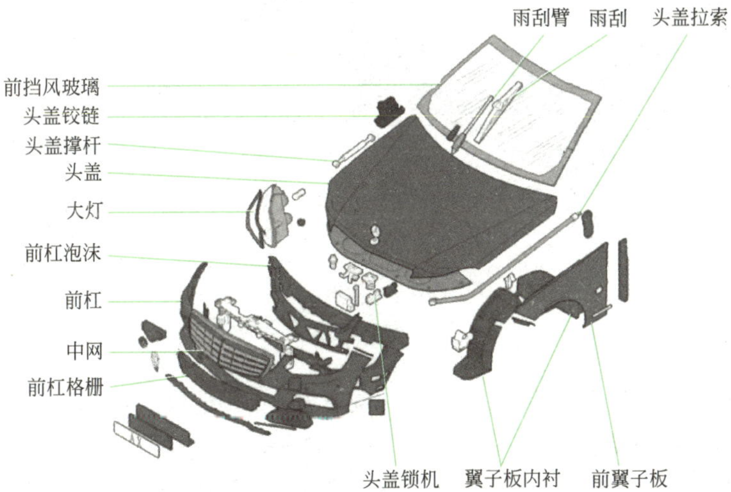

图 5-6　车身前部简易结构

① 前部结构主要配件：前杠，头盖，大灯，前翼子板，前挡风玻璃。

② 零部件定损要求。

大灯：灯脚，检签，配件，核实高低配置，拆装痕迹，灰尘，旧痕，破损位置是否合理（扩损），灯面刮损是否属于可以修复范围，灯脚是否单独更换过，拆解前对受损位置进行拍照。

前挡风玻璃：扩损，玻璃检签（时间，国产或进口，正副厂），雨量传感器是否需要更换，玻璃胶用量 1 支还是 2 支。

前杠：破裂长度，是否受力位置，转弯位置，破裂口平整度（是否人为），拆解前对破损位置进行拍照。

头盖、前翼子板：铁或铝，变形面积，皱褶变形程度，多层结构，内骨弯折，需要对位位置。

线束：价值高的，基本上都按修复处理。

一次性辅料：核实卡扣，电眼座可否重复使用，是否有撞飞。

（2）车辆前内部结构

车辆前内部简易结构如图 5-7 所示。

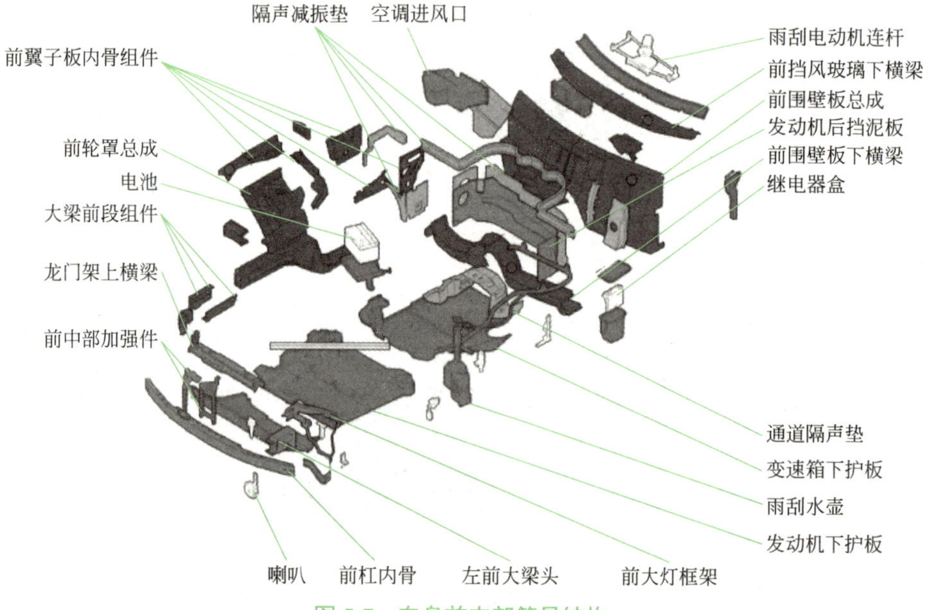

图 5-7　车身前内部简易结构

① 前内部结构的主要配件：龙门架，前轮罩，前围壁板，下护板，前大梁。

② 零部件定损要求。

龙门架：铁、塑料或铝，需校正对位位置，部分车型可分段更换，部分车型需拆装水箱冷凝器。

结构件（大梁，轮罩，前围壁板）：尽量修复，拆装工时长，拆装辅件多，切割焊接影响车辆整体刚性。

大梁：铁或铝，弯折程度，破裂长度，折叠程度。

电池：70%，损耗件。

（3）车辆后部结构

车辆后部结构如图 5-8 所示。

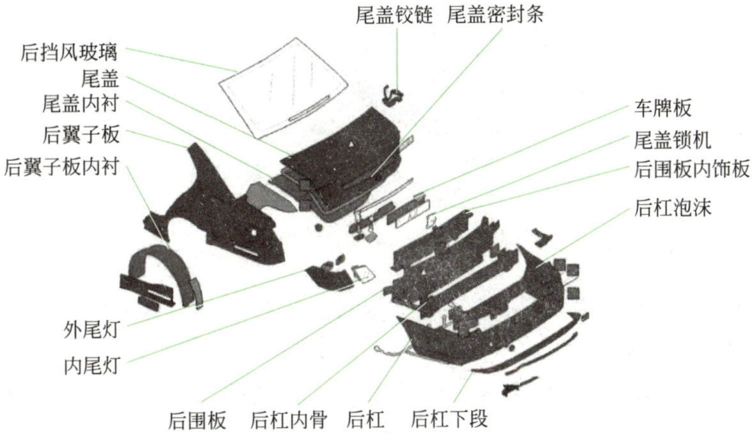

图 5-8　车辆后部结构

① 后部结构的主要配件：后杠，尾盖，后翼子板，后挡风玻璃，后围板，尾灯，左后翼子板内骨，后大梁，后备胎坑，后窗台板，车身后地板结构件，后备厢内饰件。

② 零部件定损要求。

左后翼子板：变形幅度，变形面积，挤压间隙，皱褶程度，破裂长度。结构件切割会影响车辆整体刚性，尽量修复处理后翼子板、后围板等。更换后翼子板需补充切割照片，相关连接项目需拆装，后杠，后挡风玻璃，后排座椅，加油管（油箱），后备厢内饰，后三角玻璃等。

后围板、备胎槽：变形面积，变形幅度，皱褶程度，切割及修复难度对比。辅料：钣金胶，玻璃胶。

后杠：磨砂件或普通件，磨砂件可以外修修复。

尾盖：多层结构，弧线位置变形，变形幅度，内骨弯折，整体弯折，变形面积均需考虑。

后内部结构的结构件：一般按修复处理。

后备厢内饰件：需在挤压状态下拍照，根据破损情况，再决定是否需要进一步拆其他部件。

（4）车身侧面外部结构

车身侧面外部结构如图 5-9 所示。

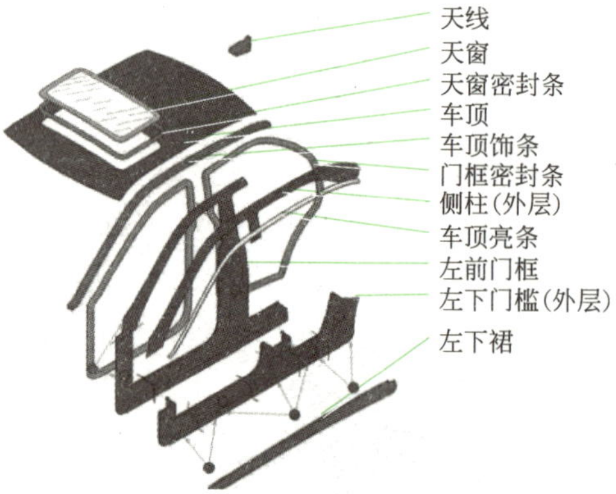

图 5-9　车身侧面外部结构

① 侧车身外结构的主要配件：下裙，侧围，车顶，天窗。

② 零部件定损要求。

结构件：切割更换侧围，车顶，需拆连接项目较多，一般建议修复。有的侧围订货是总成件，但可以根据以最少切割面积更换。

侧围：根据结构图所示，按实际需要对部件或配件订件。

（5）车身侧面内部结构

车身侧面内部结构如图 5-10 所示。

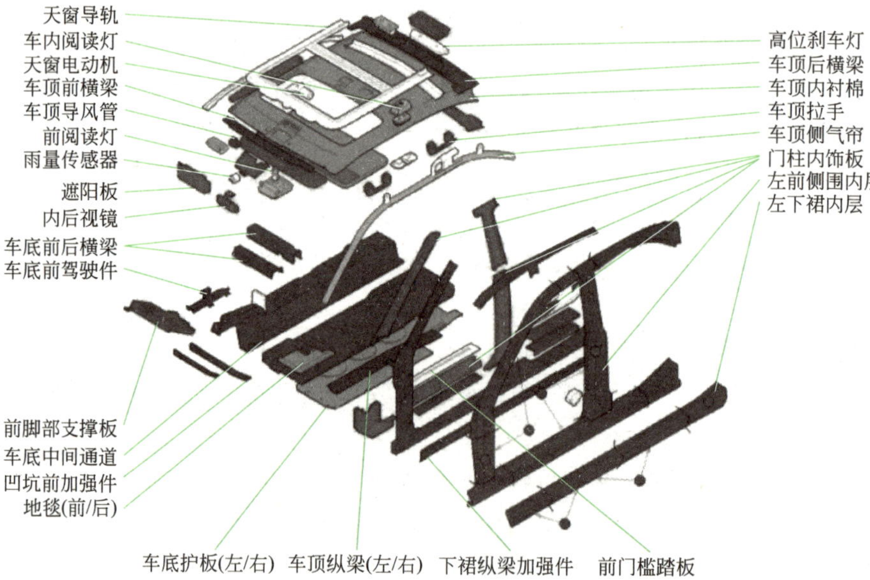

图 5-10　车身侧面内部结构

① 侧车身内部结构的主要配件：侧围内层，天窗框架，车顶内衬，地板，车内饰件，车顶侧气帘。

② 零部件定损要求。

侧围内层：内部结构件，不影响外观，切割会影响车身整体刚性，一般修复处理。

地板修复需拆装地毯及座椅等附件。

天窗框架：变形一般按更换处理，车顶变形可能造成天窗框架变形，拆解前，需拍照相对位置。

侧气帘：气帘弹出，可能造成车顶棚及顶棚支架受损。

（6）车辆前端散热器等结构

车辆前端散热器等结构如图 5-11 所示。

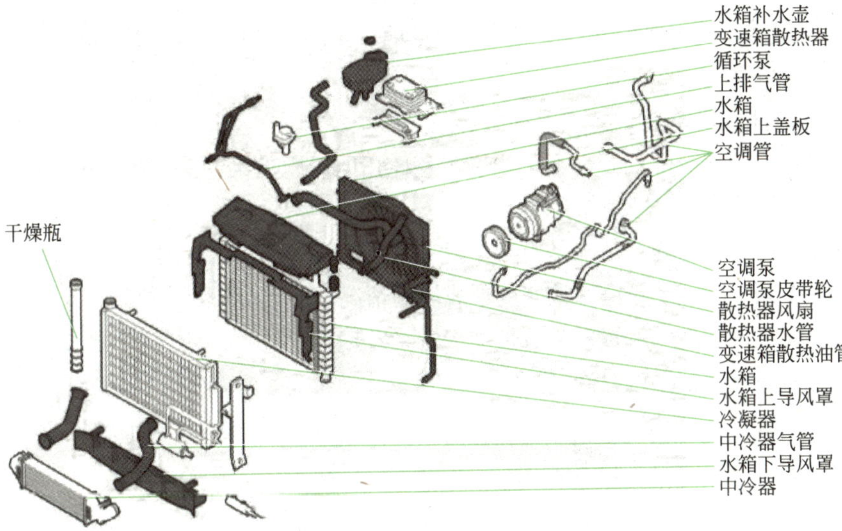

图 5-11　车辆前端散热器等结构

① 散热部分的主要部件：中冷器，冷凝器，水箱，电子扇，变速箱散热器，压缩机。

② 零部件修换要求。

水箱冷凝器：按需拍照挤压位置和安装脚位置，贴标签后再拆解，多条管穿裂可修，多条管破损或多条管“折曲”可更换。水箱冷凝器修复，需考虑密封性能及导通性能。

电子扇：拆解前需拍照碰撞部件与水箱、三元催化器、压缩机的挤压情况。

压缩机：一般情况下，皮带轮单独更换，或可以外修。

（7）车门结构

车门结构如图 5-12 所示。

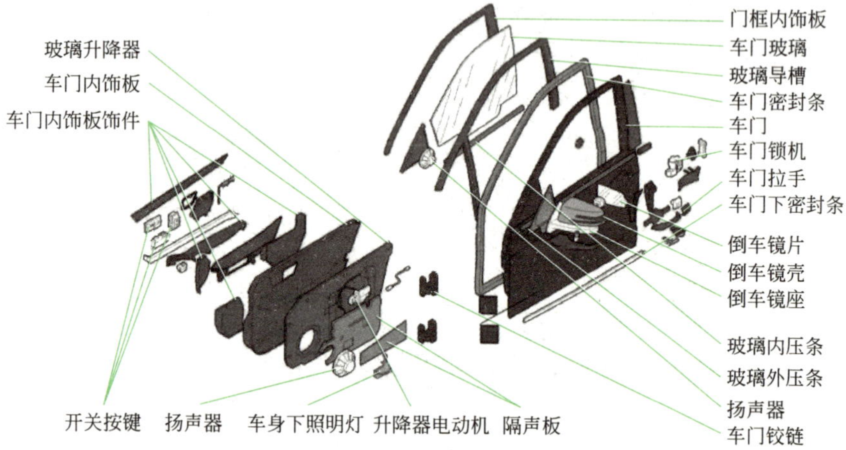

图 5-12　车门结构

① 车门结构的主要配件：车门，车门玻璃，车门内饰板，玻璃升降器，喇叭，拉手，车门控制模块。

② 零部件定损要求。

车门：需拍照变形面积、变形幅度、整体扭曲、内横梁弯曲、边缘折叠情况。核实车门密封条是粘贴式还是扣紧式。

升降器：需核实变形情况是否与车门一致，最好先拍照再拆解。

拉手支架、门锁、铰链：核实变形或破损情况。

倒车镜：核实高低配置，是否带漆。

车门内饰板：刮损可以修复。

（8）车辆座椅结构

车辆座椅结构如图 5-13 所示。

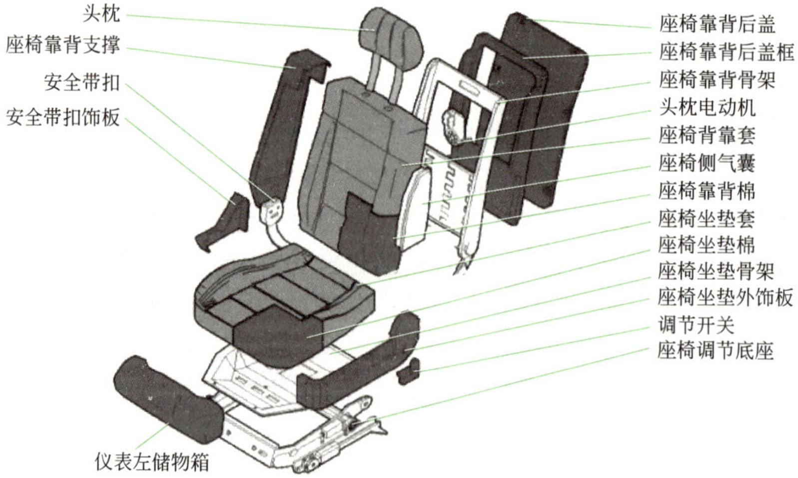

图 5-13　车辆座椅结构

① 座椅结构的主要配件：头枕，靠背，坐垫，座椅骨架，座椅电动机，座椅控制单元，座椅气囊，安全带。

② 零部件修换要求。

头枕：弹出，宝马车型可以单独更换弹出装置，奔驰车型可以校正修复。

座椅皮：座椅气囊弹出造成座椅皮缝线拉裂，靠背棉破裂。座椅皮可以重新缝合，靠背棉若不影响使用及外观可以考虑不更换。

安全带：锁紧，分拉紧及不拉紧两种情况。读码确认，分析冻结桢；观察安全带是否有曾经拉紧痕迹。

座椅控制模块：不防水，水浸车需马上拆解清洗（车内控制模块都不防水）。

座椅骨架：变形，需确认整体变形情况和具体变形位置。轻微变形可以校正。

（9）车辆仪表台结构

车辆仪表台结构如图 5-14 所示。

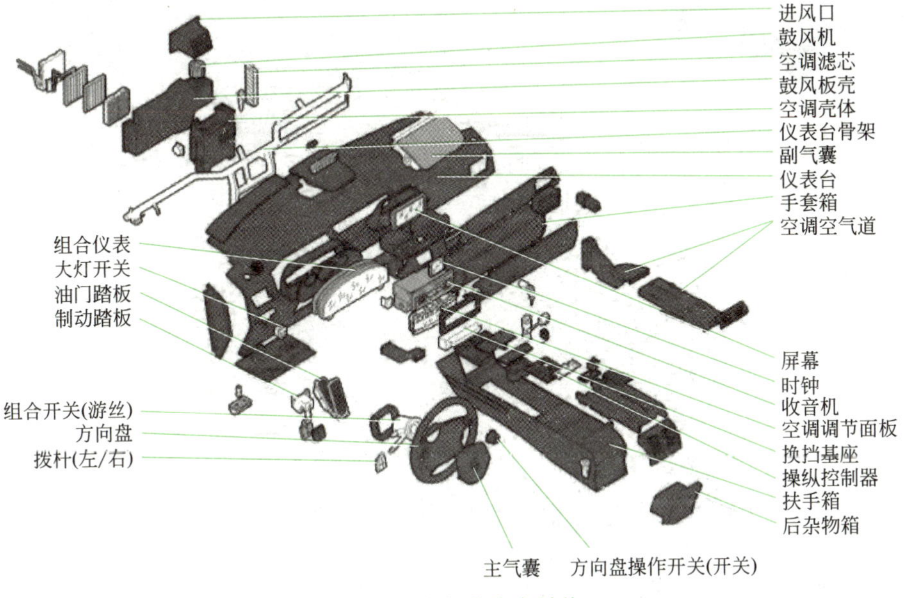

图 5-14　车辆仪表台结构

① 仪表台结构的主要配件：蒸发器，鼓风机，主副气囊，组合仪表，方向盘，组合开关，DVD，收音机，空调调节面板，扶手箱，踏板。

② 零部件修换要求。

仪表台：一般侧气囊弹出，需更换；部分副气囊弹出，无需更换仪表台。有单独饰板。

组合开关（游丝）：不能转动超过两圈，与方向盘转动角度一致。

气囊：若弹出需注意拍照血迹，褶皱程度，新旧程度。

组合仪表：需拍照里程及显示故障。

电脑读码：时间，里程，冻结桢。

电器元件、电子模块：读取故障码，分析碰撞导致损坏的可能性。

（10）车辆前悬架结构

车辆前悬架结构如图 5-15 所示。

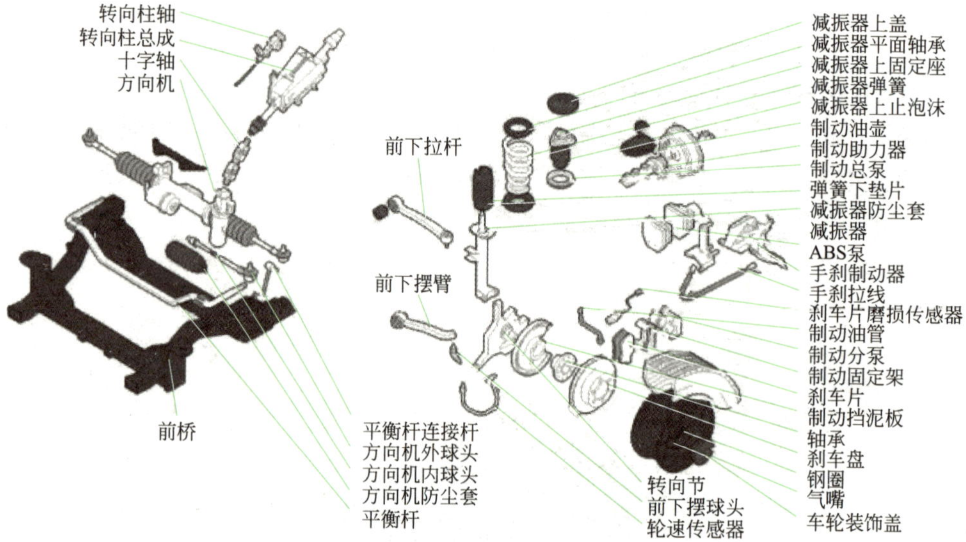

图 5-15　车辆前悬架结构

① 前悬架结构的主要配件：前桥，前减振器，前转向节，下摆臂，轴头，钢圈，轮胎，弹簧，刹车分泵，方向机，ABS 泵。

② 零部件修换要求。

悬架：需拍照车轮位置、悬架相对位置、悬架变形、贴标签、拆件测量对比。

四轮定位：对比四轮定位数据是否与车轮位置一致，调节偏心螺栓，调整数据。一般前束角与外倾角可调。

方向机：核实结构（普通液压，电子液压，电动助力），水浸损坏（是否为质量问题，是否可以向厂家索赔），碰撞损坏（变形破损损坏，内部机械损坏，内部电子损坏）。读取故障码，冻结桢，分析故障原因，排除线路、软件及偶发等因素。取用外修等手段。

轮胎：需拍照尺寸和品牌。

钢圈：需核实外观（喷漆、拉丝或电镀），采用外修，使用动平衡等工具。

测量：在对件时应尽量排除毛边，使用工具测量误差，尽量以测量安装点为标准。对比拍照变形情况，数据应当与受力方向一致。

固定胶套：转向节包含轴承，摆臂胶可单独更换。

轴承：异响确认，试车或采用听诊器，应尽量排除干扰因素（发动机噪声，轮胎噪声，其他机械连接异响，正常磨损异响）。

（11）车辆后悬架结构

车辆后悬架结构如图 5-16 所示。

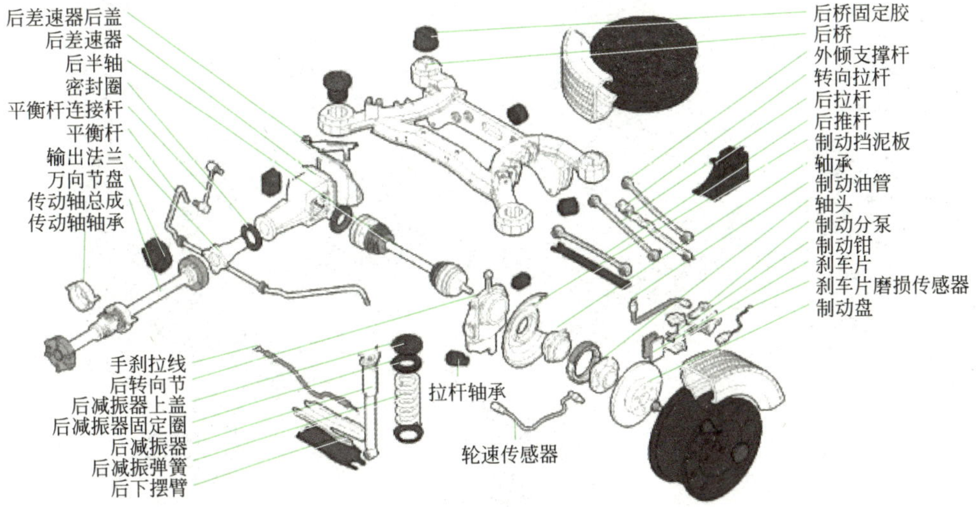

图 5-16　车辆后悬架结构

① 后悬架结构的主要配件：后桥，后摆臂（外倾撑杆，下摆，横拉杆，后控制杆），转向节，轴头，减振器，后差速器，ABS 线束，传动轴。

② 零部件定损要求。

差速器：后半轴半脱可能造成差速器螺纹损坏。

偏心螺栓：安装在后桥上，用于调整四轮定位数据。一般调整外倾角及前束角。

（12）车辆发动机结构

车辆发动机结构如图 5-17 所示。

① 发动机结构的主要配件：气门室盖，气门，凸轮轴，气缸盖，中缸，连杆，活塞，油底壳，飞轮。

② 零部件定损要求。

水浸：观察空气滤清器有没有水，拆下火花塞观察缸内有没有水，转动曲轴，打开缸盖，吊装发动机，解体发动机清洗，判断连杆、连杆瓦、活塞、缸壁、气门、凸轮轴承的受损情况。

碰撞：判断碰撞位置，推断受损位置可能造成的关联受损项目。按程序由简单到复杂排除受损因素。

皮带轮：有轻微异响是正常磨损。

轴瓦：轻微磨损是正常情况，对比是否磨损均匀，是否有特别光亮的新痕。

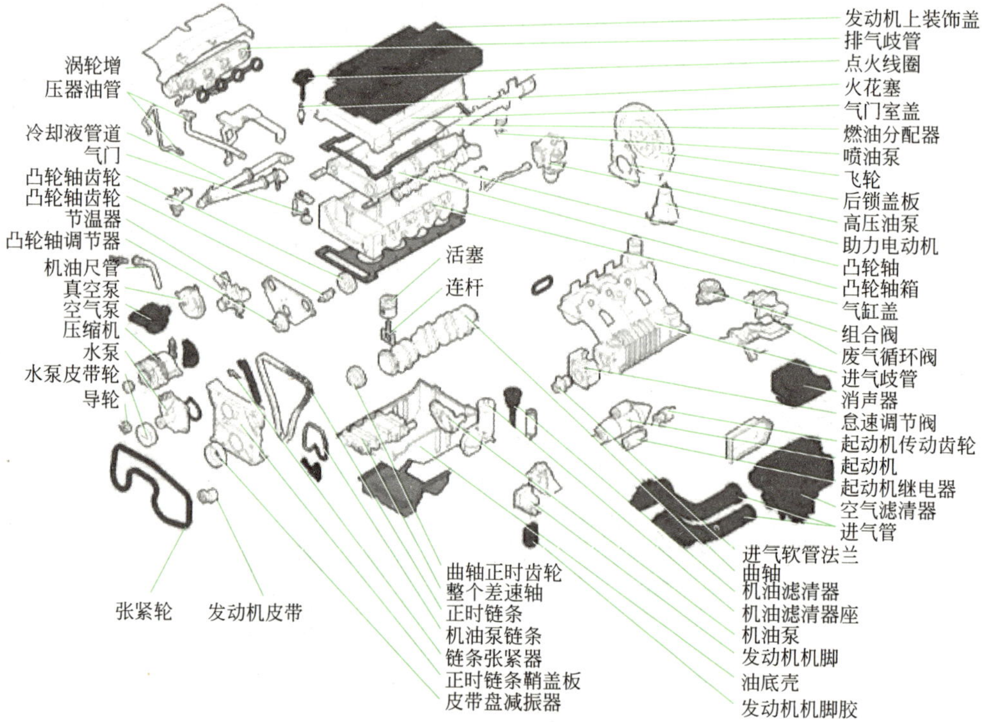

图 5-17 车辆发动机结构

（13）车辆排气系统结构

车辆排气系统结构如图 5-18 所示。

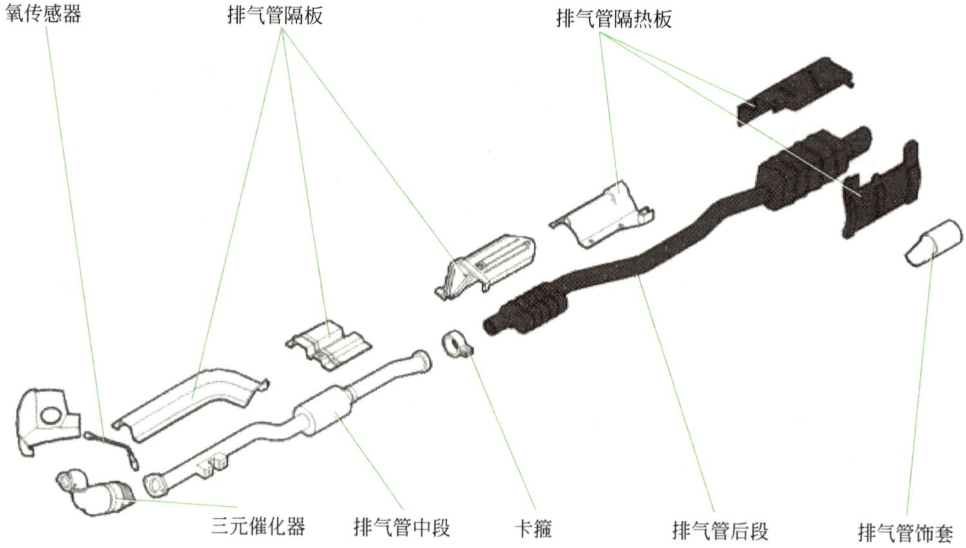

图 5-18 车辆排气系统结构

① 排气系统结构的主要配件：排气歧管，三元催化器，排气管中段，排气管尾段。

② 零部件定损要求。

三元催化器：与电子扇挤压，可以通过内窥镜观察内部是否损坏，需对碰撞挤压位置进行拍照。

底部刮擦，若没有变形，不影响外观，无需更换。

排气管中段 / 尾段：追尾导致轻微变形可以校正修复。

（14）车辆油箱结构

车辆油箱结构如图 5-19 所示。

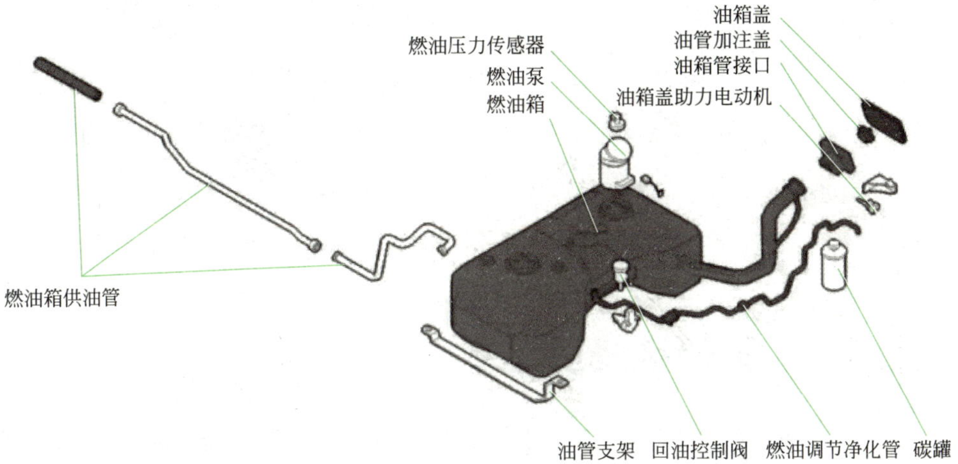

图 5-19　车辆油箱结构

① 油箱结构的主要配件：油箱，油泵，油箱盖，油管，炭罐。

② 零部件定损要求。

油箱：底部刮损不影使用，则无需更换；若穿裂，按更换处理。

（15）车辆气囊安全组件结构

车辆气囊安全组件结构如图 5-20 所示。

① 安全气囊组件结构的主要配件：主气囊，副气囊，侧气帘，膝部气囊，安全带，碰撞传感器，气囊电脑，断电器。

② 零部件定损要求。

气囊、安全带、断电器：触发后需更换。

部分碰撞传感器、部分气囊电脑及部分机构式安全带、机械头枕可以重复使用。

仪表里程，气囊上的血迹，安全带锁紧情况，电脑读取冻结桢。

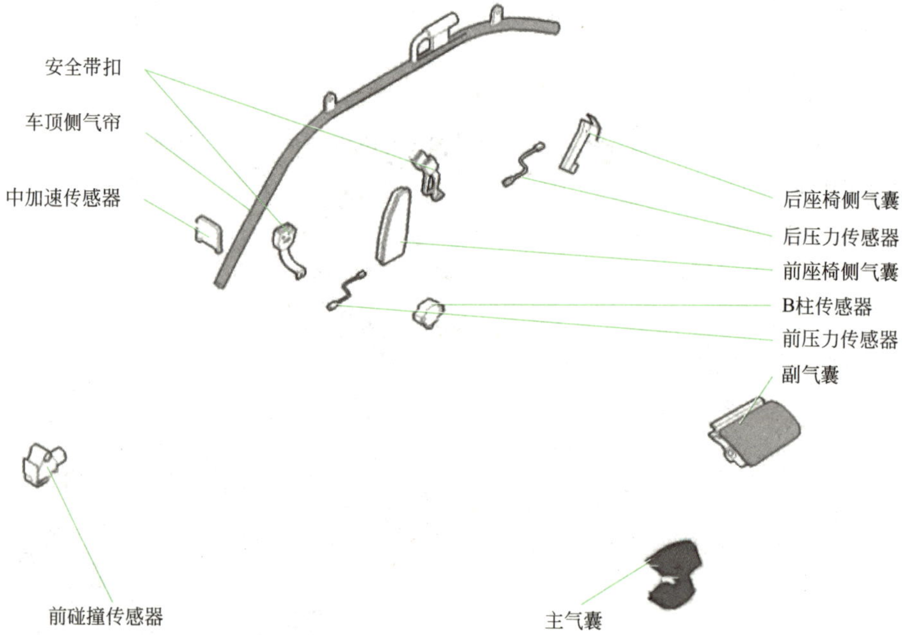

图 5-20　车辆气囊安全组件结构

5.1.4　车辆维修及成本

在机动车辆保险的经营成本中，事故车辆的维修费用是一个重要部分；同时，维修质量在一定程度上体现了机动车辆保险产品的服务质量。

(1) 汽车维修业的基本情况

汽车维修行业的管理隶属交通部公路司车辆管理处，为了进一步加强对机动车辆维修行业的管理，近几年来国家颁布了一系列法律法规，其中主要有《汽车维修行业管理暂行办法》《汽车维修质量管理办法》等。在维修企业的市场准入和等级管理方面制定了《汽车维修开业条件》国家标准，在规范维修行为的管理方面颁布了《汽车维修合同实施细则》《汽车维修工时定额和收费标准》《汽车维修技术标准和质量检验标准》《汽车维修质量纠纷调解办法》等。这些法律、法规为规范汽车维修行业的经营行为和维护市场良好的秩序起到了积极的推动作用，同时也为规范修理行为和解决纠纷提供了依据。对保险公司管理保险事故车辆修理，特别是在选择修理厂方面提供了规范和专业的标准和依据。如 1997 年的《汽车维修业开业条件》国家包括标准就对各类汽车维修企业开业的条件做了明确规定，包括设备条件、设施条件、人员条件、流动资金条件和质量管理条件等。

在事故车辆修理的管理中应注意两个方面的问题。一是了解汽车维修市场的情况，主要是了解维修企业的资质、维修质量、服务水准和价格水平等，建立对维修厂的考核和推荐制度。同时，及时了解和掌握修理费用的市场价格变化，尤其是零配件价格，降低成本。二是建立一整套对事故车辆维修方案的确定制度，包括对合格修理厂的条件限制、修理费的确定，同时，通过建立修理厂的修理质量保证制度，促进汽车维修行业的质量管理。

（2）修理厂的选择和管理

修理厂的选择，在机动车辆保险发展中经历了两个阶段。第一个阶段是保险业务相对垄断的阶段，保险公司纷纷采用由自办、联办修理厂承接事故车辆的修理或者强制指定修理厂进行修理。这种方式中的问题弊病和不公平是显而易见的，同时，也给保险公司的形象、保险业的发展带来较大的负面影响。第二个阶段是保险业市场竞争加剧以后，理赔逐渐成为市场竞争的一个焦点。强制和指定修理厂的方式很快波淘汰，有的采用保险人和被保险人双方协商的方式，有的采用招标的方式确定修理厂。招标方式与指定和强制的方式相比具有明显的进步意义，但是，由于机动车辆保险的出险概率较高，如果每一笔业务都采用招标的方式，在实际运作中无论是时间周期还是人力投入都存在问题。而且，由于维修市场的招标和投标方式尚不规范，许多具有一定水平的企业在价格上往往不具优势，在投标的过程中难以中标。而中标的小企业在投标时所报的价格可能偏低，无法按照质量标准完成修复工作，只能采用偷工减料的方式。

目前，较为成熟的经验是由保险公司通过规定的程序对修理厂进行全面的评估，选择具有一定设备条件、技术力量和管理水平的维修企业作为保险事故车辆的推荐企业。然后，与这些维修企业建立松散的合作关系，一方面要求其对保险事故车辆应予以一定的价格优惠外，主要应保证工期和质量，并对承修的车辆实行保修制度；另一方面建立这些维修企业的质量和信誉档案，对于修理的事故车辆的修理情况予以跟踪和记录，定期对这些修理厂进行评价，并将其作为今后是否继续推荐的依据。实践证明这种方式能够较好地兼顾各方面的利益，具有积极的意义。

（3）维修成本的基本结构

目前，我国汽车维修行业的价格属于管制价格。由于我国各地的物价指数差异较大，采用的是由各省交通厅和物价委员会根据当地市场和物价指数情况，联合制定并颁布《机动车辆维修行业工时定额和收费标准》，作为机动车辆维修行业的定价依据。通常，每两年更新一次价格标准。

事故车辆的维修价格主要由三部分构成：工时费、材料费和其他费用。

① 工时费。

$$工时费 = 定额工时 \times 工时单价$$

其中，定额工时是指实际维修作业项目核定的结算工时数。工时单价是指在生产过程中，单位小时的收费标准。

② 材料费。

材料费 = 外购配件费（配件、漆料、油料等）+ 自制配件费 + 辅助材料费

其中，外购配件费按实际购进的价格结算。漆料、油料费按实际消耗量计算，其价格按实际进价结算。自制配件费按实际制造成本结算。辅助材料费是指在维修过程中使用的辅助材料的费用，但是，在计价标准中已经包含的辅助材料不得再次收取。

③ 其他费用。

其他费用 = 外加工费 + 材料管理费

其中，外加工费是指在汽车维修过程中，实际发生在厂外加工的费用。但是，凡是维修项目范围内的外加工费，都不得另行收取。材料管理费是指在材料的采购过程中发生的采购装卸、运输、保管、损耗等费用，其收取标准：单件配件购进价格在1000元以下（含1000元），按实际进价的15%结算；单件配件购进价格在1000元以上，按实际进价的10%结算。

（4）零配件及报价

在保险车辆事故修理费的构成中零配件所占的比例相当大，轿车的维修中零配件所占成本的比例能够达70%以上。由于零配件的生产厂家众多，市场上不但有原厂或正规厂家生产的零配件，而且还有许多其他小厂家生产的零配件，因此，零配件市场鱼龙混杂，即使是同样零配件，其价格也不一样。另外，由于生产厂家的生产调整、市场供求变化、地域的差别等多种原因也造成零配件价格不稳定，特别是进口汽车零配件没有统一的价格标准，而且变化范围较大，使得价格差异很大。

正是由于零配件价格变化较大，有时候在保险理赔的过程中会出现保险公司的检验定损人员认为被保险人或者修理厂的零配件报价太高，但是，合理的价格却往往“有价无市”。造成这种情况的主要原因是由于保险公司掌握的零配件价格是小厂家生产的零配件价格，或是已经过时的价格。如果修理厂按照保险公司的定价为受损保险车辆进行修复，则可能发生两种情况，要么修理厂会因使用原厂或正规零配件要求被保险人自己再多添些钱以补足价格差，要么修理厂因无法按常规修复而使用非正规零配件，而这两种情况都使被保险人的利益受到了损害。由于被保险人或者修理厂故意报高价进行骗保以从中牟利，如果他们获得成功则损害了保险公司的利益。另外，有时由于市场行情变化，受损保险车辆修理时所用的零配件价格已经低于保险公司掌握的零配件价格，如果保险公司仍按自己掌握的零配件价格进行赔付则会遭受经济损失。

为此，保险公司认识到必须建立一个完整、准确、动态的报供结合的报价体系。在这方面，大的保险公司如人保、平安保险都建立了独立的报价系统；而中小公司，则采用与专业机构合作的方式。例如，人保通过在保险公司内部建立零配件报价体

系——事故车辆定损系统，一方面能够利用自身较大的业务量，形成较大的购买力继而获得一个较为优惠的供应价格；另一方面能够给予系统内的所有经营机构以支持，使得经营机构在定损的过程中能够争取主动，保证定出的零配件价格做到“有价有市”。这不但给降低赔付率和加快理赔速度带来了明显的成效，而且对于保险公司经营管理的规范化、科学化乃至廉政建设均起到了积极的作用。

另外，对于更换下来的受损零配件应由查勘检验人员回收管理，以免被少数不法分子进行简单的修复后继续使用，留下事故隐患。这样做，一则可以杜绝上述情况；二则对于一些局部受损零配件的完好部分还可以再利用。

（5）修理质量的标准与认定

在事故车辆的修复工作中出现争议较多的一类问题是因修理质量产生的。解决这类问题的方法是规范和完善对修理合同的管理。在大多数情况下，车主在委托修理厂进行车辆的修理过程中往往不习惯与修理厂签订修理合同，这是导致出现质量问题且无法妥善解决的最主要的原因。所以，应提倡在委托修理的过程中签订维修合同，特别是保险事故车辆的修理中应当要求被保险人与修理厂签订合同，应根据《汽车维修合同实施细则》中的有关规定对修理的价格、工期和质量等作出明确规定，以免日后产生争议。

（6）注意事项

① 应注意区分本次事故和非本次事故造成的损失，事故损失和正常维修的界限，尤其是检验地点不是第一现场的情况下更应当注意区分。对确定为本次事故损失的部分应坚持尽量修复的原则。如车主提出扩大修理或应修而要求更换部件时，其超过部分的费用应由被保险人自行承担，并在机动车辆保险定损确认书中明确注明。

② 应尽可能地一次性完成确定损失的工作，避免二次定损。但是，对于损失情况严重而且复杂的，可能在受损车辆解体后发现尚有属于本次事故造成的损失，应要求修理人及时通知检验人员进行二次检验，在核实后，可追加修理项目和费用，但也必须签订机动车辆保险定损确认书。

③ 受损车辆在检验人员检验之前，已经由被保险人自行送修的，根据保险条款有关规定，保险人有权重新核定修理费用或拒绝赔偿。在重新核定损失时，应对照查勘记录，逐项核对修理项目和费用，剔除其扩大修理和其他不合理的项目及费用。

④ 注意对更换零配件工作的控制和管理。

⑤ 经保险公司事先书面同意，对保险车辆损失原因进行鉴定和损失评估的费用可以负责赔偿。对于不合理的鉴定和评估，应当要求被保险人拒绝，而其相应的费用也不属于保险责任的范围。

⑥ 检验定损人员应随时掌握最新的零配件价格，了解机动车辆修理工艺和技术，以避免因不掌握最新的零配件价格和不了解机动车辆修理工艺和技术而一味压低理赔价格，造成修理厂无法按常规修复的错误或被骗保。

5.1.5 车辆损失确定案例

（1）车辆小额损失案例

2019 年 10 月 15 日 13 时 11 分，标的车奇瑞牌瑞虎 SUV（黑色）在济南历城区某小区四区行驶时与三者车吉利帝豪发生剐蹭事故，标的车负全责。标的车辆损失由车主自行修复，交强险赔付三者车车辆损失后结案。

① 标的车的保险情况如图 5-21 所示。

抄单信息

	投保险别	投保金额	保费	单价	数量
1	机动车损失保险	38589	813.6	38589	
2	机动车第三者责任保险	500000	843.29	500000	
3	车损险不计免赔	0	122.04	0	
4	三者险不计免赔	0	126.49	0	
5	强制三者险	122000	950	122000	

图 5-21　保险标的保险情况

② 事故现场（部分）如图 5-22 所示。

图 5-22　事故现场（部分）

③ 三者车的损失定损照片如图 5-23 所示。

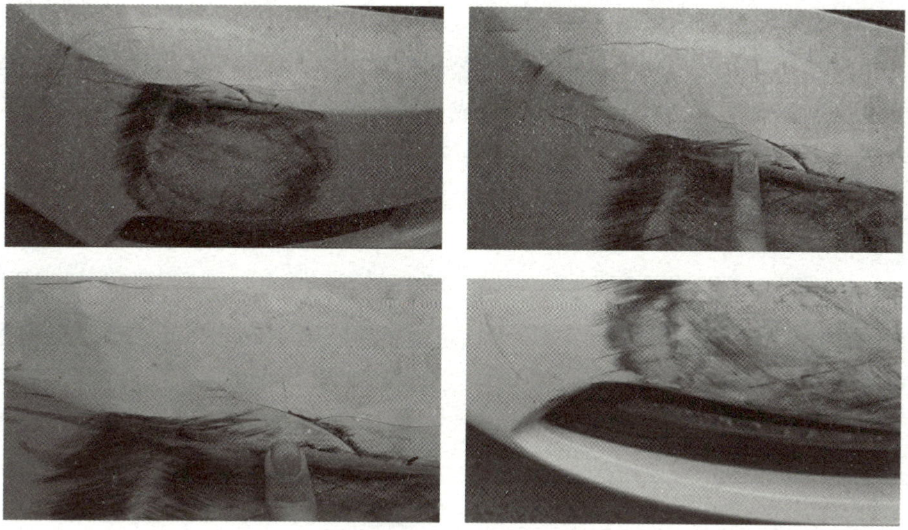

图 5-23　三者车的定损照片

④ 定损分析。该事故三者车的前保险杠发生剐蹭事故，保险杠漆面受损。针对此处受损进行定损分析，见表 5-3。

表 5-3　车辆定损表

<table>
<tr><td colspan="7">零配件更换费用</td></tr>
<tr><td>序号</td><td>零部件号</td><td>零配件名称</td><td>数量</td><td>金额</td><td>残值</td><td>附加说明</td></tr>
<tr><td colspan="7">零部件费用小计　0.00</td></tr>
<tr><td colspan="7">辅助材料费用</td></tr>
<tr><td>序号</td><td colspan="2">辅助材料名称</td><td>数量</td><td>金额</td><td colspan="2">附加说明</td></tr>
<tr><td colspan="7">小计　0.00</td></tr>
<tr><td colspan="7">维修费用</td></tr>
<tr><td>序号</td><td>工种</td><td>维修项目名称</td><td>工时费</td><td colspan="3">备注</td></tr>
<tr><td>1</td><td>喷漆</td><td>前保险杠皮</td><td>350.00 元</td><td colspan="3"></td></tr>
<tr><td colspan="7">小计　350.00 元</td></tr>
<tr><td colspan="7">外修费用</td></tr>
<tr><td>序号</td><td colspan="2">零配件名称</td><td>金额</td><td colspan="3">附加说明</td></tr>
<tr><td colspan="7">小计　0.00</td></tr>
<tr><td colspan="7">施救费用</td></tr>
<tr><td>序号</td><td colspan="2">施救费用名称</td><td colspan="3">费用类型</td><td>金额</td></tr>
<tr><td colspan="7">小计　0.00</td></tr>
</table>

（2）车辆大额损失案例

2019 年 9 月 30 日 11 时 25 分，保险公司接到报案，标的车沃尔沃轿车行驶至济南市旅游路 8888 号拐弯时不慎撞树，造成标的车车辆损失的单方交通事故，标的车负全责。

① 标的车的保险情况如图 5-24 所示。

抄单信息

险别信息(机动车综合险2014版)

N	投保险别	投保金额	保费	单价	数量
1	机动车损失保险	368765	2547.45	368765	
2	机动车第三者责任保险	1000000	769.01	1000000	
3	机动车损失保险无法找到第三方特约险	0	63.68	0	
4	车损险不计免赔	0	382.12	0	
5	三者险不计免赔	0	115.35	0	
6	强制三者险	122000	950	122000	

图 5-24　标的车的保险情况

② 变动现场的照片（部分）如图 5-25 所示。

图 5-25　变动现场的照片（部分）

③ 车辆定损外观照片如图 5-26 所示。

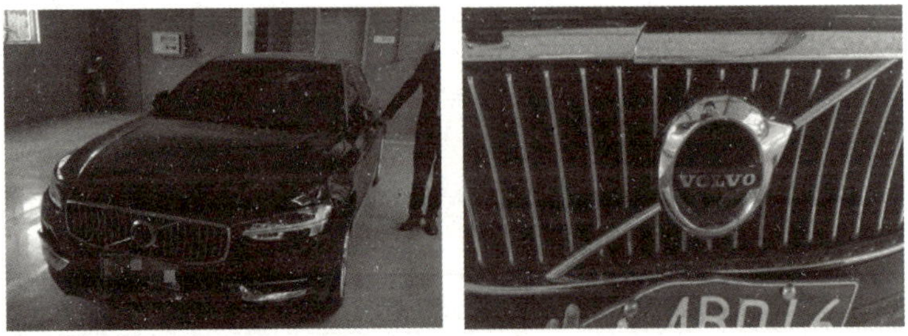

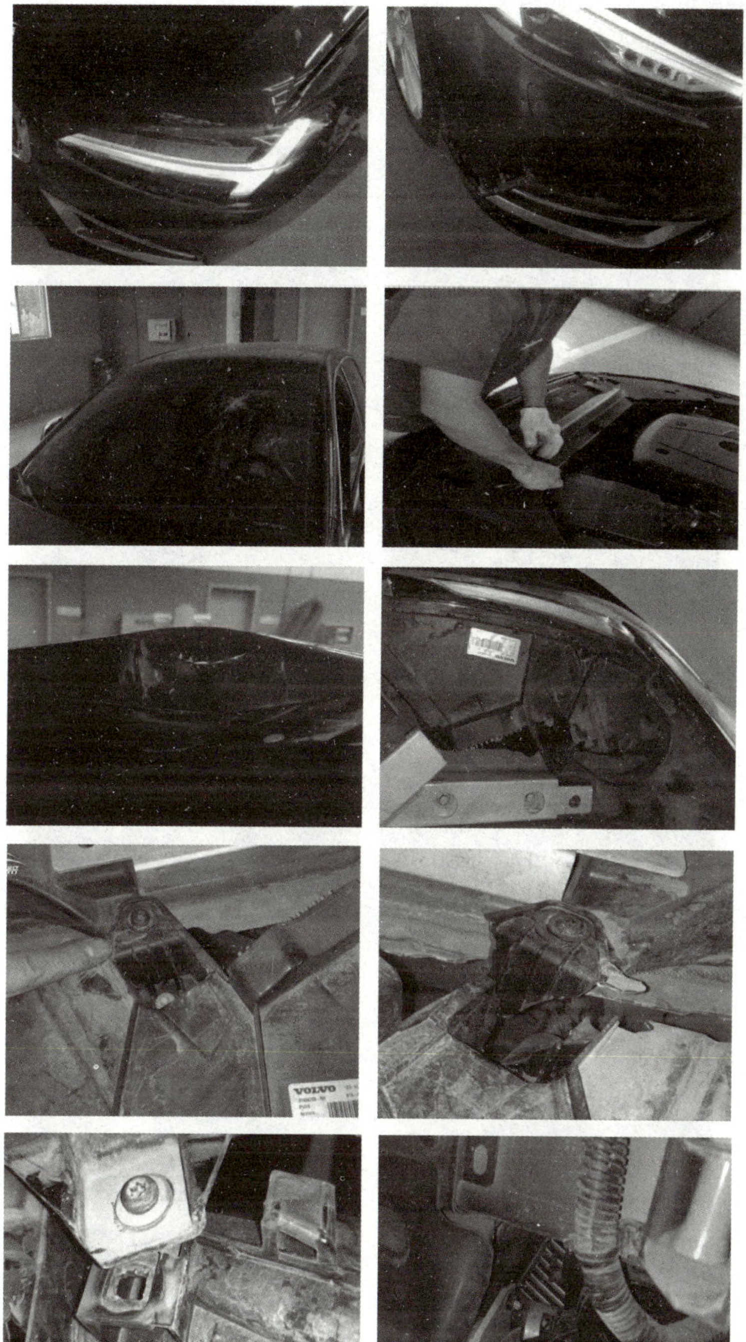

图 5-26　车辆定损外观照片

④ 车辆定损拆检照片如图 5-27 所示。

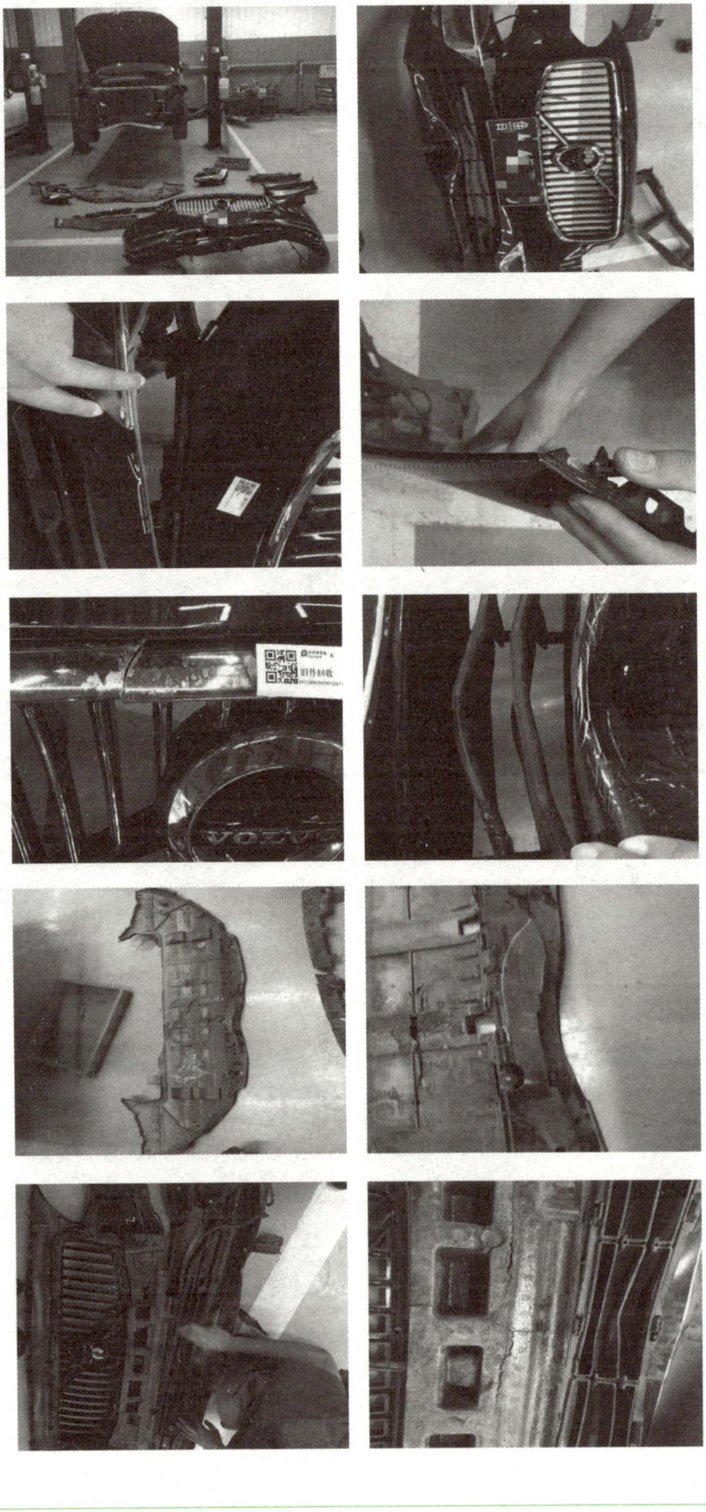

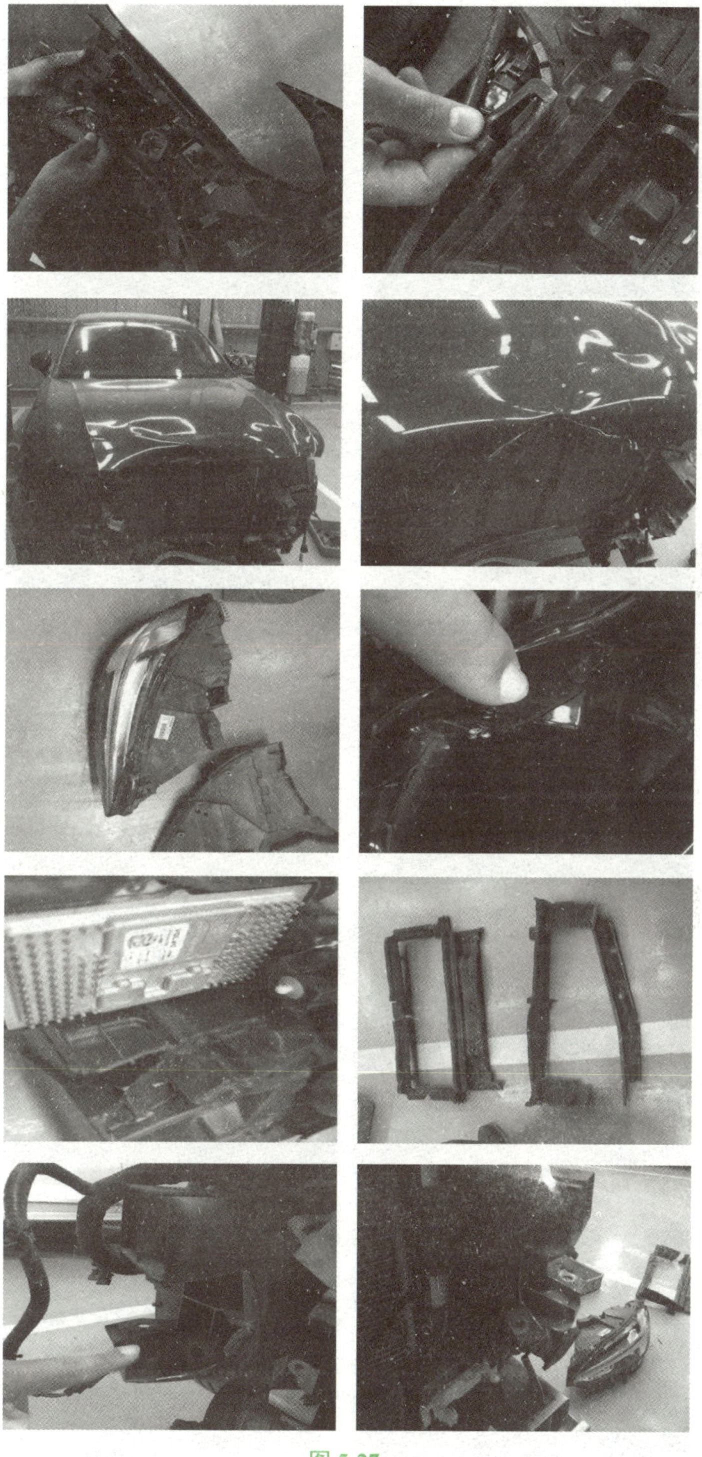

图 5-27

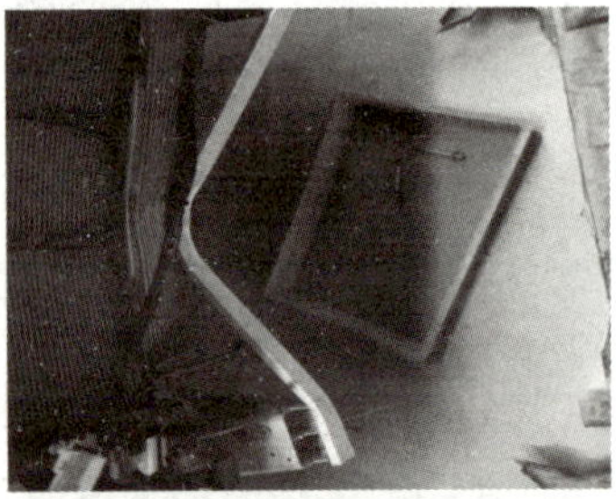
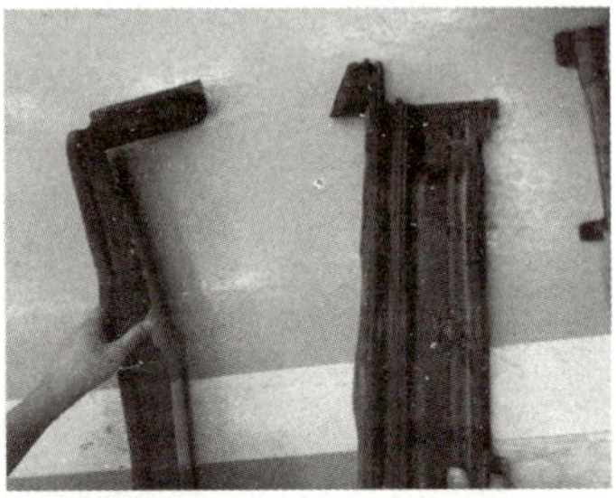

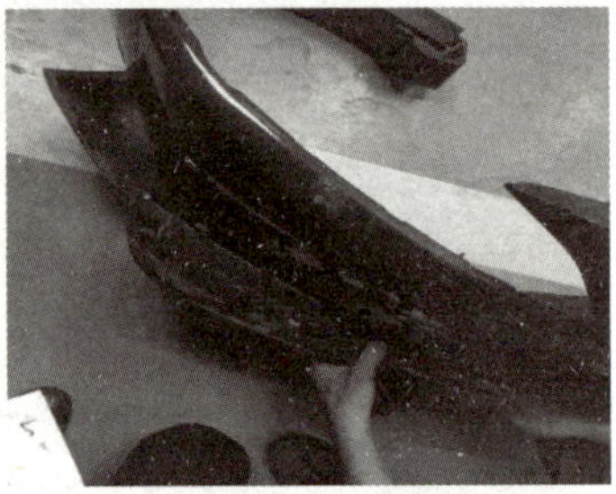

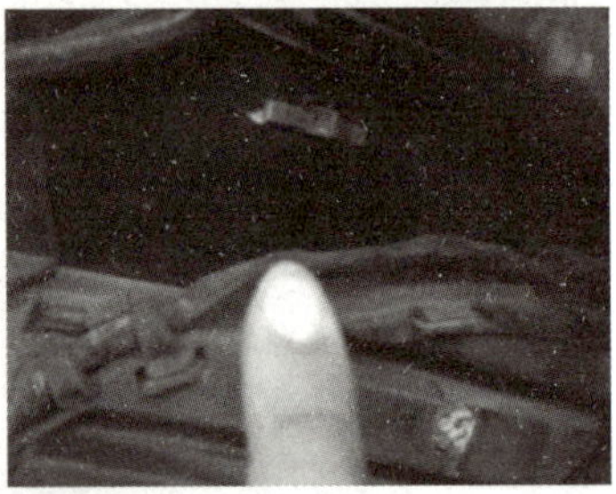

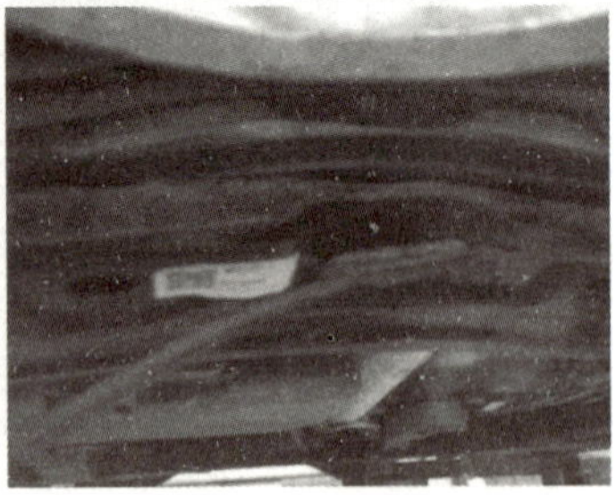

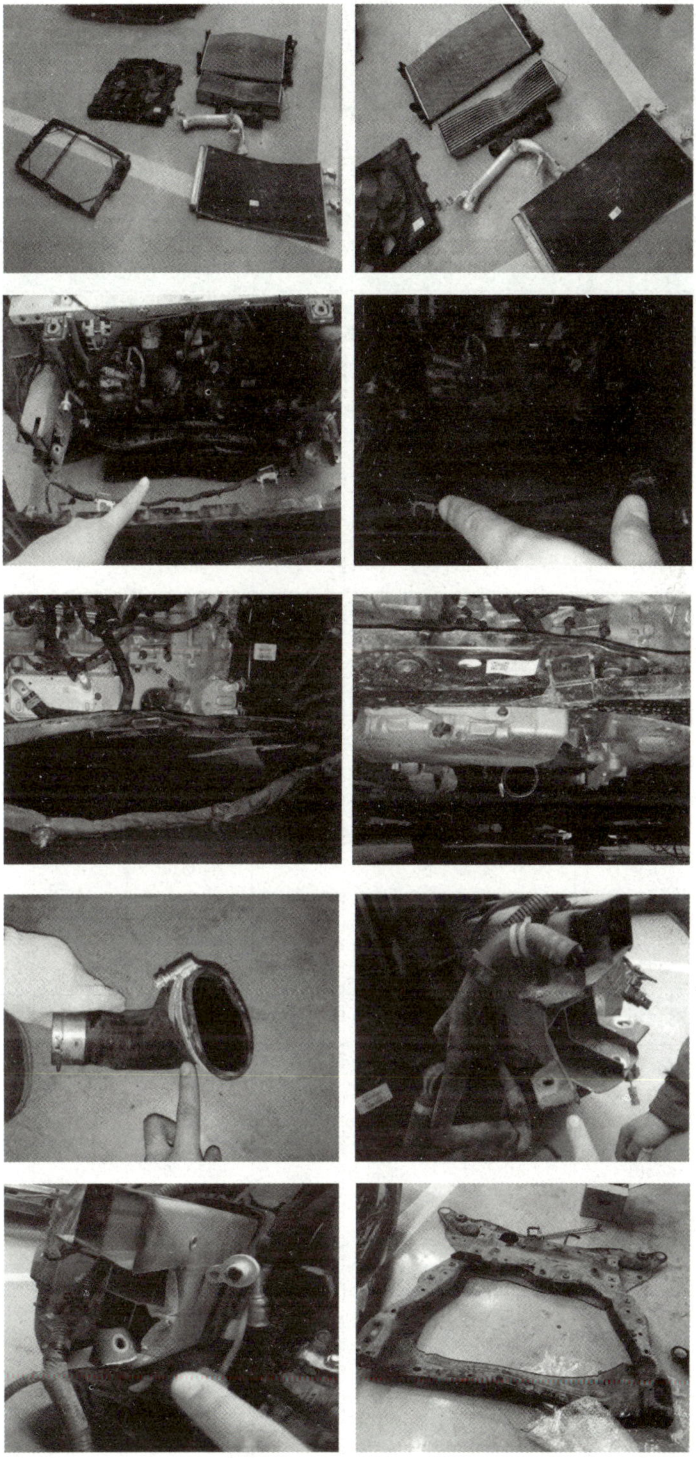

图 5-27　车辆定损拆检照

因为标的车受损略严重，很多损失无法用肉眼直接观察，需要人工拆检后一一检查相关损失。

⑤ 定损分析。车辆损失严重的零部件需要进行更换，对损失不严重的零部件进行修理和钣金，同时还需一些辅助材料（如冷却液、玻璃胶等）。具体定损方案，见表 5-4。

表 5-4 车辆定损明细

零配件更换费用						
序号	零部件号	零配件名称	数量	金额 / 元	残值 / 元	附加说明
1	39839954	前保险杠皮（上）	1	6040.00	0	
2	31425408	中网	1	2720.00	0	
3	31449143	前保险杠下隔栅（中）	1	1010.00	0	
4	31383239	前保险杠下护板	1	660.00	0	
5	31383241	前保险杠内衬	1	1370.00	0	
6	31383284	前保险杠上支架（左）	1	120.00	0	
7	31383285	前保险杠上支架（右）	1	130.00	0	
8	31383237	前保险杠支架（左）	1	500.00	0	
9	31383238	前保险杠支架（右）	1	500.00	0	
10	31425786	前保险杠牌照板	1	200.00	0	
11	31386646	发动机罩	1	8400.00	0	
12	31434780	前大灯（左）	1	18500.00	0	
13	31434783	前大灯（右）	1	18500.00	0	
14	31651830	杆	1	4630.00	0	
15	31420636	前保险杠骨架支架（右）	1	1420.00	0	
16	31387309	发动机前横梁	1	760.00	0	
17	31383213	散热器导流板总成	1	720.00	0	
18	31362847	轮胎	1	4240.00	3000.00	
19	31371962	前挡风玻璃	1	4420.00	0	
20	31425449	前雾灯护罩亮条（右）	1	240.00	0	
21	31425448	前雾灯护罩亮条（左）	1	240.00	0	
22	32208371	冷凝器	1	5880.00	0	
23	31368232	散热器	1	4550.00	0	

续表

零配件更换费用						
序号	零部件号	零配件名称	数量	金额 / 元	残值 / 元	附加说明
24	31338306	增压中冷器	1	2960.00	0	
25	30668647	散热器电子扇总成	1	4570.00	0	
26	31369331	空调管（空调泵 - 冷凝器）	1	660.00	0	
27	31370288	增压中冷器进气管	1	1060.00	0	
28	31370130	空气滤清器进气管	1	380.00	0	
29	31476599	元宝梁	1	9510.00	0	
30	31420635	前保险杠骨架支架（左）	1	1420.00	0	
31	31424544	发动机罩铰链（右）	1	780.00	0	
32	31424543	发动机罩铰链（左）	1	780.00	0	
33	31690202	散热器下导流器	1	840.00	0	
34	31420634	前保险杠骨架	1	4200.00	0	

小计：109910.00 元

辅助材料费用				
序号	辅助材料名称	数量	金额 / 元	附加说明
1	冷却液	1	460.00	
2	冷媒	2	230.00	
3	玻璃胶	2	240.00	

小计：1400.00 元

维修费用				
序号	工种	维修项目名称	工时费 / 元	备注
1	拆装	前保险杠皮（上）	150.00	
2	喷漆	前保险杠皮（上）	800.00	
3	拆装	中网	150.00	
4	拆装	发动机罩	200.00	
5	喷漆	发动机罩	1200.00	
6	拆装	前大灯（左）	100.00	
7	拆装	前大灯（右）	100.00	

续表

维修费用				
序号	工种	维修项目名称	工时费 / 元	备注
8	拆装	发动机前横梁	200.00	
9	拆装	轮胎	100.00	
10	拆装	前挡风玻璃	800.00	
11	拆装	冷凝器	300.00	
12	拆装	散热器	300.00	
13	拆装	增压中冷器	200.00	
14	拆装	空调管（空调泵 - 冷凝器）	100.00	
15	拆装	空气滤清器进气管	100.00	
16	拆装	元宝梁	400.00	
17	机修	四轮定位	500.00	
18	拆装	前保险杠骨架支架（右）	50.00	
19	拆装	散热器下导流器	150.00	
小计：5900.00 元				

外修费用			
序号	零配件名称	金额 / 元	附加说明
1	钢圈	870.00	
小计：870.00 元			

施救费用			
序号	施救费用名称	费用类型	金额
小计：0			

5.2 人员伤亡费用的确定

（1）人身伤亡费用的概念

保险事故常常会造成人身伤亡，从而可能构成第三者责任险、车上责任险等险种的赔偿对象。检验人员应根据保险合同规定和有关法律、法规，妥善处理。

① 对于保险事故中出现人身伤亡的，应当立即将受伤人员送往医院急救，以抢救

生命和控制伤情。目前，我国的大多数保险公司在承保了第三者责任险或者车上责任险的情况下均向被保险人提供了“医疗急救费用担保卡”，有的还与有关的医院签订了协议，建立保险事故受伤人员急救“绿色通道”，以确保保险事故受伤人员能够得到及时的治疗。

② 按照《道路交通事故处理办法》的规定，人身伤亡可以赔偿的合理费用主要包括以下几类。

a. 受伤人员的医疗费用：指受伤人员在治疗期间发生的由本次事故造成的损伤的医疗费用（限公费医疗的药品范围），与医疗相关的费用还有在医疗期间发生的误工费、护理费、就医交通费、住院伙食补助费等。

b. 残疾赔偿费用：指残疾者生活补助费和残疾用具费。

c. 死亡人员的赔偿：指死亡补偿费。与死亡相关的处理费用还有丧葬费。

d. 抚养费用：指死亡人员的被抚养人生活费。

e. 其他费用：指伤亡者直系亲属及合法代理人参加交通事故调解处理的误工费、交通费和住宿费。

③ 被保险人在向保险人提出索赔前应对所有费用先行支付，而后将取得的单证以及相关资料提交给检验人员作为索赔依据，检验人员应及时审核被保险人提供的事故责任认定书、事故调解书、伤残证明以及各种有关费用单证。费用清单应分别列明受害人姓名、费用项目、金额以及发生的日期。

④ 收到被保险人提供的上述单证后，检验人员认真进行审核，根据保险条款和《道路交通事故处理办法》，对不属于保险责任范围内的损失和不合理的费用，如精神损失补偿费、请客送礼费等应予以剔除，并在人员伤亡费用清单上“保险人的意见”栏内注明剔除项目及金额。

（2）第三者赔偿的标准与认定

① 第三者责任的性质。机动车辆的第三者责任可能包括刑事和民事责任，而机动车辆第三者责任险仅仅针对其中的民事经济赔偿责任。

② 责任认定的依据。机动车辆第三者责任的确定，首先对事故进行现场调查和情况分析，然后对事故的事实情况进行认定；在认定事实的基础上，依据《道路交通事故处理办法》《道路交通管理条例》《民法通则》等有关规定对于事故当事人应当承担的责任进行认定。

③ 责任认定的机构。我国对机动车辆第三者责任，或者说对道路交通事故责任认定的主要机构是公安交通部门。任何一方当事人对公安交通部门的认定不服的，均可以通过诉讼的方式要求法院进行重新认定。

一些省份在道路交通事故的处理中已经开始逐步推行公安交通部仅对事故现场的情况或者事实进行认定，而不涉及责任认定和赔偿问题，责任认定和赔偿由法院的专门法庭（简易）负责。这种“分离模式”具有一定的进步意义。

④ 赔偿标准。交通事故的赔偿内容主要包括第三者的人身伤亡和财产损失两部分。财产损失的赔偿标准相对简单，即按照恢复的原则进行实际恢复和现金赔偿。但是，对于人身伤亡的赔偿则相对复杂，其主要特点是赔偿项目繁多，确定具有较大的难度。

人身伤亡各项赔偿标准，保险公司是根据《道路交通事故处理办法》以及机动车辆保险条款的有关规定进行逐项计算。根据规定，交通事故损害共计以下 12 项，这 12 项赔偿项目是法定赔偿项目，也是保险公司依法赔偿的项目，除此以外的其他项目保险公司不予赔付。

a. 医疗费。医疗费是指在交通事故中受伤人员的医疗费用，医疗费凭医院有效收据计算赔偿，没有有效发票的不予计算赔款，住院发票中如有伙食费、餐具费、陪伴费、护工费、其他物品费应在医疗费中剔除。

b. 误工费。误工费是指结案前交通事故伤者、残者或死者生前抢救治疗期间以及家属参加事故处理期间由于误工减少的收入，计算标准如下。

ⓐ 有固定收入的按本人单位出具的证明或工资表计算，但收入高出全省平均生活费 3 倍的，按 3 倍计算。

ⓑ 无固定收入的按照交通事故发生地同行业年人平均收入计算，一般在理赔处理上是按交通警察调解的金额计算，但每天的误工费同样不能超过全省年人平均生活费的 3 倍，超过 3 倍的按 3 倍计算。

ⓒ 参加事故处理的当事人亲属的误工费以交通警察的调解为依据，但人数最多不超过 3 人，每人最高按 5 天计算，超出部分由被保险人自负。

ⓓ 结案以后保险公司不再赔偿误工费，特殊情况应有医院的证明，且明确天数，否则不予计算赔款，由被保险人自负。

c. 住院伙食补助费。住院伙食补助费为伤者在住院期间的伙食补助。只对在住院期间给予补助，未住院者不给予补助。补助标准是按发生地国家机关一般工作人员的出差伙食补助标准计算。

d. 护理费。护理费是指伤者、残者或死者生前，在医院抢救治疗期间因伤势严重生活无法自理，经医院证明，所需专门护理人员的人工费。护理费的计算标准按发生地误工费的标准计算。护理人员每天不超过 2 人，伤势严重的按 2 人计算，一般伤者按 1 人计算，超过部分的费用由伤者或者被保险人自负。

e. 残者生活补助费。残者生活补助费是指对在事故中造成残废人员的生活补助费用。残者生活补助费应有交通警察部门交通事故伤残评定中心的评残证明方可计算残者生活补助费，无残疾证明或残疾证明无效的不予以赔偿。残疾等级共分 10 级，残疾等级与赔偿比例见表 5-5。

表 5-5　残疾等级与赔偿比例

残疾等级	1	2	3	4	5	6	7	8	9	10
赔偿比例/%	100	90	80	70	60	50	40	30	20	10

赔偿的计算公式为

残者生活补助费 = 发生地全省年平均生活费 × 赔偿年限 × 残疾等级补偿比例 × 事故责任比例 ×（1- 免赔率）

式中赔偿年限的确定标准见表 5-6。

f. 残废用具费。因残疾需要配制补偿功能器具的，凭医院证明按照国产普及型用具的费用计算，如果采用高档或进口的器具，差额部分由被保险人自负。第一次的残疾用具的赔偿应凭发票计算赔款。

表 5-6　赔偿年限的确定标准

年龄	1～50 岁	50 岁以上	60～69 岁	70 岁以上
赔偿年限	20 年	每增加 1 岁 减少 1 年	赔偿 10 年	按 5 年计算

g. 丧葬费。丧葬费为在交通事故中死亡人员的有关丧葬费用，包括整容、寄存尸体、火化、骨灰盒、搬运尸体等必需的费用，具体按当地交通警察总队每年下发的《交通事故赔偿标准》计算。

h. 死亡补偿费。死亡补偿费是指对于在交通事故中死亡人员的一次性补偿，具体的死亡补偿计算公式如下。

死亡补偿费 = 年平均生活费 × 补偿年限 × 事故责任比例 ×（1－免赔率）

其中，年平均生活费按照交通事故发生地平均生活费计算，每年当地交通警察部门都会颁发新标准。补偿年限最高为 10 年，其中 16～70 岁补偿 10 年；16 岁以下，年龄每减少 1 岁，减少 1 年，补偿最低不少于 5 年；70 岁以上，年龄每增加 1 岁，减少 1 年，补偿最低不少于 5 年。

i. 被抚养人生活费。被抚养人生活费是指死者生前或残者丧失劳动能力前实际抚养的、没有其他生活来源的人的生活费。

ⓐ 给付被抚养人生活费的条件：交通事故的死者，或者评残 5 级以上（含 5 级）的残者。

ⓑ 抚养对象的抚养分摊方法：有抚养义务并且有抚养能力的应按比例分摊抚养对象。被抚养人是老人的，死者的兄弟姐妹应分摊；被抚养人是小孩的，夫妻双方应分摊。例如，1 个孩子，应由母亲和父亲共同抚养，计算时按 50% 计算分摊。

ⓒ 计算公式为

被扶养人生活费 = 生活困难补助费标准 × 扶养年限 ×
扶养比例 × 事故责任 ×（1 - 免赔率）

ⓓ 扶养年限：对不满 18 周岁的人扶养至 18 周岁，对无劳动能力的人扶养 20 年。属于无劳动能力的女性应是年满 55 周岁，男性应是年满 60 周岁以上；因身体残疾或患病而丧失劳动能力的须持有民政局出具的证明。60 周岁以上的，年龄每增加 1 岁减少 1 年，扶养最低不少于 10 年；76 周岁以上的，按 5 年计算；其他被扶养人按 5 年计算。

ⓔ 索赔时应提供有效的扶养证明，即扶养对象必须有户口复印件，且加盖派出所户口专用章以及单位扶养证明，缺一不可，否则不予计算赔款。

j. 交通费。交通费是指交通事故中的受害人及其家属在处理事故中产生的合理的交通费用。交通费的计赔标准是按事故发生地国家一般工作人员出差的交通费标准计算，凭有关单证计算赔款，超过的部分被保险人自负。参加事故处理和丧葬事宜的人数不超 3 人，超过的按 3 人计算。

k. 住宿费。住宿费是指交通事故中的受害人及其家属在处理事故中产生的合理的住宿费，参加事故处理和丧葬事宜的亲属需住宿的不得超过 3 人，时间最高按 5 天计算，超过的由伤者或者被保险人自负。住宿标准按国家一般工作人员出差标准计算赔款，凭住宿发票计算赔款。

l. 财物直接损失。车辆和其他财产的直接损失应由保险公司和被保险人共同核定损失金额，按双方核定的金额计算赔款。未经保险公司和被保险人共同核定的损失，保险公司可根据机动车辆保险条款不予计算赔款。但如果交通警察有认定，且受害者又能够提供照片和损失清单，可酌情分摊，根据机动车辆保险条款规定扣除免赔率后赔付。

（3）注意事项

① 医疗费须严格控制。在受害者送医时就开始全过程的介入，全面了解受害者受伤和治疗、各类检查和用药情况。对于一些疑难的案件，可以委托专业医疗人员协助。

② 伤者住院期间经医院确定需要护理时，护理人员最多不超过 2 人。伤者需要转医赴外地治疗时须由所在医院出具证明并经事故处理部门同意，伤残鉴定费需经过保险人同意，方可负责。

③ 抚养费用也需要认真核实。

④ 被保险人和受害者提供的索赔支持材料，如被抚养人的情况及生活费、医疗费、伤残鉴定证明等是否缺乏真实性、合法性、合理性。

⑤ 交通警察在事故处理过程中出具的交通事故经济赔偿调解协议书，是在其主持下由双方根据有关规定进行协商的结果，这种结果如果明显违背了有关规定，可以视

同被保险人对自己合法权益的不当放弃，则保险人应当赔偿的金额可以根据有关规定进行二次计算，并以此作为保险赔偿的依据。

（4）人伤案例损失分析

被保险人驾驶标的车辆在路口处碰撞一辆两轮电动车，造成三者人伤。查勘第一现场，现场报警处理，标的车负全责。交强险垫付医药费 10000 元。

① 标的车辆保险情况如图 5-28 所示。

抄单信息

险别信息(机动车综合险2014版)

	投保险别	投保金额	保费	单价	数量
1	机动车损失保险	44096	403.95	44096	
2	机动车第三者责任保险	300000	421.6	300000	
3	机动车车上人员责任保险-司机	10000	12.35	10000	1
4	机动车损失保险无法找到第三方特约险	0	10.1	0	
5	三者险附加法定节假日限额翻倍险	300000	38.79	300000	
6	车损险不计免赔	0	60.59	0	
7	三者险不计免赔	0	63.24	0	
8	机动车车上人员责任保险-司机不计免赔率条款	0	1.85	0	
9	强制三者险	122000	665	122000	

图 5-28　标的车辆保险情况

② 事故现场照片如图 5-29 所示。

图 5-29

图 5-29　事故现场照片

③ 交通事故抢救费支付（垫付）通知书如图 5-30 所示。

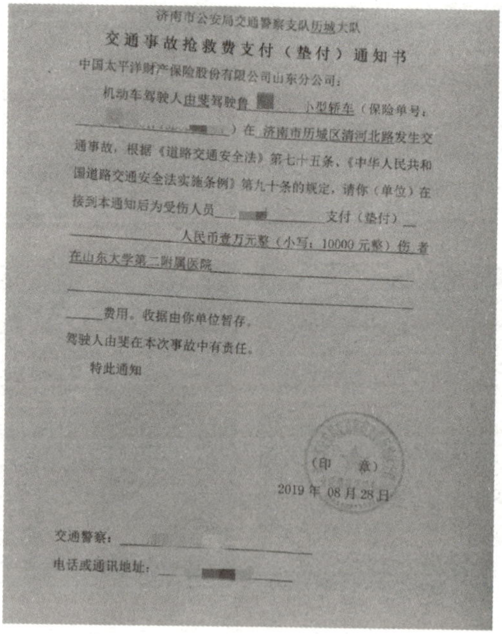

济南市公安局交通警察支队历城大队

交通事故抢救费支付（垫付）通知书

中国太平洋财产保险股份有限公司山东分公司：

机动车驾驶人由斐驾驶鲁[redacted]小型轿车（保险单号：[redacted]）在济南市历城区清河北路发生交通事故，根据《道路交通安全法》第七十五条、《中华人民共和国道路交通安全法实施条例》第九十条的规定，请你（单位）在接到本通知后为受伤人员[redacted]支付（垫付）人民币壹万元整（小写：10000 元整）伤者在山东大学第二附属医院费用。收据由你单位暂存。

驾驶人由斐在本次事故中有责任。

特此通知

（印　章）

2019 年 08 月 28 日

交通警察：[redacted]

电话或通讯地址：[redacted]

图 5-30　交通事故抢救费支付（垫付）通知书

④ 伤者情况如图 5-31 所示。

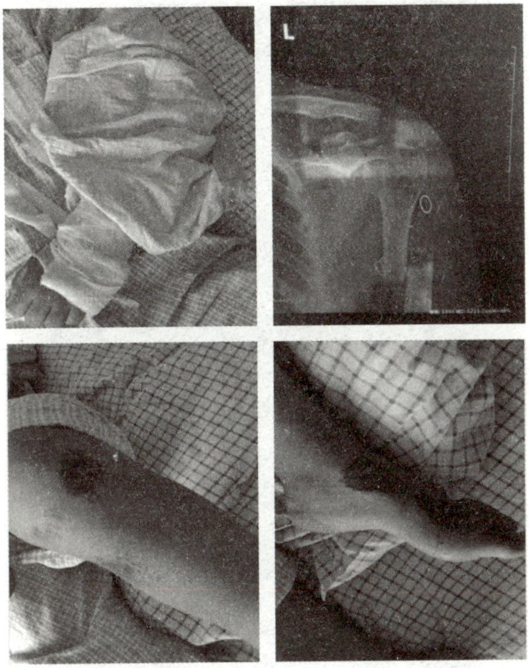

图 5-31　伤者伤情

⑤ 伤情诊断证明如图 5-32 所示。

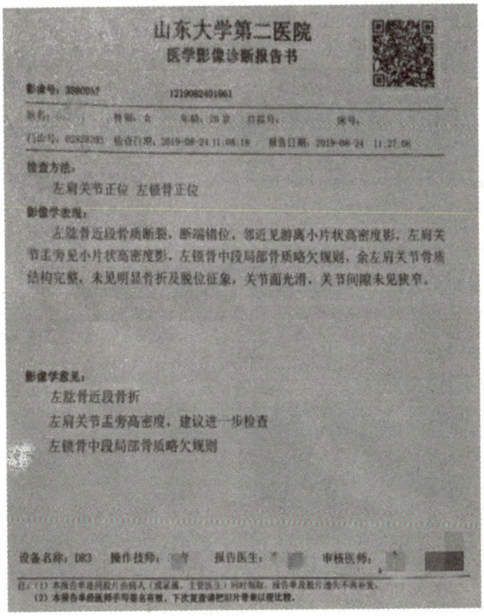

山东大学第二医院
医学影像诊断报告书

影像号：3980057　　1219082401061

姓名：　　性别：女　　年龄：20岁　　住院号：　　床号：

门诊号：0282838　　检查日期：2019-08-24 11:06:18　　报告日期：2019-08-24 11:27:06

检查方法：

左肩关节正位 左锁骨正位

影像学表现：

左肱骨近段骨质断裂，断端错位，邻近见游离小片状高密度影，左肩关节盂旁见小片状高密度影，左锁骨中段局部骨质略欠规则，余左肩关节骨质结构完整，未见明显骨折及脱位征象，关节面光滑，关节间隙未见狭窄。

影像学意见：

左肱骨近段骨折

左肩关节盂旁高密度，建议进一步检查

左锁骨中段局部骨质略欠规则

设备名称：DR3　　操作技师：　　报告医生：　　审核医师：[redacted]

注：(1) 本报告单连同胶片由病人（或家属、主管医生）同时领取，报告单及胶片遗失不再补发。
(2) 本报告单经医师手写签名有效，下次复查请把旧片带来以便比较。

图 5-32　伤情诊断证明

⑥ 医疗费用票据如图 5-33 所示。

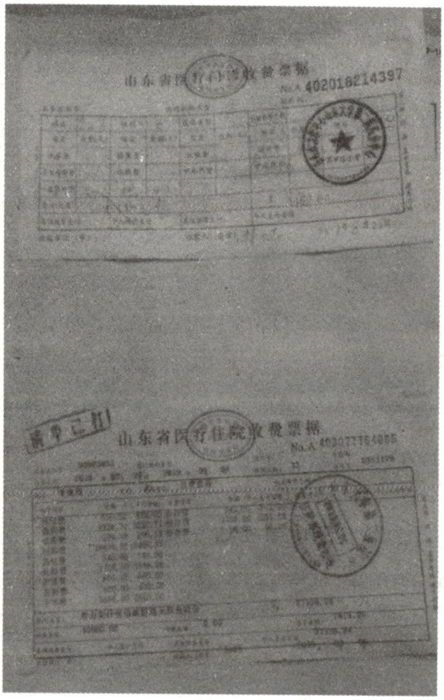

图 5-33　医疗费用票据

⑦ 人伤损失定损情况如图 5-34 所示。

▼ 伤情信息采集

	伤情编码	伤情名称	误工期（天）	护理期（天）	营养期（天）	住院天数（天）	医疗费预估金额（元
1	S80.101	小腿挫伤	30	15	30	11	8000

▼ 预估损单

费用类别	数量参考	数量	单位	标准参考	标准（元）	残疾系数	术后护理天	术后护理单	残疾赔付比	估损参考	损失金额
医疗费										8,000.00	45000
住院伙食补	11	25	天		100.00					0.00	2500
误工费	30	120	天		100.00					0.00	12000
护理费	15	60	天		100.00					0.00	6000
交通费		2	天		100.00						200
残疾赔偿金	20	20	年		39,549.00	0.1				0.00	79098
精神损害赔											1000
费用合计											145798

图 5-34　人伤损失定损情况

5.3 其他财产的损失确定

（1）车辆本身以外的损失

保险事故导致的损失，除了车辆本身的损失外，还可能会造成第三者的精神损失、财产损失和车上承运货物的损失，从而可能构成交通事故精神损害赔偿险、第三者责任险、车上责任险赔偿对象。

交通事故精神损害赔偿险责任是基于保险车辆发生交通意外，致使第三者或车上人员受到伤害，受害方据此提出精神损害赔偿要求，应根据法院的判决中确定的应由被保险人承担的法律责任，按合同约定，在赔偿限额范围内予以赔偿。

第三者财产损失赔偿责任是基于被保险人的侵权行为产生的应根据民法的有关规定按照被损害财产的实际损失予以赔偿。确定的方式可以采用与被害人协商，协商不成可以采用仲裁或者诉讼的方式。

对于车上承运货物的损失，应会同被保险人和有关人员对受损的货物进行逐项清理，以确定损失数量、损失程度和损失金额。在损失金额的确定方面应坚持从保险利益原则出发，注意掌握在出险当时的标的，或者已经实现的价值，确保体现补偿原则。

（2）施救费用的确定

① 确定施救费用应遵循的原则。施救费用是在发生保险事故之后，被保险人为了减少损失而支出的额外费用。所以，施救费用的作用是用相对较小的费用支出，而减少更大的损失，检验人员应遵循以下原则确定施救费用。

a. 施救费用应是保险标的已经受到损失，为了减少损失或者防止损失的继续扩大而产生的费用。在机动车辆保险中施救费用主要指对于倾覆车辆的起吊费用、抢救车上货物的费用、对于事故现场的看守费用、临时整理和清理费用以及必要的转运费用。

b. 保险车辆出险后，雇用吊车和其他车辆进行抢救的费用以及将出险车辆拖运到修理厂的运输费用，按当地物价部门颁布的收费标准予以确定。被保险人使用他人（非专业消防单位）的消防设备、施救保险车辆所消耗的费用及设备损失可以列入施救费用。

c. 在进行施救的过程中，由于意外事故可能造成被施救对象损失的进一步扩大、造成他人财产的损失以及施救车辆和设施本身的损失。如果施救工作是由被保险人自己或他人义务进行的，只要没有存在故意和重大过失，原则上保险公司应予以赔偿；如果施救工作是雇用专业公司进行的，则造成他人财产的损失、该施救车辆和设施本身的损失应由专业公司承担，同时，被保险人还可以就进一步扩大损失的部分要求专业施救公司承担赔偿责任。但在抢救时，抢救人员个人物品的丢失，一般不予赔偿。

d. 保险车辆发生保险事故后，需要施救的受损财产可能不仅局限于保险标的，但是，保险公司只对保险标的施救费用负责。所以，在这种情况下，施救费用应按照获救价值进行分摊。如果施救对象为受损保险车辆及其所装载货物，且施救费用无法区分，则应按保险车辆与货物的获救价值进行比例分摊，机动车辆保险人仅负责保险车辆应分摊的部分。

e. 车辆损失险的施救费用是一个单独的保险金额，而第三者责任险的施救费用不是一个单独的赔偿限额，第三者责任险的施救费用与第三者损失金额相加不得超过第三者责任险的保险赔偿限额。

② 在确定施救费用时应注意的几个问题。

a. 目前，在交通事故的处理过程中存在一定的行业垄断，如果利用这种垄断的优势，收取不合理的费用，则应予以抵制。

b. 保险车辆出险后，被保险人赶赴肇事现场处理所支出的费用，不予负责。

c. 如果保险车辆为进口车或特种车，发生保险责任范围的事故后，在当地确实不具备修理能力，事先经保险公司书面同意可以移送外地修理，对其相应的移送费保险公司将予以赔偿。但是，应当明确的是这种费用属于修理费用的一部分，而不是施救费用。

（3）残值处理

残值处理是指保险公司根据保险合同履行了赔偿并取得对于受损标的所有权后，对于这些受损标的处理。在通常情况下，对于残值的处理均采用协商作价折归被保险人并在保险赔款中予以扣除。如协商不成，也可以将已经赔偿的受损物资收回。这些受损打包以委托有关部门进行拍卖处理，处理所得款项应当冲减赔款。

第6章

常见的经典车险案例

6.1 单方事故

在交通事故、火灾、爆炸等突发性安全事故中，其事故原因完全是由事故中多方中的一方或者是唯一受害的一方自身造成的，这类事故就叫作单方事故。事故责任为被保险车辆负全部责任，所以事故处理非常简单。

6.1.1 司机驾车撞动物

近年来，车撞动物的事情时常发生，一般来说，家禽、家畜、宠物等有主人的动物（图 6-1）属于动物主人的财产，被撞伤或撞死后，就导致了主人的财产损失，属于交通事故，发生交通事故后，肇事司机故意逃跑，就会被认定为肇事逃逸。

图 6-1 在道路上戏耍的小狗

（1）机动车撞死名贵狗

【案例】 2005 年 11 月 17 日 21 时 20 分左右，袁女士牵着自家的阿拉斯加雪橇犬在丰台区槐房路某租赁公司门口由南向北行走，该路段未划分机动车道及人行道。袁女士欲从路边横过马路时，恰遇肖女士驾驶的小轿车由西向东驶来。肖女士在避让对面车辆时，将袁女士牵领的阿拉斯加雪橇犬撞死。双方当即报警，交通管理部门到交通事故现场后，出具了简易程序处理交通事故认定书，该认定书未作责任认定。

【案例分析】 袁女士的阿拉斯加雪橇犬是 2005 年 6 月 28 日从北京某养殖场以 2 万元价格购买，并在北京市朝阳区养犬管理办公室办理了登记，交纳登记费 200 元，领取了《北京市养犬登记证》。袁女士为了她的爱犬与肖女士对簿公堂，要求对方赔偿自己的损失。

某法院经审理后认为：袁女士依法办理了养犬手续，该犬系其合法财产，公民的合法财产受法律保护。机动车驾驶人应当遵守道路交通安全法律、法规的规定，按照操作规范安全驾驶。肖女士在避让对面车辆时，未尽安全驾驶义务，将袁女士牵领的阿拉斯加雪橇犬撞死，故应承担部分责任。袁女士牵领的阿拉斯加雪橇犬系大型犬，虽办理了养犬登记，但根据《北京市养犬管理规定》，养犬人不得出户溜犬。袁女士在户外溜犬，违反了养犬的有关规定，故表女士作为养犬人亦有一定过错，应对此次交通事故自行承担部分责任。判决认定双方对此交通事故各承担一半责任，肖女士赔偿袁女士财产损失费 10100 元。

根据《民法通则》第 127 条的规定，饲养的动物造成他人损害的，动物饲养人或者管理人应当承担民事责任，因此狗的主人赔偿车主车损，具体金额以实际修车费用为准。

对于“车撞狗”事故责任划分，一般遵循以下几个原则。

① 如狗的主人合法养狗，并用束犬链牵领，且没有违法行为的（例如没有在高速公路上遛狗），驾驶员应当避让，如发生事故，通常会认定车辆全责。

② 车辆正常行驶，无违法行为和过错，狗未用束犬链牵领的，可认定狗主人全责。

③ 如果车辆司机和狗的主人均有违法行为或者过错的，根据其严重程度，确定各方责任。

④ 如果被撞动物确定无主人，且车辆驾驶人无导致交通事故的过错，可按照意外事件处理。

（2）机动车撞死野猪

【案例】 2018 年 11 月 30 日晚，刘先生像往常一样开车下班回家，行驶在长兴城区的画溪大道上。突然，一头野猪从绿化带里窜了出来，撞在了车的前保险杠上。野猪伤势不重，踉跄了一下便“肇事逃逸”了。可刘先生的爱车就没这么幸运了，前保险杠和导风板受损，车头的传感器也坏了（图 6-2），修车要花不少钱，用车险进行赔付，明年的险保费又要增加。

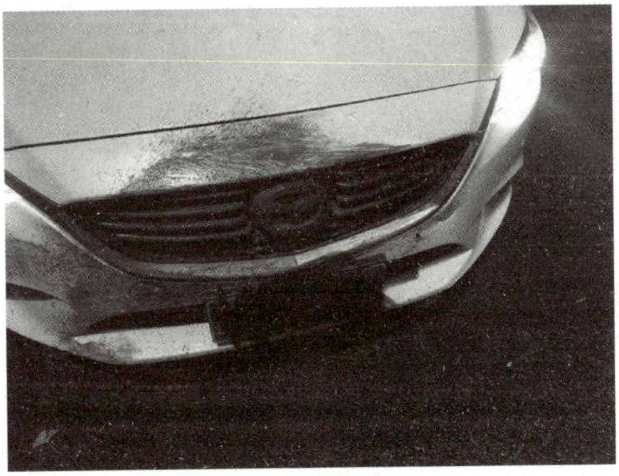

图 6-2　车辆碰撞野猪的损失情况

12 月 16 日，经过一系列手续后，刘先生成功地拿到了总计 2497.5 元理赔金，这也是浙江省首个大型野生动物肇事公众责任险理赔成功的案例。

【案例分析】 受害的第三方在保险有效时期内因野猪等大型野生动物伤害造成人身伤亡或财产损失等状况（非法狩猎野生动物除外）可申请大型野生动物肇事公众责任险理赔金。该险种年度累计保障限额为 3000 万元，每次事故赔偿限额最高 500 万元。每人每次事故医疗费用免赔额为 100 元，超过 100 元后按 80% 赔付；财产损失每人每次事故免赔为 100 元或损失的 10%，两者以高者为准。

（3）车辆躲避小动物而发生的事故

除了汽车碰撞狗的事件发生外，还有很多因为在高速公路等道路上躲避流浪狗导致车毁人亡的事故发生。

【案例】 2016 年 10 月 28 日，林某驾驶一辆斯巴鲁越野车从奉节往万州行驶，经过沪蓉高速路红狮段时，路中央护栏突然窜出一条流浪狗。林某急打方向盘，加之雨天路滑，车辆先后撞击左护栏和右护栏及桥梁钢筋混凝土护栏，最后停驶在行车道。车辆右前轮在撞击过程中脱落至左侧车道内。

紧接着，方某驾驶奥迪 A6 轿车发现路中央的车轮，果断采取紧急制动，停驶在左侧车道。周某驾驶奔驰 E 级轿车紧随其后，发现前方车辆刹车灯亮，也跟着紧急制动，无奈距离太近，只能眼睁睁追尾前方奥迪车，造成车辆右前灯、水箱等损坏，车辆无法行驶。三辆车分别占用高速公路两条通行车道，交通一度中断（图 6-3）。

图 6-3　车辆在高速路上躲避流浪狗的事故现场

事发后，几人立即报警求救，执法人员迅速管制交通。

执法人员介绍，经现场勘查，幸好斯巴鲁越野车最后撞击的是钢筋混凝土护栏，否则车辆很可能翻落至右边边坡，后果不堪设想。三名驾驶员称，斯巴鲁越野车受损最严重，修理费估计达十几万元，奔驰轿车次之，但也要数万元，奥迪轿车损失最轻，需上千元维修费用。

6.1.2 汽车撞道路设施

（1）汽车碰撞道路隔离护栏

【案例】 2015 年 3 月的某日凌晨 3 点多，“驾驶员”刘某驾驶面包车在广东省海丰县城二环南路某路段时，因未确保安全行驶导致车辆碰撞中央隔离护栏，造成车辆受损及中央隔离护栏毁坏的交通事故（图 6-4）。

图 6-4 汽车碰撞道路隔离护栏现场

【案例分析】 从客户的报案记录来看，客户描述事故为凌晨 2 点 50 分左右发生，客户在 3 点 09 分向保险公司报案。保险查勘员在 22min 后到达事故现场，进行了处理。查勘员在拍照取证过程中也不能说不细致，现场拍了照片，从现场的散落物及痕迹来看本次事故真实度应该较高，现场没能发现其他异常，查勘员最后为了稳妥起见，还是要求客户报交警处理，交警也出具了事故认定书。

该案由于是高风险时间段内出险，理赔系统自动发起了高风险的预警提示，调查人员在审核该案的时候发现现场照片中可以看出驾驶员当时穿着的是一双拖鞋。正是这双不起眼的拖鞋，再结合出险时段及损失情况让调查人员觉得该案酒后“顶包”的可能性非常大。

由于该案损失较大，理赔部迅速安排调查人员前往当地进行调查取证，经过调查人员的多方联系，得到了当地公安局的配合，通过调取监控进行分析，确认了报案的驾驶员刘某存在隐瞒真正驾驶员及真正驾驶员逃离现场的情节，应属于虚构或编造事故事实行为，不属于保险责任，本案根据保险合同约定进行了拒赔处理，成功减损 13 万余元。

（2）车辆碰撞绿化带

【案例】 2013 年 5 月某保险公司接到报案，报案人彭某称，2013 年 5 月 9 日凌晨 4 点 30 分，彭某驾驶牌号为鲁 A×××××的别克轿车，在某大型电动车市场内行驶，由东门进入，准备从西门出去，行驶到市场中间时，因躲避对向行驶的摩托车，向左打方向盘撞上路边花池子，造成车辆气囊爆出，车辆损失严重（图 6-5）。

图 6-5　车辆碰撞绿化带现场

【案例分析】 查勘员到达现场后发现此电动车市场的东西路很窄，仅能供两辆车并行，正常情况下车速不可能太快。车辆前部损失严重，气囊爆出，路面上洒满变速箱油，标的车变速箱应已受损，说明当时车速很快，不符合一般人正常驾驶特征。另外驾驶员位置上的前挡风玻璃破碎，破碎部分夹杂毛发，主气囊上有淡淡血迹。但是自称为驾驶员的彭某并未受伤，现场询问彭某对撞击过程描述不清，并且不清楚气囊爆出所产生的现象。鉴于此疑点，工作人员认为该案有更换驾驶员的嫌疑，立即与合作刑警取得联系，请求刑警部门协助调查。

最终，经对主气囊上的血迹进行 DNA 鉴定，确定该车原驾驶员非彭某。由于法律法规禁止酒后驾车，保险条款约定酒后驾车出险属于免责范围。因此，部分酒后驾车出险者，在事故发生后首先想到的就是找人顶替，以规避自己的风险，挽回造成的损失。对此，查勘人员需要以高度负责的精神，不放过任何蛛丝马迹，还原事实真相。

（3）车辆倒车受损

【案例】 一辆吉利轿车的驾驶员在停车场倒车时，因观察不仔细，导致车辆左侧尾部与固定在停车场柱墩上的石头发生碰撞，使车体局部受损（图 6-6）。经过查勘，属于保险责任。

图 6-6　车辆倒车受损现场

【案例分析】 维修方案：对后保险杠进行钣金并喷漆处理，工时费约 300 元。

(4) 汽车拖底事故

车身底部与路面或异物发生碰撞，致使汽车底部零部件、车身底板损伤。常见的损伤有前横梁、发动机下护板、发动机油底壳、变速箱油底壳、悬架下托臂、副梁及后桥、车身底板等被损伤。

【案例】 某日晨 6:40 左右，某保户报案称其投保的桑塔纳 3000 轿车在行驶时不慎与道路上的石头相撞，造成发动机机油箱底壳破裂（图 6-7），机油泄漏，车辆就在现场路边，请保险公司速来查勘。

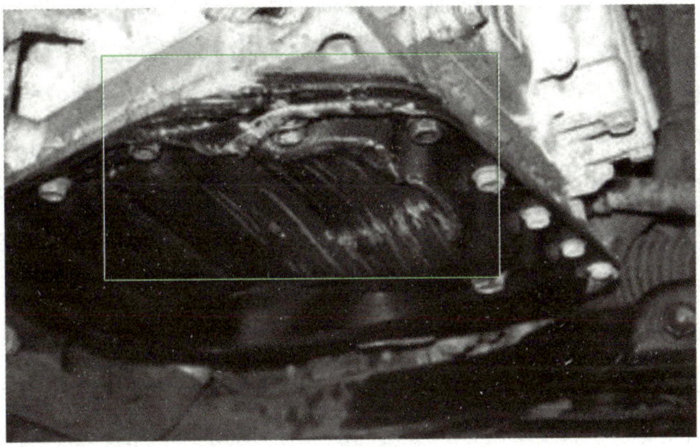

图 6-7 车辆托底损失情况

查勘定损人员及时赶到现场，发现道路中间有几块夜间拉石料的车辆散落的石头，其中一块沾满机油，石头周围也有一片油污。经仔细检查，桑塔纳 3000 轿车发动机机油箱底有一个孔洞，洞口内凹，机油已漏尽，经与碰撞石头比对，形状相吻合。

事故车辆拖到维修厂以后，维修人员将其用举升机举起，对发动机进行全面检查。搬动曲轴皮带轮时，曲轴运转自如，拆检之后，发现机油泵集滤器、机油泵均无损坏。分别揭下曲轴轴瓦和连杆轴瓦检查，没有发现烧蚀、磨损的现象，此次事故只造成了发动机油底壳的变形与断裂，没有引起其他机件的损坏。

更换了发动机机油箱底壳并加满机油以后，开始试车，发动机工作正常。

【案例分析】 由于桑塔纳 3000 轿车发动机机油箱底壳有一个孔洞，洞口内凹，经与碰撞石头比对，形状相吻合，这说明确实是碰撞所致；由于机油已漏尽，其中一块石头沾满机油，其周围也有一片油污，结合发动机内部并没有损坏的现象，说明汽车碰撞石头后，并没有行驶，而是及时停车了。因此，该起发动机拖底事故属于保险责任。

汽车拖底后不要贸然行驶，如果拖底造成了发动机机油箱底壳损坏还继续行驶的话，此时发动机的机油无法保证正常提供，在发动机的曲轴、连杆、活塞等部位就会产生很大的磨损，严重时造成报废。建议在拖底后先进行检查，如果发现漏机油、发动机机油箱底壳变形等应及时联系救援，而不要冒险行驶。

发动机发生拖底事故后，维修人员不要急忙将发动机从车上拆下来，应该首先用扳手转动曲轴，检查曲轴转动是否正常，根据检查情况决定是否拆检。

① 曲轴转动正常时的处理。如曲轴转动正常，说明曲轴没有烧损现象。处理时可以在更换发动机机油箱底壳或机油泵、机油泵滤清器后，加注机油，发动汽车。如果汽车发动机没有异响，可以认为该拖底事故处理完毕。

② 曲轴转动异常时的处理。如果用扳手转动曲轴后，感到转动困难或无法转动，说明曲轴很可能与轴瓦烧烛或已经抱死，这时只能将发动机从车上拆下，将曲轴瓦盖、连杆瓦盖揭开，检查曲轴、连杆、活塞及活塞环、缸筒、凸轮轴等的损坏情况。

③ 曲轴的检测及处理。汽车发动机的曲轴是可以加工和修理的零件。

一般发动机的曲轴有 4 ～ 6 级的加工量，每级 0.25μm，最大 125μm。这种加工是在曲轴磨床上进行的。与之相匹配的，曲轴轴瓦也有 4 ～ 6 级的加工量，可以与加工后的曲轴配合装配。不过，部分发动机的曲轴是不允许加工的，损坏后只能更换整个曲轴，定损时最好得到专业维修站的证实之后再做决定。

缺机油之后，如果曲轴轴径、连杆轴径烧蚀程度较轻，表面没有明显的划痕，可由汽车修理厂受过专业培训的师傅进行处理后继续使用；反之，如果曲轴轴径、连杆轴径、轴瓦烧蚀较重，表面有明显的划痕和拉伤。可将曲轴送到专门的加工单位，首先检测曲轴是否还有可以继续加工的余量，再决定是修复还是更换。

④ 连杆的检测及处理。连杆的检测主要集中在瓦座及轴瓦上，连杆轴瓦缺机油后表面磨损会加巨、烧蚀，表面摩擦层流化脱落，严重时彻底损坏。连杆轴瓦一般以更换为主。

对于连杆瓦座及盖来说，主要检测其是否有严重烧蚀。另外还要检测瓦座及盖的内径是否有变形。瓦座及盖的内径有标准尺寸，如超出标准值，应该予以更换。

⑤ 凸轮轴的检测及处理。凸轮轴在缸体中的位置较高，其孔座是在缸体上直接镗出的，凸轮轴与孔座之间安装有轴瓦（个别发动机没有轴瓦）。

缺机油后，凸轮轴与轴瓦的磨损会加巨、烧蚀。凸轮轴轴瓦损坏后一般以更换为主。凸轮轴与孔座都有标准尺寸，如超出标准值，应该予以更换。

⑥ 活塞、活塞环、缸筒的检测及处理。发动机拖底导致漏机油后，活塞、活塞环、缸筒等从表面上看基本没有烧蚀现象，原因主要是几点。

活塞、活塞环在缸筒中的运动不是全部接触，只有活塞环、活塞裙部与缸筒有接触。

活塞环及缸筒一般都是由铸铁制成的，在运动过程中，除机油可以润滑外，铸铁中的石墨成分也能起到一定的润滑作用。

缸筒外壳为冷却水道，活塞环及活塞裙部的膨胀受水温控制，虽然缺少了机油的润滑，活塞环及活塞裙部的膨胀也不会太大，其实，活塞与缸筒抱死现象的主要原因是缺水，导致缸筒活塞温度急剧上升，活塞裙部膨胀过大产生抱死。

活塞、活塞环、缸筒的检测主要是观察它们的表面是否有较深的划痕，出现轻微的摩擦痕印是正常的。还应该检测活塞与缸筒之间的间隙，如果间隙超过正常值，活塞与缸筒的摩擦痕印就会比较重。

因此，对活塞与缸筒的更换一是要注意划痕深度；二是要测量活塞与缸筒间隙，通过对上述两者的分析，决定活塞与缸筒是否需要更换。同时还要区分正常磨损与事故损失的区分。

6.2 车辆碰撞事故

6.2.1 正面碰撞

正面碰撞事故，车辆前端会受到撞击，碰撞较轻时，保险杠会被向后推，前纵梁及内轮壳、前翼子板、前横梁及水箱框架会变形。

碰撞程度加大，前翼子板会弯曲变形并移位触到车门，发动机盖铰链会向上弯曲并移位触到前围盖板，前纵梁变形加剧造成副梁的变形。

碰撞程度更剧烈，前立柱将会产生变形，车门开关困难，甚至造成车门变形；前端碰撞常伴随灯具及护栅破碎，冷凝器、水箱及发动机附件损伤，车轮移位等。

（1）双车正面碰撞

【案例】 2018 年 8 月 28 日 20 时 30 分许，马某驾驶牌号鲁 Q23××× 重型半挂牵引车带牌号鲁 QZ××× 挂号重型仓栅式半挂车沿 333 省道由东向西行驶，行驶至宫里镇西柳村路段时，与沿 333 省道由西向东刘某某驾驶的无牌老年代步车相撞，事故造成两车不同程度受损（图 6-8），老年代步车驾驶员经抢救无效死亡。

图 6-8 车辆正面碰撞受损情况

【案例分析】 当事人马某驾驶鲁牌号 Q23××× 重型半挂牵引车逆向行驶、未按操作规范安全文明驾驶、饮酒后驾驶机动车是形成事故的全部原因。当事人马某的行为违反了《中华人民共和国道路交通安全法》第三十五条的规定及第二十二条第一款、第二款的规定，对该事故的发生起全部作用，负本起事故的全部责任。

（2）轿车与电动车相撞

【案例】 2017 年 10 月，王某驾驶奥迪轿车在外环的道路上转弯时，不慎与一辆横过马路的电动车相撞（图 6-9），交警处理现场是认定奥迪轿车全责。

图 6-9 轿车与电动车相撞现场

【案例分析】 奥迪轿车前挡风玻璃破碎，右前大灯、雾灯破碎需要更换，发动机舱盖、前保险杠、右前翼子板需要钣金与喷漆。

6.2.2 侧面碰撞

对于严重的碰撞，车门 A、B、C 柱以及车身、地板都会变形。当汽车遭受的侧向力较大时，惯性作用会使另一侧车身变形。当前后翼子板中部遭受严重碰撞时，还会造成前后悬架的损伤，前翼子板中后部遭受严重碰撞时，还会造成转向系统中横拉杆、方向机齿轮、齿条的损伤。

（1）转弯机动车未让直行车辆先行引发事故

【案例】 2018年12月8日11时40分，黄某驾驶牌号赣C9××15小型轿车从上高县往万载县方向行驶，当行至上高县沪瑞线985km+500m处转弯时，与同方向席某驾驶的牌号赣C5××62小型面包车发生相撞（图6-10），造成两车不同程度受损的交通事故。

【案例分析】 根据现场勘查、现场照片、证人证言等证据证实：黄某驾驶牌号赣C9××15小型轿车在进行转弯操作时，未让直行的车辆先行是造成此次交通事故的直接原因。

当事人导致交通事故的过错及责任或者意外原因如下。

① 黄某驾驶牌号赣C9××15小型轿车违反了《中华人民共和国道路交通安全法实施条例》第五十二条第三款的规定，负事故全部责任。

② 席某驾驶牌号赣C5××62小型面包车不负此次事故责任。

《中华人民共和国道路交通安全法实施条例》第五十二条第三款规定：“机动车通过没有交通信号控制也没有交通警察指挥的交叉路口，除应当遵守第五十一条第（二）项、第（三）项的规定外，还应当遵守转弯的机动车让直行的车辆先行的规定。”

图6-10 双车侧面碰撞事故现场

（2）大众轿车逆行与三轮车侧面碰撞

【案例】 一辆大众轿车，逆向行驶中与另一辆正常行驶的车辆相撞，导致双方车辆损坏，大众轿车的前保险杠、右前翼子板、右前门、右后门、右后翼子板受损（图6-11）。交警认定大众轿车承担全部责任。

【案例分析】 大众轿车维修前保险杠、右前翼子板、右前门、右后门、右后翼子板，工时费约2300元。

图 6-11　车辆与三轮车侧面碰撞现场

6.2.3　追尾碰撞

若碰撞较轻，通常后保险杠、后备厢后围板、后备厢底板可能压缩弯曲变形；如果碰撞较重，C 柱下部前移，C 柱上端与车顶接合处会产生折曲，后门开关困难，后挡风玻璃与 C 柱分离，甚至破碎。

（1）疲劳驾驶造成追尾交通事故

【案例】 2009 年 5 月 2 日 5 点 10 分，雾天张某在疲劳状态下驾驶河北省牌照江淮中型厢式货车，沿唐津高速公路由西向东行驶至上行 147.7km 处时，该车右前部撞在前方因雾天堵车停在第二车道内由刘某驾驶的河北省牌照陕汽牌重型罐式半挂车左后尾部（图 6-12）。造成张某车内乘车人胡某死亡、两车及车内货物损坏的交通事故。

【案例分析】 驾驶人疲劳驾车是一种较为普遍的违法现象，因疲劳驾车而引发的交通事故更是比较常见。从生理学角度讲，驾驶人在行车中由于驾驶作业使生理上、心理上发生某种变化，而在客观上出现驾驶机能低落的现象称为驾驶疲劳。驾驶人连续开车 2 ～ 3h 后，由于连续不断地处理交通信息的结果，脑氧气减少，中枢神经疲劳，感觉迟钝，注意力变得散漫，不愿再做麻烦的动作，省略正规的驾驶操作。在这种情况下，观察、判断和操作都容易造成差错，从而导致交通事故的发生。这样的情形如果发生在视线较差的雾天，事故发生的可能性将大大增加。

图 6-12　疲劳驾驶造成的追尾交通事故现场

（2）酒后驾驶引发的追尾交通事故

【案例】 2018 年 8 月 20 日 22 时 40 分许，刘某酒后驾驶牌号鲁 J37××× 大众牌轿车沿蒙馆路由东向西行驶，行驶至谷里镇小新兴村路段时，与沿蒙馆路由东向西田某驾驶的无牌重型自卸车相撞，事故造成两车不同程度受损（图 6-13），轿车驾驶员当场死亡。

【案例分析】《中华人民共和国道路交通安全法》第二十二条明确规定："饮酒、服用国家管制的精神药品或者麻醉药品，或者患有妨碍安全驾驶机动车的疾病，或者过度疲劳影响安全驾驶的，不得驾驶机动车"。饮酒后，人的视觉和触觉机能下降，表现为触觉迟钝，视力下降，视野变小；酒后驾车还会出现远视，视物的立体感发生误差，反应时间增多 2 ～ 3 倍，在这种状态下驾驶机动车就极易引发交通事故。以上案例中，驾驶人往往存在"侥幸心理"，在饮酒后驾驶机动车，因视觉和反应能力下降，遇状况不能及时做出反应或操作失误，导致交通事故发生。酒后驾驶引发追尾交通事故的赔偿，都属于机动车商业险责任免除部分。

图 6-13　酒后驾驶造成的追尾交通事故

（3）倒车碰撞的宝马轿车

【案例】 一辆宝马轿车的驾驶人在路口倒车时，因观察不仔细，导致车的左侧尾部与正常行驶的车辆发生碰撞，使车体局部受损（图 6-14）。经过查勘，属于保险责任。

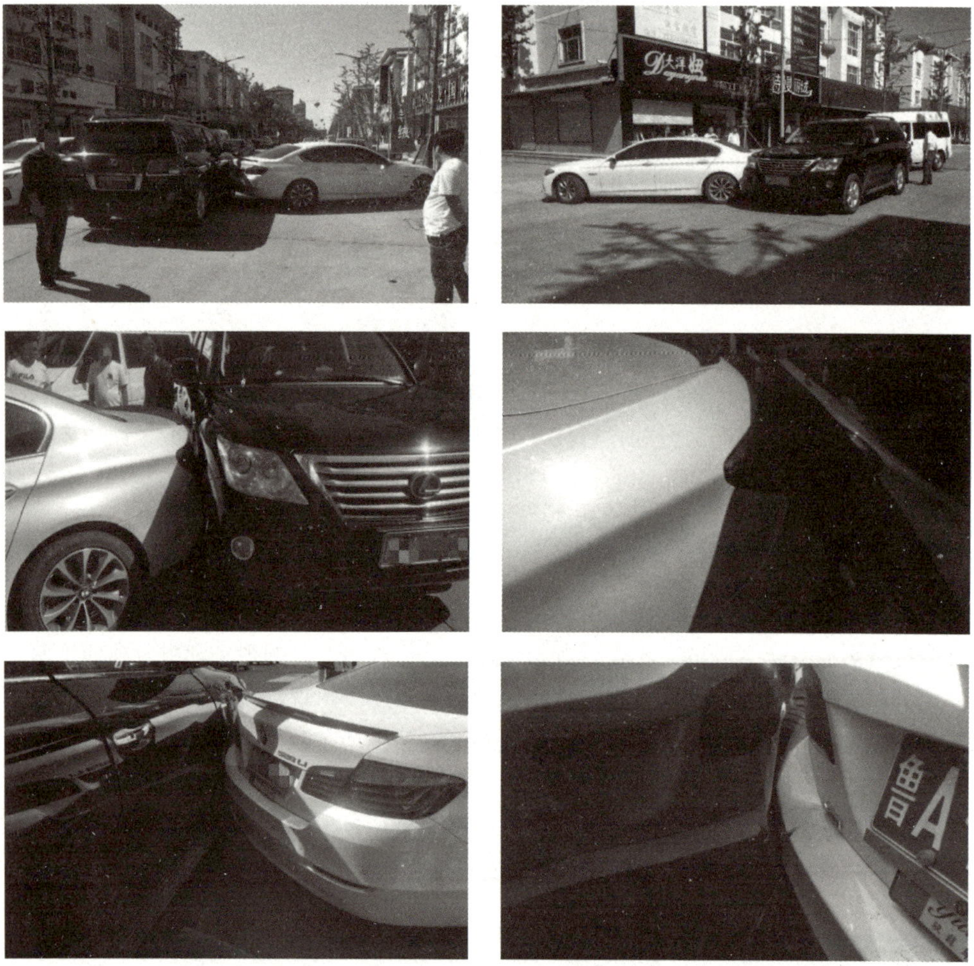

图 6-14 倒车造成的交通事故

【案例分析】 维修方案：对后保险杠进行钣金并喷漆处理，工时费约 1000 元。

6.3 汽车水灾事故

汽车的水灾，分静态进水损坏和动态进水损坏。

6.3.1 静态进水损坏

汽车在静态条件下，如果车内浸水，会造成内饰、电路、空滤器、排气管等部位的受损，有时候发动机气缸内也会进水。在这种情况下，即使汽车发动机不启动，也会造成内饰浸水、电路短路、空滤器、排气管和发动机泡水生锈等损失；对于电喷发动机的汽车来说，一旦电路遇水，极有可能导致短路，造成整车无法着火；如果发动机被强行启动，极有可能导致发动机损坏。

【案例】 某日，一车辆停在低洼处，下暴雨后被积水冲泡进水（图 6-15）。

图 6-15　车辆静态进水查勘现场

【案例分析】 从图 6-15 中可清晰看到车身外的水位线，打开发动机舱，汽车进气空气滤芯盖有积水，空气滤芯进水。火花塞有水痕，气缸内进水。打开车门，车内部进水，车副驾驶后座有明显水痕。

(1) 水淹高度

水淹高度是确定水损程度非常重要的参数，水淹高度通常不以高度作为计量单位，而是以汽车上重要的具体位置作为参数。以轿车为例，如图 6-16 所示，水淹高度通常分为 6 级，每一级的损失程度各不相同，相互之间差异较大。具体内容将在后面的损失评估时再进行定性和定量分析。

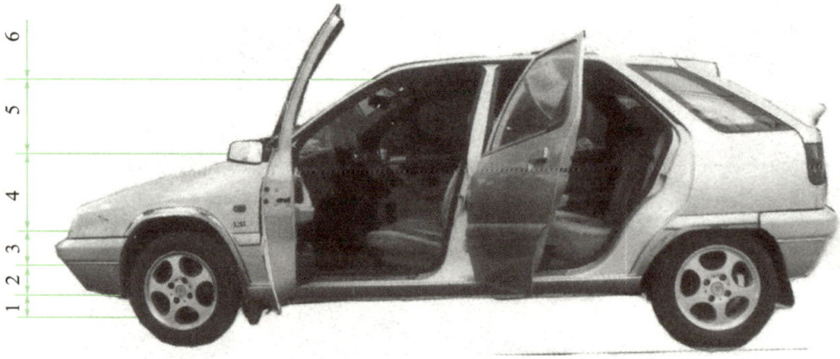

图 6-16 轿车高度示意

1—制动盘和制动毂下沿以上，车身地板以下，乘员舱未进水；2—车身地板以上，乘员舱进水，而水面在驾驶员座椅面以下；3—乘员舱进水，水面在驾驶员座椅面以上，仪表工作台以下；4—乘员舱进水，水面在仪表工作台中部；5—乘员舱进水，水面在仪表工作台面以上，顶篷以下；6—水面超过车顶，汽车被淹没顶部

(2) 水淹时间

汽车被水淹时间（t）的长短，也是其水淹损失程度的一个重要参数。水淹时间的长短对汽车所造成的损伤差异很大。在现场查勘时，确定水淹时间是一项重要工作。水淹时间的计量通常以小时为单位，通常分为六级（表 6-1）。

表 6-1 水淹时间分级表

水淹分级	水淹时间 t/h	水淹分级	水淹时间 t/h
第一级	$t \leqslant 1$	第四级	$12 < t \leqslant 24$
第二级	$1 < t \leqslant 4$	第五级	$24 < t \leqslant 48$
第三级	$4 < t \leqslant 12$	第六级	$t > 48$

每一级所对应的损失程度差异较大，在后面的损失评估时将进行定性和定量分析。

(3) 对应损失

不同水淹高度对应的损失见表 6-2。

表 6-2 不同水淹高度对应的损失

分级	特征	可能造成的损失	损失率 /%
1	水淹高度在制动盘和制动毂下沿以上，车身地板以下，乘员舱未进水	制动盘和制动毂。损坏形式主要是生锈，生锈的程度主要取决于水淹时间的长短以及水质。通常情况下，无论制动盘和制动毂的生锈程度如何，所采取的补救措施主要是四轮的保养	约为 0.1
2	水淹高度在地板以上，乘员舱进水，但水面在驾驶员座椅面以下	四轮轴承进水；全车悬架下部连接处因进水而生锈；配有 ABS 的汽车轮速传感器磁通量传感失准；地板进水后车身地板如果防腐层和油漆层本身有损伤就会造成锈蚀	0.5 ～ 2.5
3	水淹高度在驾驶员座椅面以上，仪表工作台以下	座椅、部分内饰潮湿和污染；真皮座椅、内饰损伤严重。若水淹时间超过 24h，还会造成桃木内饰板分层开裂；车门电动机进水；变速器、主减速器及差速器可能进水；部分控制模块、起动机、中高档车 CD 换片机、音响被水淹	1 ～ 5
4	水淹高度在仪表工作台中部	发动机进水；仪表台中部音响控制设备、CD 机、空调控制面板受损；蓄电池放电、进水；大部分座椅及内饰被水淹；音响喇叭全损；各种继电器、熔丝盒可能进水；所有控制模块被水淹	3 ～ 15
5	乘员舱进水，水淹高度在仪表工作台面以上，顶篷以下	全部电气装置被水泡；发动机严重进水；离合器、变速器、后桥也可能进水；绝大部分内饰被泡；车架大部分被泡	10 ～ 30
6	水淹高度超过车顶，汽车被淹没顶部	汽车所有零部件都受到损失	25 ～ 60

6.3.2 动态进水损坏

汽车在动态条件下，由于发动机仍在运转，气缸内因吸入水而迫使熄火。在这种情况下，除了静态条件下可能造成的全部损失外，还有可能导致发动机的直接损坏。

当水通过进气门进入气缸以后，由于发动机内已经进了水，在发动机的压缩冲程，活塞上行压缩到的不再只是空气，还有水，而水是不可压缩的，曲轴和连杆所承受的负荷就会极大地增加，有可能造成弯曲，在随后的运转过程中就容易被严重损坏。

需要说明的是，同样是动态下的损坏，由于发动机转速高低不同、车速快慢不等、发动机进气管口安装位置不一、吸入水量多少不一样等，所造成的损坏自然也有所不同。

如果发动机在较高转速直接吸入水，完全有可能导致连杆折断、活塞破碎、缸体被严重捣坏等故障。有时候，因发动机进水导致自然熄火，发动机机件经清洗后可使用，但有个别的车辆经一段时间使用后，造成连杆折断，捣坏缸体，这是当时的进水导致了连杆的轻微弯曲，为日后的故障留下了隐患。而这种故障的修理费用，往往是十分昂贵的。

【案例】 车主李先生在周日的大暴雨中开车行驶时，车辆被淹熄火，李先生仍强行打火前行，结果发动机损坏（图 6-17）。

强行打火会使水倒灌进入气缸内，使得连杆和进排气门关闭不严，导致爆缸、发动机受损。发动机的维修要看连杆和进排气门的弯曲度能否校正到正常水平，否则只能对发动机进行更换，这需要上万元的价格。

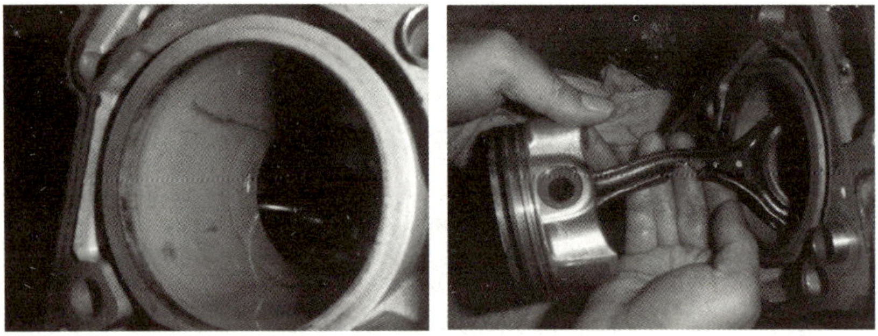

图 6-17 连杆气缸受损情况

【案例分析】 车被水淹后强行打火属于二次损伤，此故障不在车损险的保险范畴内。为避免此种故障“自掏腰包”，车主可选择专门的发动机涉水险进行投保。

6.4 汽车火灾事故

【案例】 2012 年 2 月 9 日夜间 11 时许，一辆停放在家属院内的丰田 RAV4 车辆发生火灾，经报“119”后将火扑灭，车辆过火后报废（图 6-18）。

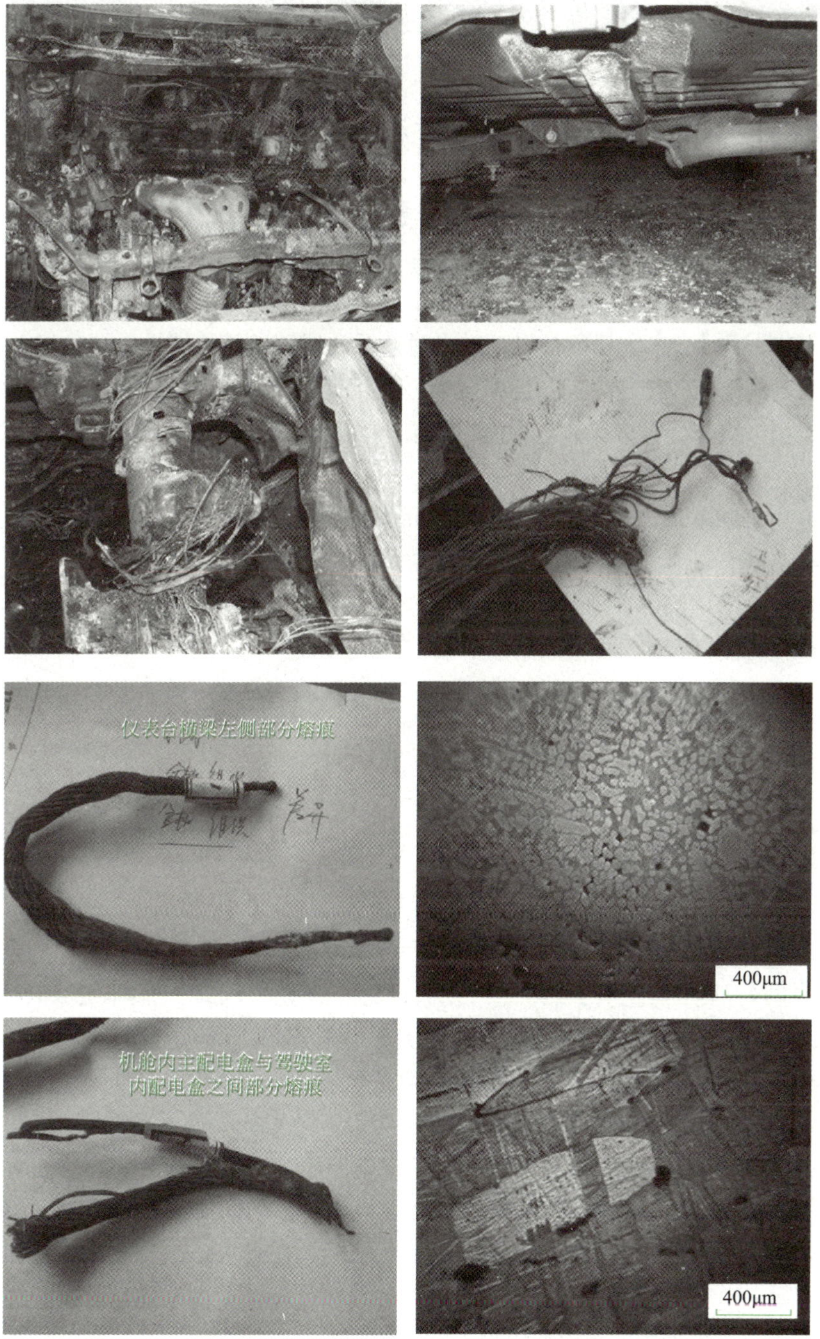

图 6-18

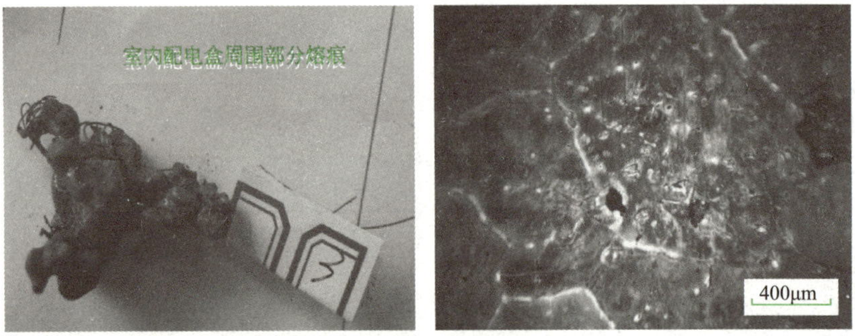

图 6-18　车辆火灾后损失情况

【案例分析】 车辆驾驶台附近过火后残留的线路熔痕（现场提取检材），提取该断点两端的熔痕，经送火灾物证鉴定中心金相分析，仪表台横梁左侧部分熔痕，导线熔痕金相组织分析：熔珠的金相组织为细小紧密排列的胞状晶或柱状晶（一次短路熔痕）。

机舱内主配电盒与驾驶室内配电盒之间部分熔痕，导线熔痕金相组织分析：熔痕的金相组织粗大等轴状晶粒或粗大的柱状晶（二次短路熔痕）。

室内配电盒周围部分熔痕，导线熔痕金相组织分析：熔痕的金相组织粗大等轴状晶粒或粗大的柱状晶（二次短路熔痕）。

故认定该起火灾的原因为蓄电池正极至接线盒的铜导线短路，引燃周围可燃物引发火灾。

6.5　汽车盗抢事故

（1）汽车被盗三个月后如何处理复得汽车的理赔

【案例】 某市焦先生于某年 10 月 21 日购买了一辆夏利车，购车费 6.8 万元，附加费 1.5 万元。他为该车办理了全车盗抢保险，双方确认保险金额为 8 万元，保险期限为一年。按照该合同中有关盗窃保险条款的规定，如果该机动车被盗，保险公司将按保险金额予以全额赔偿。

第二年年 4 月 24 日，该车被盗，焦先生立即向公安机关和保险公司报了案。到了 7 月 24 日，汽车仍未找到。焦先生持公安机关的证明向保险公司索赔，保险公司称要向上级公司申报。

8 月初，焦先生被盗的汽车被公安机关查获，保险公司将车取回，但这时焦先生不愿收回自己丢失的汽车，而要求保险公司按照保险合同支付 8 万元的保险金及其利息。而保险公司则认为，既然被盗汽车已经被找回，因汽车被盗而引起的保险赔偿金的问题已不存在，因此焦先生应领回自己的汽车，并承担保险公司为索赔该车所花费的开支。意见不和，双方便上诉至法院。

【案例分析】 这是一起车辆被盗3个月后，保险公司应该赔付保险金还是还车的案例。被盗车辆被追回，但如果被保险人看到车辆已不值被盗前的价格，一般愿意选择保险公司支付保险金。

另外，当时适用的全车盗抢险条款第六条规定："保险人赔偿后，如被盗抢的保险车辆找回，应将该车辆归还被保险人，同时收回相应的赔款。如果被保险人不愿意收回原车，则车辆的所有权益归保险人。"也就是说，被保险人具备要车或者要保险金的优先选择权。因此，焦先生要求保险公司按照保险合同支付保险金是合理的。

法院审理后认为，焦先生与保险公司订立的保险合同符合法律规定，双方理应遵守。本案中的失窃汽车虽被公安机关查获，但已属于保险合同中约定的"失窃三个月以上"的责任范围。故判决焦先生的汽车归保险公司所有，保险公司在判决生效后十日之内向焦先生赔偿保险金：8万元 ×(1−20%)=6.4万元，并承担本案的诉讼费用。

（2）车辆被盗后造成的损失的理赔

【案例】 某年5月，某单位一辆桑塔纳轿车在某保险公司（以下简称保险公司）投保机动车辆保险，同年6月该车于某饭馆门前被盗，但因盗车人驾车技术不熟练，再加上心里紧张，在饭馆拐弯处与一辆富康轿车相撞，致使双方车辆严重受损，并造成对方车上一名乘客重伤。后经交管部门裁定，盗车人应负全部责任，但因盗车人暂无经济赔偿能力，交管部门让该车车主垫付。被保险人垫付后，即向保险公司提出索赔。那么，保险公司应如何赔付呢？

【案例分析】 此案涉及第三者责任险和车辆损失险的索赔。对于第三者责任险的索赔，根据当时适用的条款规定，保险人承保的是"被保险人允许的合格驾驶人在使用保险车辆过程中，发生意外事故造成第三者人身伤亡或财产损失时，依法应负的经济赔偿责任。"因此构成第三者责任险的索赔必须具备两个条件：一是保险车辆必须是由被保险人允许的合格驾驶人驾驶；二是第三者的损失必须是由被保险人允许的合格驾驶人在使用保险车辆过程中由于意外事故所致。显然本案中的撞车事故均不具备以上两个条件，属于保险除外责任范围，保险公司有权拒赔。对于保险车辆的车身损失，由于车辆发生的是失窃，而且车身损失是在失窃过程中造成的，根据当时适用的条款规定这些都属于保险责任范围，因此保险公司应当赔偿被保险人的车身损失。但由于车身损失是由于盗车者的盗窃行为所致，而且交管部门也裁定盗车者应负全部责任，因此保险公司在赔偿被保险人的车身损失后，可以依法取得对盗车者的追偿权。

保险公司依据保险条款的规定赔偿被保险人的车辆损失，并依法取得对盗车者的追偿权，对于富康轿车的车辆损失和其车上那名乘客的人身损害不负责赔偿。

车辆被盗抢后，同时需要去到车管所办理“机动车被盗抢锁定业务”，这样做可以提高被盗抢车辆寻回的概率，维护车主的合法权益。首先，锁定状态下的车辆不能办理任何机动车业务；其次交警系统将对相关车辆进行全面的布控，协助刑侦科部门侦破案件；最后锁定车辆被寻回之后，便于后续的业务办理。

对于机动车被盗抢锁定业务，车主需要带着如下资料去车管所办理。

① 报案回执及受理登记表。

② 被盗（抢）机动车辆报案或立案告知书。

③ 车主身份证明。

④ 行驶证、车辆登记证书（如被盗，无需提供）。

如果是代办，那么需要提供车主签名或公司盖章的委托书和代办人身份证。而当车辆被找回时，要及时前往车管所办理机动车被盗抢复驶业务。

6.6 汽车保险欺诈

汽车保险欺诈的产生原因是多方面的，不仅有投保人、被保险人和受益人方面的，也有保险公司和社会方面的。在汽车骗保案中，不法分子经常采取的手段有：编造事故、编造原因、制造事故；扩大损失；重复索赔；故意碰撞、联合骗保；更换劣件；酒后换驾、无证换驾等。其中扩大损失和重复索赔最为常见。

在众多的车险骗赔者中，主要是修理厂和保险代理人。他们利用客户委托其索赔的机会，在修理过程中“偷梁换柱”向保险公司索要高额保险赔偿金，赚取差价的行为尤为严重，这种行为约占全部骗赔案件的 1/3。

6.6.1 欺诈案例

（1）事故现场查勘留遗漏

【案例】 2015 年 4 月 2 日 22：00，段某驾驶车牌号为鲁 R×××× 的大众汽车在山东省菏泽市牡丹区行驶，由于雨天而发生事故，车陷到沟里造成本车车底受损（图 6-19）。虽然在第一现场查勘过，但标的车施救后，未对标的车损失第一时间进行现场碰撞痕迹对比，导致后期定损争议。

现场损失照片未拍摄后翼子板及后门损失，未对现场碰撞物进行核实及比对（图 6-20）。

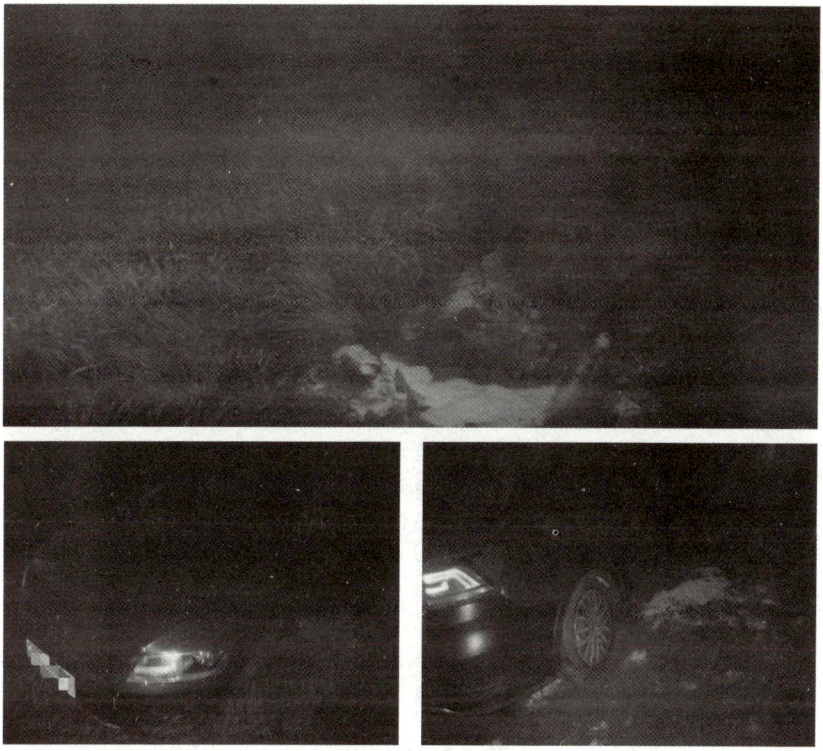

图 6-19　事故现场照片

图 6-20　定损时照片（部分）

【案例分析】 查勘定损人员第一现场查勘要有强烈的责任心，本着对客户负责、对公司尽责的态度对待每一次出险。现场查勘环节至关重要，不仅要有高度的风险意识，还要有强烈的责任感，对待复杂现场，要考虑全面，第一时间锁定车辆损失细节，防止造成后期损失争议，导致案件后援环节重复退案，案件流转迟缓。

（2）伙同修理厂作案

【案例】 2015 年 1 月 5 日 22:50，林某驾驶车牌号为鲁 Q××××的凯迪拉克 SGM7208TATA 轿车在山东省临沂市兰陵县向城镇行驶时发生撞护栏事故，本车正前部受损。

从图 6-21 可知，此事故为夜间出险，被保险人与驾驶人不一致，地面没有出现任何刹车痕迹，从轮胎看标的车直接撞向障碍物，没有出现任何躲避。

图 6-21　案发现场

由图 6-22 可知，车辆的配件及各种钣金件上喷漆腻子痕迹明显，可看出出险时车辆维修时间不超过三天。

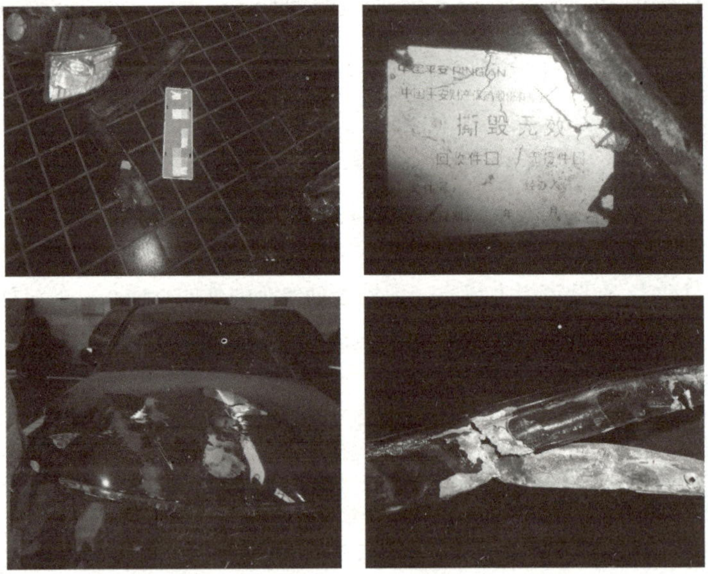

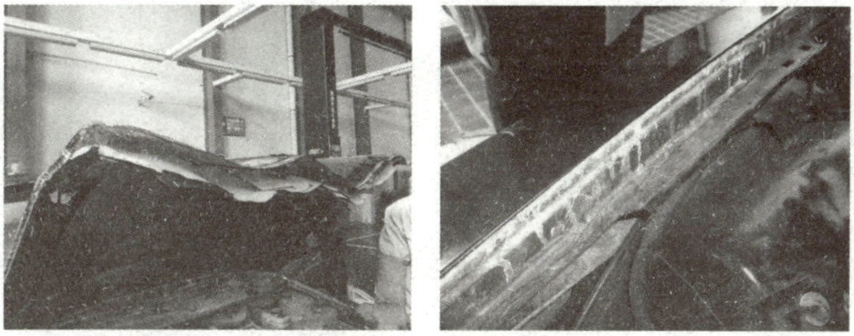

图 6-22　车辆定损照片

由图 6-23 可知，车辆为过户车辆，并且过户后补增商业险。

发动机号：	120596007		
排　　量：	1.998 L/kW	车辆初次登记日期：	2012-08-02
实际使用年数：	2	已行驶里程：	40000.00　km
车身颜色：		车辆类型描述：	新车价，轿车，手自一体
车辆使用性质：	家庭自用		
交通违章记录：		按赔款次数确定费率等级：	新保或上年赔款次数在
是否是忠诚客户：	否	适用费率表：	通用
是否过户车辆：	是	是否车贷投保多年：	否
转移登记日期：	2014-11-20		
是否二手车：	是	二手车交易价格：	0.00　元
购买日期：		发证日期：	2014-12-05
行驶区域：	中国境内(不含港澳台)		
跨省首年投保未出险证明年数：	0年		

图 6-23　车辆相关信息

【案例分析】 标的车辆行驶撞隔离墩，案件存在诸多疑点。通过对驾驶人及被保险人进行落实，并走访了解驾驶人情况，发现其家境非常一般，而标的车辆为高档轿车。在询问借车理由时，驾驶人表述不清，而被保险人为一家修理厂的负责人，且通过暗访了解，该案的驾驶人为被保险人修理厂员工。

（3）监控识别替案

【案例】 2015 年 2 月 4 日晚 20 点 11 分，一辆奔驰越野车在某乡镇道路行驶中撞水泥管发生事故，标的车右前部受损，三者水泥管损坏（图 6-24）。

查勘员接报案后第一时间赶至现场，凭借敏锐的意识和负责任的工作态度，根据现场查勘中发现的蛛丝马迹，经过缜密的调查，最终确定本案是酒后驾车替换驾驶人行为，并锁定案件证据，成功拒赔本案。

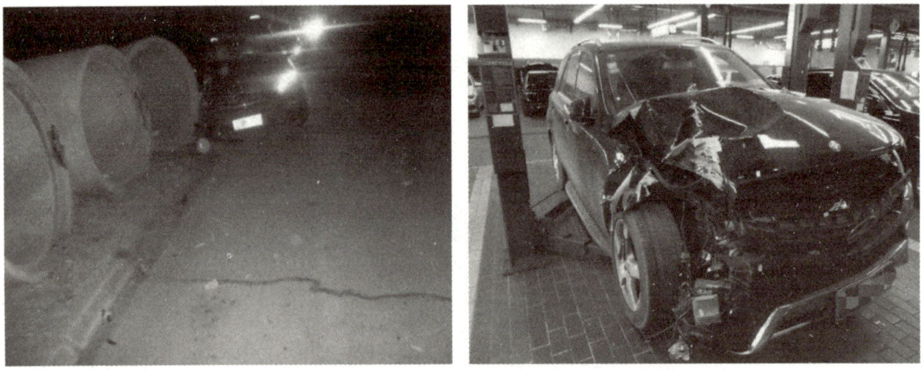

图 6-24　事故现场

【案例分析】 在查勘现场过程中，查勘人员察觉到标的车“驾驶人”存在神色不自然、语言描述不清楚等现象，经过进一步的核实，发现现场“驾驶人”身高与座椅不符、对事故经过及行驶路线叙述不清等情况，查勘人员立即意识到本案可能存在驾驶人酒后驾车并替换驾驶人的嫌疑。

发现疑点后，查勘人员立即将情况上报，事故发生后第二天，大案定损人员王某迅速联系刑警队工作人员一起前往现场进行了复勘调查，在走访周边环境过程中发现周围存在监控设备，经调取监控录像（图 6-25），确定本案为现场替换驾驶员。

图 6-25　事故案发现场监控情况

案件启示：查勘环节的重要性不言而喻，及时赶赴第一现场，发现案件问题和疑点，走访调查并搜集第一手资料证据，为后续侦破虚假案件奠定坚实的基础。

（4）套牌欺诈

【案例】 2014 年 10 月 31 日 13:00 时，标的车辆在青岛平度市发生行驶撞树的单方事故，造成标的车辆受损。

通过保险公司后台评审部门对该案进行稽核时发现，该案存在套牌嫌疑，对于发现的疑点，保险公司通知刑警对该案进行调查，刑警通过对修理厂的调查以及车主的传唤，车主主动承认该案存在套牌行为（图 6-26 和图 6-27）。

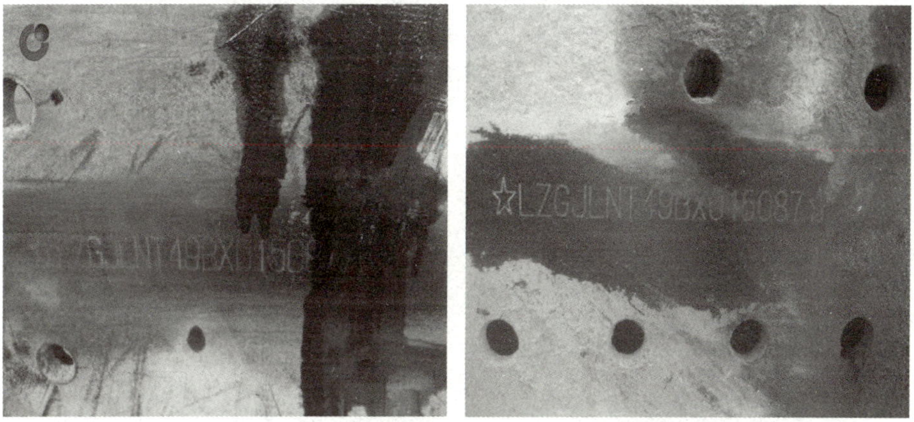

图 6-26　套牌车与原车大梁号位置处对比

图 6-27　套牌车与原车车厢后侧喷字情况

【案例分析】 套牌车与原车辆的大梁号位置打孔不一样，车厢后面车牌及后面喷漆也有区别。

案例启示：该案拒赔金额达 639785 元，现在营运性货运车套牌现象严重，很多货车车主为了节省费用，往往一辆货车手续，同时套取两辆甚至三辆车。

（5）托底事故

【案例】 2014 年 6 月 21 日，一辆轿车在淄博市淄川区行驶时发生托底事故（图 6-28）。

图 6-28 车辆托底情况

案件存在问题：

① 根据现场照片判定，不会造成严重拖底事故；

② 拆检前照片显示螺栓松动，受损件与该车新旧程度不符，且底壳粘贴车架号与标的车不符；

③ 经调查确认，保险公司定损赔付的损失为另一辆车“鲁 ×××××× 在 6 月 14 日的损失维修”；

④ 该案定性为刘某勾结修理厂造假骗赔（已承认）。

（6）废旧零部件替换

【案例】 2015 年 7 月，某保险公司分公司接到客户报案称：承保的宝马 730 轿车，由于驾驶人操作不当，撞到消防栓，造成本车右前部受损（图 6-29）。经查标的车承保险种齐全，非距离起保日期较近。驾驶人证件合格有效，行驶证合格有效，排除驾驶人喝酒、“掉包”的嫌疑。

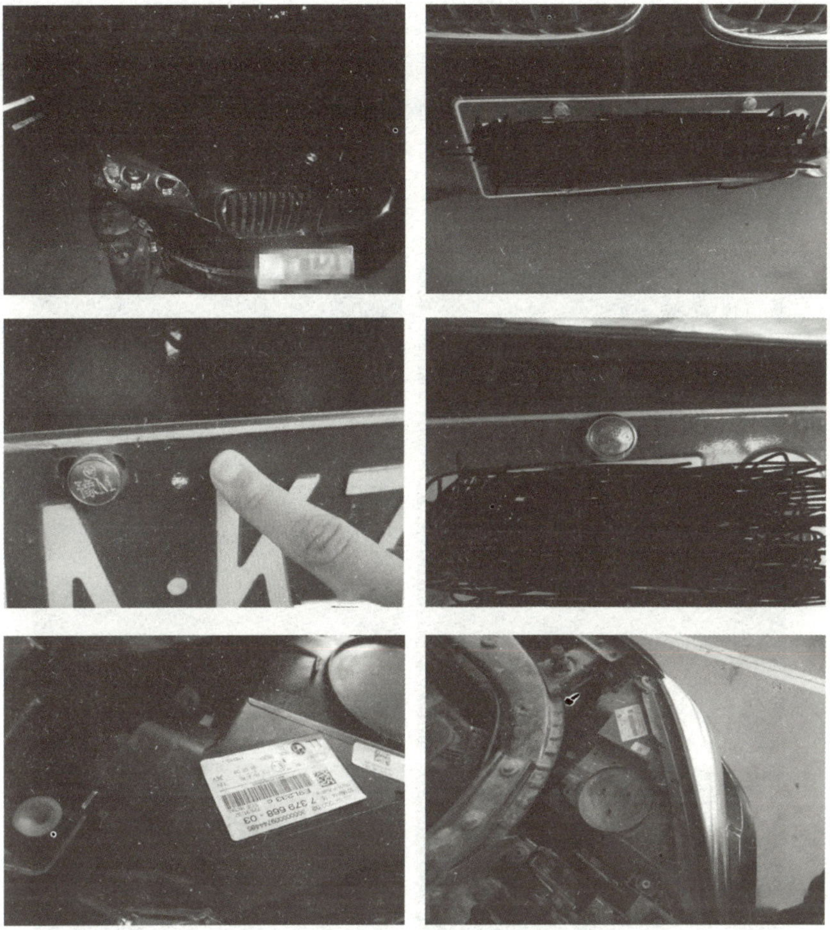

图 6-29　宝马 730 轿车部分现场照片

【案例分析】　一辆宝马 730 轿车，价值昂贵，前后保险杠的车牌螺栓居然会出现差异实属让人心疑。通过对车辆发动机舱内部的详细勘察，发现车辆受损的右前大灯表面非常干净，几乎无灰尘，与左前大灯的灰尘存在明显差异。随后对右前大灯进行深入检查发现，右前大灯实为维修旧件。

（7）假油迹造假

【案例】　2016 年 3 月 2 日 20 时 50 分，标的奔驰车在安徽省亳州市某路段碰到马路牙，车损严重（图 6-30），无人伤，人在现场并已报交警。标的车保单期限为 2015 年 3 月 8 日至 2016 年 3 月 7 日，标的车于 2013 年 11 月购买，未有过户记录。

【案例分析】　车辆损失较大，从损失痕迹看车辆应有翻滚；结合出险现场痕迹，该车报案出险地应为事故真实发生地点；出险现场路面有大量油迹，但拖车上油迹较少；车辆损失较大，驾驶人应该有外伤。

案件中存在多处疑点：驾驶人报案后，车辆被迅速拖离现场（查勘员第一时间赶到现场时车辆已被拖走）；现场路面有大量油迹，但拖车上油迹极少；事故发生不久，现场路边散落物较多，但附近路面却已被清扫干净；车辆损失较大，却报案称无人伤；尤其地面的油迹中，有新油迹也有旧油迹。

图 6-30　奔驰轿车部分现场照片

结合以上疑点，可初步判断该案有重大延迟报案、故意摆放现场或驾驶人调包的嫌疑。

（8）驾驶员替换

【案例】 某年，在一个深秋的下午 4 点多，一辆奥迪 Q7 由东郊沿紫薇路返回市区，因避让摩托车，奥迪车冲入路沟侧翻。5 点 10 分，查勘员到达事故现场，发现奥迪车侧翻到路边沟里，不远处就是一家二层楼的餐厅，路面宽敞，车辆、行人很少，偶有施工的工人和路过的行人。查勘员刚下车，一位身穿黑色毛衣同时略带犹豫之色地中年男子迎上来说："您好，我是王某，为了躲避对面过来的摩托，一不小心将车开到沟里了。"

勘查员对周围的环境、受损车辆及驾驶人都进行了拍照（图 6-31），并对现场柏油路上拍得很仔细。车辆损失严重，从表面上来看，发动机盖、气囊、轮毂、悬架都需要更换，油底壳漏油，水箱漏水，估计损失会在 25 万元左右。

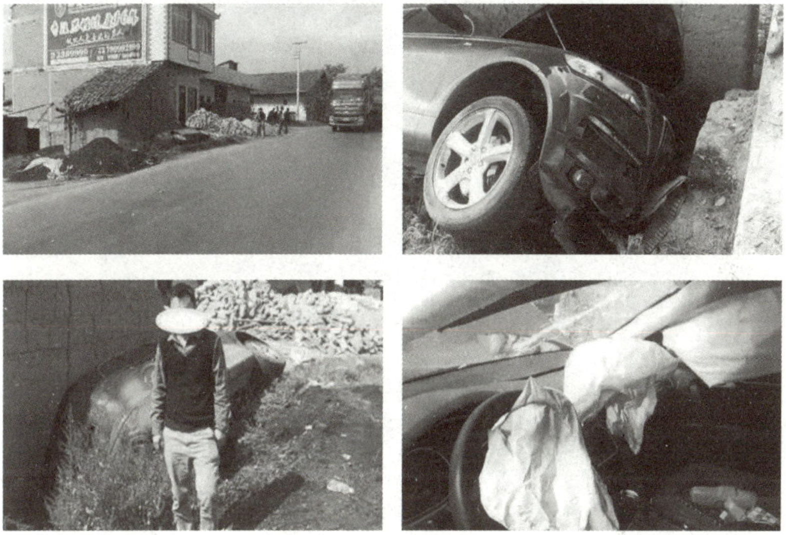

图 6-31　奥迪 Q7 现场受损情况

【案例分析】

"是刚刚翻车吗？" 查勘员问一旁的驾驶人。

"不到一个小时吧！"

"这么说，大约是四点半左右翻车的？"

"对"

"刚才的摩托车呢？"

"他一看我翻沟里了，马上开跑了"

"你能记住车牌号码？"

"把我撞蒙了，哪记得住？"

"车上有几个人啊？"

"就我一个。"

从现场谈话看，事故发生时间比较短，报案及时，但查勘员发现多处疑点。

① 出险现场路况较好，报案称出险时间又是白天，发生交通事故概率应该较低。

② 出险地无刹车痕迹，疑似无意识驾驶，极有可能是驾驶人酒后驾驶。

③ 出险驾驶人没有受伤，衣服无破损。

④ 反复摸发动机盖，发现发动机盖发凉，通常在秋季发动机盖在户外熄火后1个小时就逐渐凉了，1个半小时就为常温状态了，说明标的车出险至少有1个半小时以上。

最终，通过对该车辆进行EGR技术鉴定（图6-32），发现车辆出险时间为下午2点。与报案人所述严重不符，经查证为驾驶人酒驾替驾。

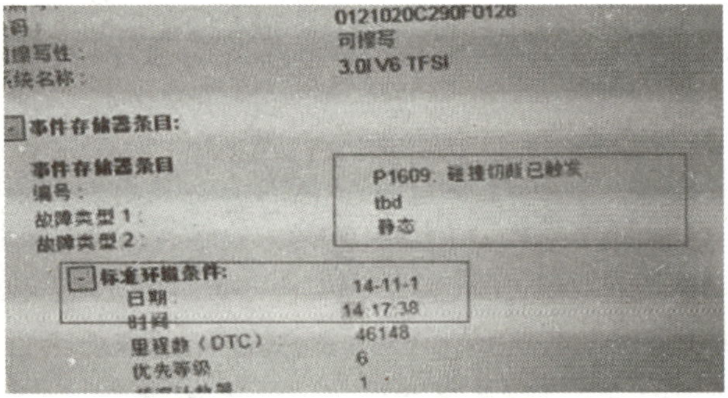

图6-32 奥迪Q7的EGR数据

6.6.2 欺诈现场识别技巧

道路交通事故的发生离不开人、车、路、环境四个要素。针对具有欺诈嫌疑的案发现场，可从此四方面入手分析。

（1）人的因素

人的因素对交通事故形成的影响最为活跃。在人-车-路-交通环境构成的体系中，车辆由人来驾驶，道路由人设计、使用，交通环境由人来建设、管理并对人自己产生作用。从道路交通事故类型、交通事故发生的原因分析可以看出，有80%～85%的交通事故是由于人的违章行为造成的。由于人的主观意识存在，疏忽与故意行为不易取证，所以在交通事故中，人的因素侦查难度最大。

在道路事故中，人是指道路交通参与者或在道路上进行与交通有关活动的人员，包括行人、车辆驾驶人、乘车人以及其他交通参与者。在此，仅讨论驾驶员、乘车人及第三者的因素。

① 驾驶人的欺诈识别。驾驶人的欺诈主要包括驾驶人“顶包”和故意制造交通事故两种。

a. 驾驶人“顶包”。驾驶人“顶包”多见于驾驶人酒后驾驶及驾驶人涉及刑事案件。驾驶人“顶包”的特征为：

ⓐ 驾驶人不是被保险人或者车主；

ⓑ 驾驶人对事故的发生过程描述不合理及不清楚行驶线路，言语叙述不流畅，可借助询问笔录及监控视频（图 6-33）等手段固定证据；

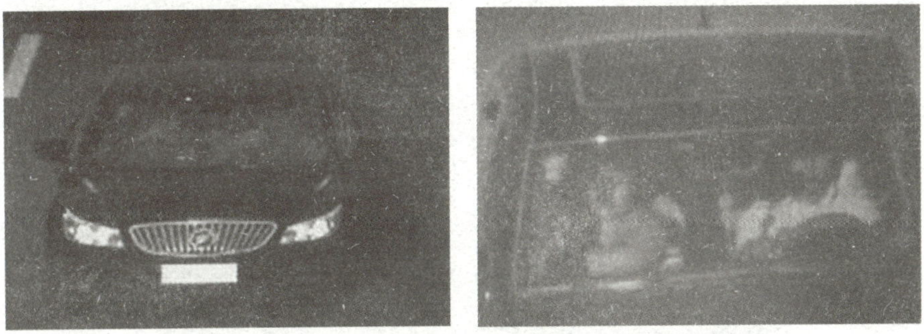

图 6-33　监控图面

ⓒ 驾驶人的身材与主驾驶座椅布置不合适，可核实驾驶人身高及臂长，根据现场车辆座椅情况判断驾驶员真实性（图 6-34）；

图 6-34　驾驶人座椅情况

ⓓ 驾驶人面部无伤情，尤其在车辆安全气囊起爆，主驾驶气囊残留毛发或淡淡血迹的情形，可进行驾驶人的 DNA 鉴定固定证据（图 6-35）；

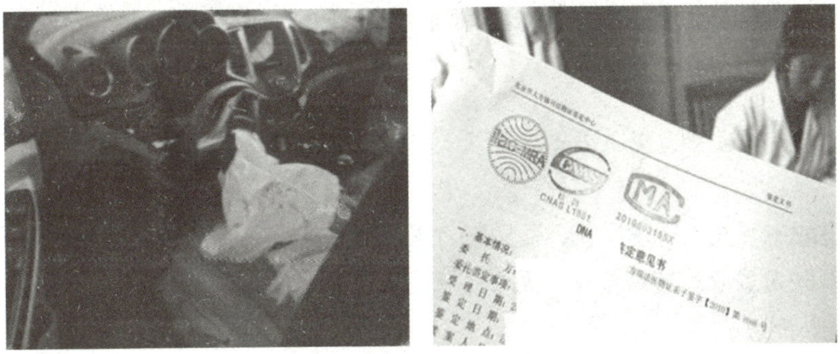

图 6-35　对车辆附着的血迹 DNA 鉴定

ⓔ 驾驶人多故作镇定，面部表情无慌张和心疼感，有些驾驶人流漏出不愿配合查勘员的烦躁情绪；

ⓕ 驾驶人手机通讯记录中，在案发前后有某人长时间的通话记录，可核查驾驶人的最后一次通话记录（图 6-36）。

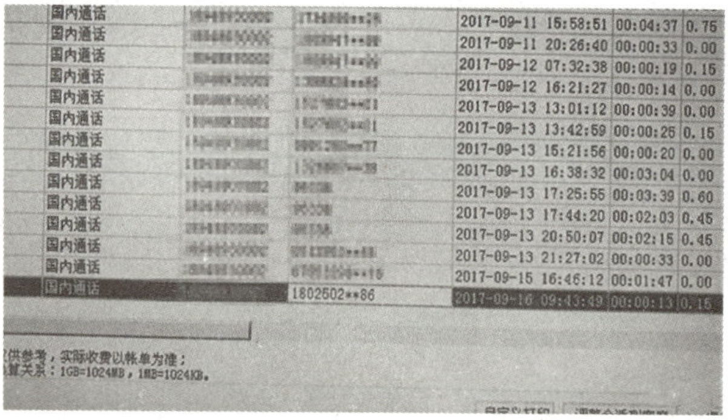

图 6-36　通话情况

驾驶人涉及刑事案件的“顶包”现场中，通常存在人员伤亡、肇事逃逸等严重交通违法行为。除上述的欺诈特征外，真假驾驶人的伤情鉴定尤其关键，需要借助交警及司法鉴定的支持。主副驾驶人头部、上肢、下肢的受伤部位（如胳膊受伤为外侧还是内侧），受伤程度，驾驶室内前挡风玻璃、气囊残留的血迹、毛发对驾乘关系的鉴别尤为重要（图 6-37）。

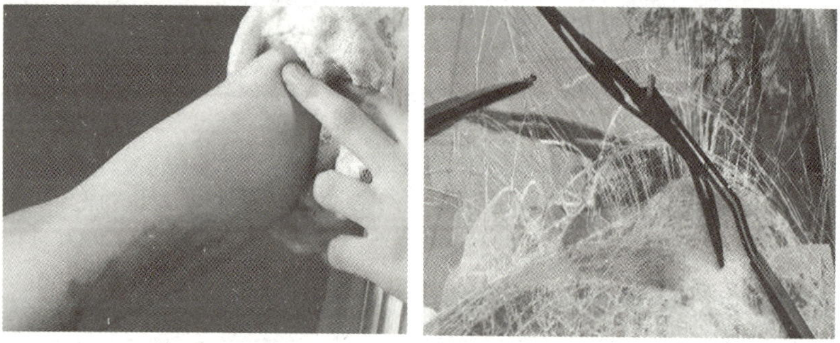

图 6-37　车主受伤及前挡风玻璃残留血迹

b. 驾驶人故意制造交通事故。驾驶人故意制造交通事故，从人的因素出发其主要特征为：

ⓐ 事故中驾驶人很少受伤，而第三者很少受伤或受伤很严重乃至死亡。

ⓑ 驾驶人多故意情绪急躁，无心疼感，对查勘员的询问不耐烦，时常催促尽快结案或投诉威胁。

ⓒ 通常合伙作案，案发现场常见可疑人员徘徊。

② 车上人员谎称第三者。因车上人员责任险和第三者责任险的保险金额悬殊，车上人员受伤谎称第三者的情况，其受伤人员的欺诈特征如下。

a. 伤者受损较严重，车主多未投保车上人员责任险。

b. 伤者对事故的发生经过含糊不清，亦可调取现场视频监控固定证据。

c. 伤者的衣服无明显擦痕或擦痕面积很小。

d. 伤者的受伤部位及伤情多与事故经过不符，亦可根据车内残留血迹和毛发进行DNA鉴别或者死因鉴定（图 6-38），通常需要借助司法鉴定的支持。

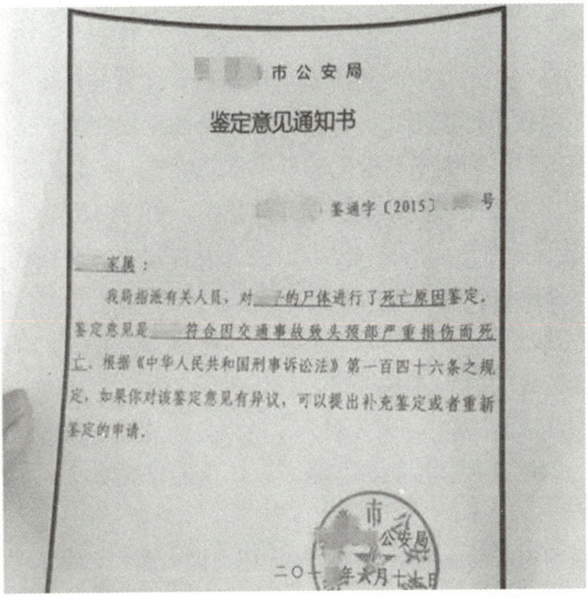
市公安局

鉴定意见通知书

鉴通字〔2015〕　号

家属：

我局指派有关人员，对　子的尸体进行了死亡原因鉴定，鉴定意见是　符合因交通事故致头颈部严重损伤而死亡。根据《中华人民共和国刑事诉讼法》第一百四十六条之规定，如果你对该鉴定意见有异议，可以提出补充鉴定或者重新鉴定的申请。

二〇　年　月　日

图 6-38　死因鉴定

③ 第三者伤亡与保险公司承包车辆无关。有些欺诈案件中，骗保人为得到高昂的赔偿金，用非本次事故的伤者甚至死者充当第三者进行欺诈，其欺诈特征除上述车上人员谎称第三者的特征情形外，针对伤者可根据腿部骨折情况进行辅助识别。

保险杠损伤是指保险杠撞击人体时，在距地面 50cm 左右高处（以轿车为例）的人体下肢形成横带状表皮剥脱性撞痕、皮下出血和骨折。皮肤表面的损伤可因衣物的遮挡而不明显，但深部软组织的挫伤出血和胫腓骨骨折则很常见。

轿车撞击人体下肢，在距地面 50cm 左右高度可能出现胫骨楔状骨折（图 6-39），楔形底边即为力的作用点，楔形的尖端指向车辆的行驶方向。在迎面碰撞时损伤发生

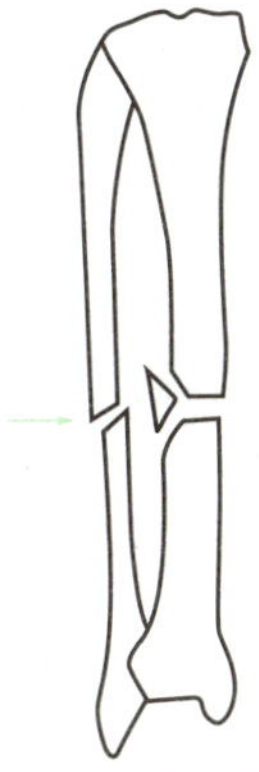
图 6-39　胫骨楔状骨折

在下肢的伸侧面，后面碰撞时损伤发生在下肢的屈侧面，侧面碰撞时损伤发生在下肢的外侧面。

不同车型的保险杠距地面的高度不同。一般国产小型轿车、客车、吉普车等保险杠距地面高度为 50 ～ 60cm，进口车略低，为 47 ～ 57cm；大型货车，以解放牌货车为例，保险杠距地面高度为 65 ～ 80cm；特种车有的可高达 90cm，小型轿车在急刹车时，车的前部还可倾斜降低 5 ～ 10cm。

针对死者的第三者欺诈，一方面可根据碰撞车速估算出死者的抛距、血迹位置等；另一方面申请司法鉴定进行死因鉴定和死亡时间鉴定进行识别。

（2）车的因素

车辆是现代道路交通的主要运行工具。车辆技术性能的好坏，是影响道路交通安全的重要因素。车辆技术性能不良，一些单位维修制度不完善、不落实，车辆超载，都能引起事故的发生。车辆主要是指机动车和非机动车，在此仅以机动车为例。

在本书分析中，主要从碰撞力学、零部件替换、燃油料新旧等方面进行分析。

① 碰撞力学。保险事故中的碰撞力学，主要从碰撞力、受损程度、呈形体及造型体、碰撞高度、车体附着物五个方面分析。

a. 碰撞力。在事故中，汽车的直接损坏是由碰撞力引起的。碰撞力的大小和方向不同，对事故车辆造成的损坏也不同。

ⓐ 碰撞力的大小。碰撞力越大，对汽车的损坏就越大。汽车与被撞物体的相对速度越大、被撞物的刚度越大、接触面积越小，产生的碰撞力就越大，对事故车造成的损坏就越大。

碰撞力与碰撞面积成反比关系。同样的作用力撞击面积大时，单位面积所受碰撞力变小，即损伤范围大但变形量小；相反，若撞击面积小时，单位面积所受的碰撞力变大。

接触面积越小，损坏就越严重，撞击电线杆，则保险杠、发动机罩、散热器等都发生严重的变形（图 6-40），发动机向后移动，碰撞所带来的影响甚至扩展到后悬架。

图 6-40　车辆撞击树木受损情况

ⓑ 碰撞力的方向。碰撞力造成大面积的损坏也同样取决于碰撞力与汽车重心相对

应的方向。假设碰撞力的方向并不是沿着汽车的重心方向，一部分碰撞力将形成使汽车绕着重心旋转的力矩，该力矩使汽车旋转，从而减少碰撞力对汽车零部件的损坏［图 6-41（a）］。

另外，碰撞力指向汽车的重心，汽车不会旋转，大部分能量将被汽车零件所吸收，造成的损坏是非常严重的［图 6-41（b）］。

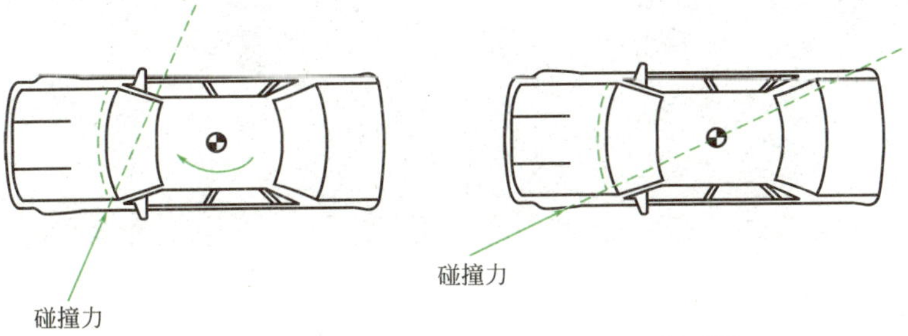

(a) 偏心碰撞　　(b) 对心碰撞

图 6-41　碰撞类型

图 6-42 中，追尾车辆及被追尾车辆受损都很严重，由此可见碰撞车速不低。但从碰撞力的方向看，碰撞法线冲量未经过两车的重心的连线，被撞车辆应发生旋转。从现场散落物看，过高的碰撞车速，前车短距离内应无法迅速回正。

图 6-42　追尾事故现场

车辆对心碰撞或偏心碰撞力过小时，车辆未发生旋转时，亦能从车体变形上清晰反应碰撞力的方向（图 6-43）。

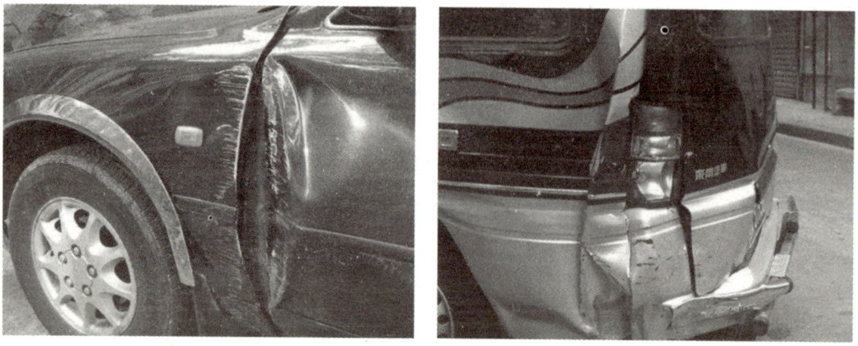

图 6-43　碰撞力的方向

除车体变形外，前挡风玻璃的破损情况能清晰反应主副驾驶人及行人的运动方向，有助于车上人员谎称第三者的鉴别（图 6-44）。

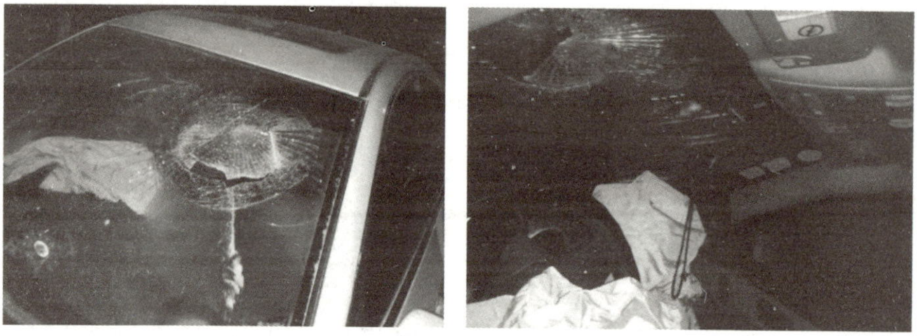

图 6-44　车前挡风玻璃受损方向

从车体的变形方向，能有效识别摆放的保险事故假现场。从图 6-45 中可看出，白色起亚车的左前大灯有明显的向外凸起，不符合受力方向及变形规律。

图 6-45　两车碰撞力的方向体现

b. 受损程度。力的作用是相互的。在实际的交通事故中，通常汽车质量越轻，碰撞中的损坏就越严重，乘员的伤亡概率也越大。其原因是碰撞能量的吸收与质量的平方成反比。通常意味着，保险事故中，车辆正面碰撞质量轻者受损严重。如图 6-46 所示赛欧车与奥迪 A4L 的碰撞。

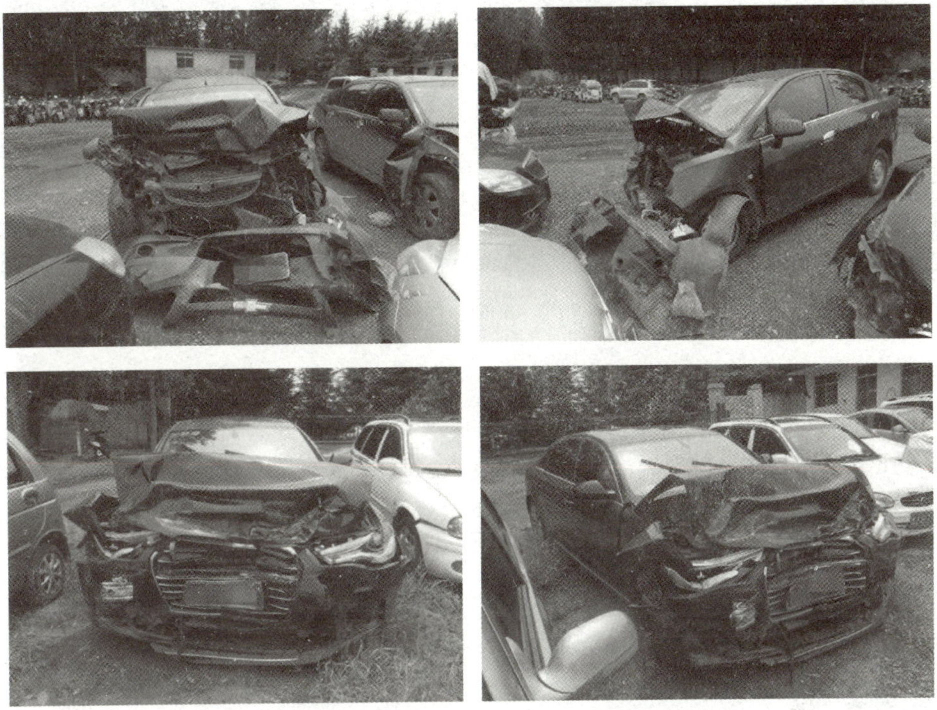

图 6-46　两车正面碰撞受损情况

碰撞能量的吸收通常也试用于车内，车内的碰撞变形痕迹，也有助于车上人员谎称第三者的鉴别（图 6-47）。

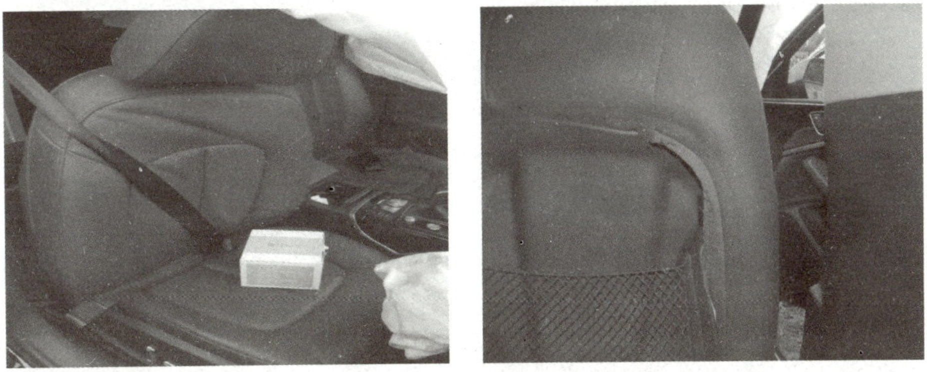

图 6-47　座椅受损情况

但在车速较低的碰撞中，一方明显受损严重，另一方受损过轻或碰撞痕迹杂乱、非碰撞痕迹，则不符合常理（图 6-48）。

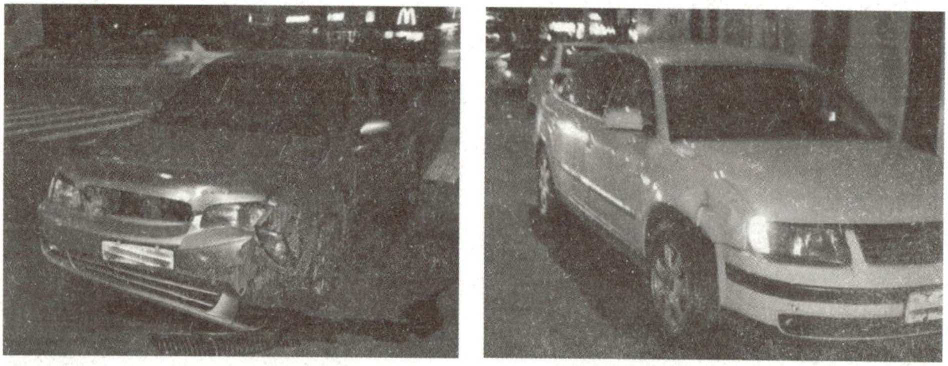

图 6-48　双车碰撞部位对比

c. 呈形体及造型体。车辆与其他物体碰撞，其物体本身固有的形态会作用到车体，产生相应的变形。

如图 6-49 所示，除车体剐擦痕迹高度吻合之外，仅接触到的地方有痕迹，其他地方没有多余痕迹，这是最典型刮波纹护栏的痕迹。

图 6-49　车体痕迹与碰撞物的比对

d. 碰撞高度。车辆与其他物体相碰撞时，会产生高度一致的碰撞点或碰撞范围（图 6-50）。

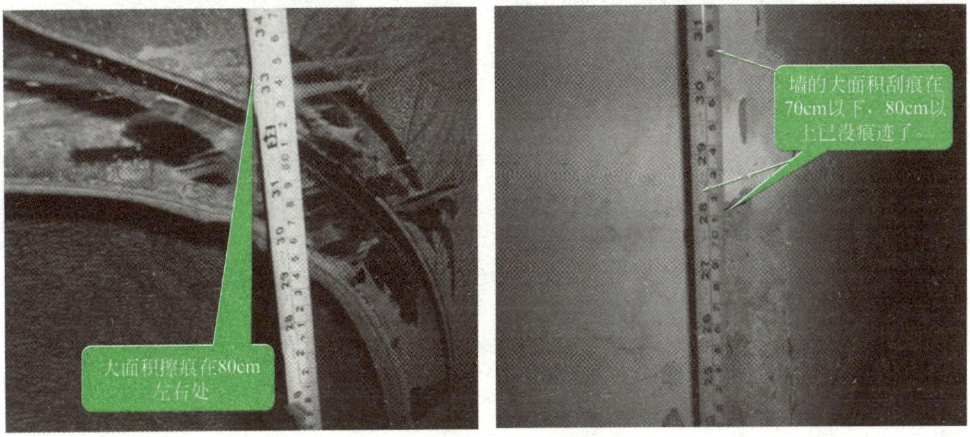

图 6-50　车辆受损高度对比

e. 车体附着物。车辆与其他物体碰撞或剐擦，在力的作用下会在车体上留下接触物的相应颜色，以此可鉴别碰撞物体的颜色属性（图 6-51）。

图 6-51　车辆受损部位颜色对比

② 零部件替换。车险欺诈案中，多有利用废旧及假零部件顶替真零部件，然后骗取真零部件保险赔偿的现象。

a. 螺栓、螺母。通常对发动机舱、底盘、前后保险杠车牌的螺栓、螺母进行观察，寻找此类案件的突破口（图 6-52）。

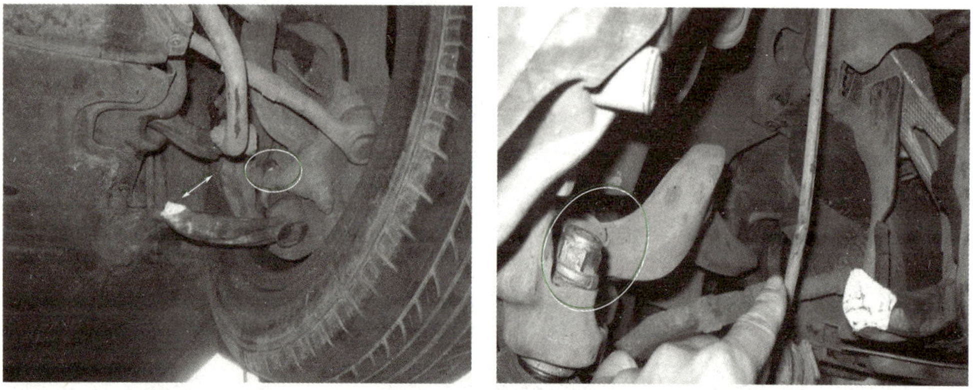

图 6-52　车辆零部件替换

b. 配件编码。通过查询对比零部件的条形码、图码、厂牌标识等分辨零部件的真伪（图 6-53）。

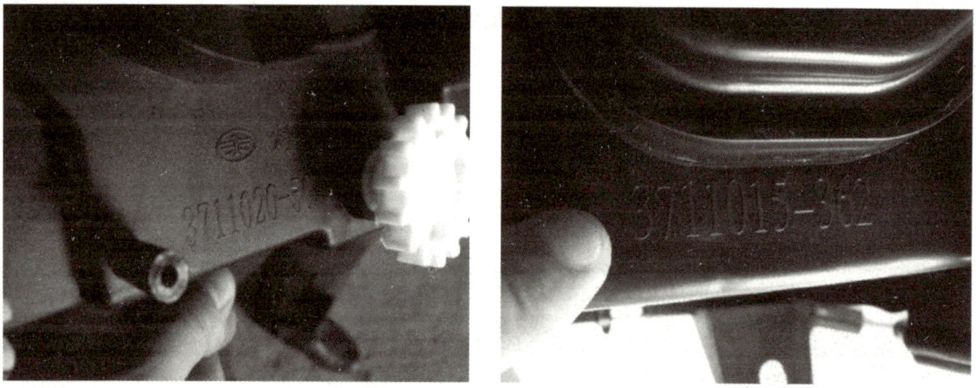

图 6-53　车辆零部件编码

c. 新旧程度。通过车辆左右对称零部件新旧程度的观察，如是否都覆盖灰尘，识别零部件的替换（图 6-54）。

图 6-54　车辆零部件新旧对比

d. 零部件属性。有些车辆零部件具有特殊材质，如车辆的刹车片，因由灰铸铁制成，遇到雨天停放过夜后，刹车片极易生锈，可针对其这种特殊属性来识别现场的真伪（图 6-55）。

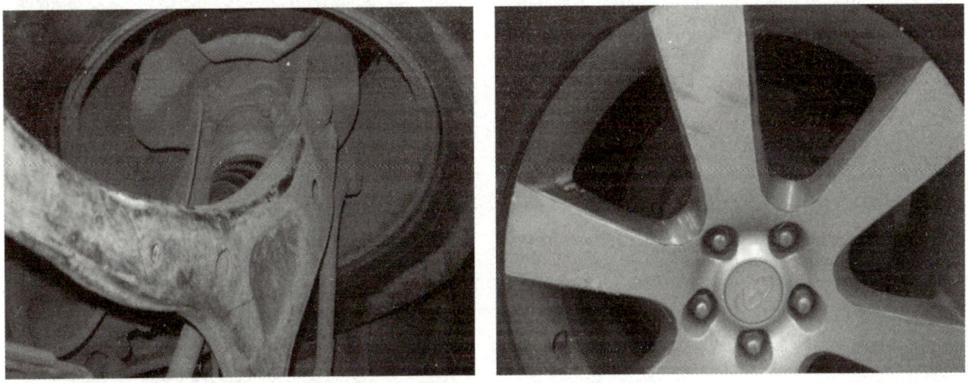

图 6-55　车辆刹车片生锈

e. 车辆电子检测。可对汽车电脑、气囊等电子件进行检测，检测其最后的启动时间或起爆时间（图 6-56）。

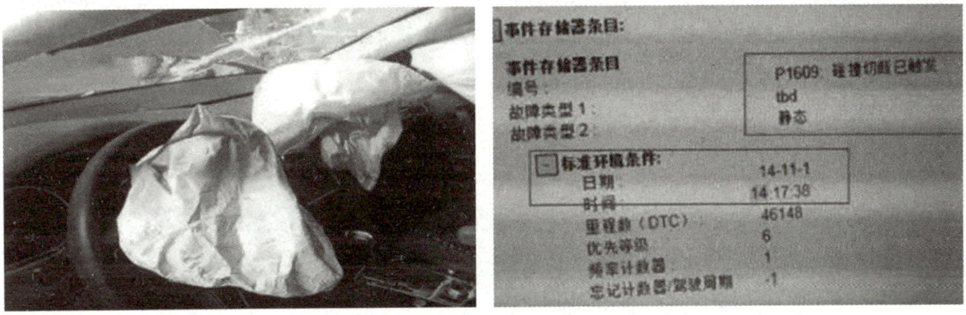

图 6-56　车辆电子件数据读取

③ 燃油料新旧。现场中，车辆碰撞严重或托底，事故现场会出现发动机润滑油或变速箱润滑油，可根据现场中残留的燃油料的新旧程度及干涸程度寻找突破口（图 6-57）。

（3）路的因素

道路是指公路、城市道路和虽在单位管辖范围但允许社会机动车通行的地方，包括广场、公共停车场等用于公众通行的场所。道路本身的技术等级、设施条件及交通环境作为构成道路交通的基本要素，它们对交通安全的影响是不容忽视的，在某些情况下，它们可能成为导致交通事故发生的主要原因。道路的坡度、弯度，道路路面状况（影响路面和车轮之间的附着性，即摩擦系数），道路类型（如高速道路的事故率比普通道路低），道路交叉口的形式，都会对事故的发生产生影响。

图 6-57　车辆地面油渍痕迹

图 6-58 中，路面类型为“丁”字路口，通过路面的车辆轮胎印迹可清晰分析出车辆的运行轨迹及事故过程。

图 6-58　事故路口情况

如图 6-59 所示，道路线性平直，双向单车道，路面条件良好，一辆黑色 SUV 进入路左侧的深沟中，显然有悖常理。

图 6-59　事故现场交通情况

（4）环境因素

交通环境主要是指天气状况、道路安全设施、噪声污染以及道路交通参与者之间的相互影响等。驾驶人行车的工作状况，不仅受道路条件的影响，而且受到道路交通环境的影响。第一，交通量的影响。在影响驾驶人行车的诸多交通因素中，交通量的影响起着主导作用。交通量的大小，直接影响着驾驶人的心理紧张程度，也影响着交通事故率的高低。第二，交通混杂程度与行车速度的影响。我国的道路多为双车道混合式交通，混合交通和交通混杂程度严重是交通事故率高的重要原因之一。第三，交通信息特征的影响。汽车是在错综复杂的环境中行驶的，行车过程中，驾驶人总是通过自己的视觉、听觉、触觉等从不断变化着的交通环境中获得信息，并通过对它们的识别、分析、判断和选择，做出相应的反应。第四，恶劣天气的影响。特别是雨、雪、雾等恶劣天气条件下发生道路交通事故导致的死亡人数同比上升。

如图 6-60 所示，天气有雾，路面湿滑，但路中央多出一块水泥砖石墩，且其外表未湿，具有伪造现场嫌疑。

图 6-60　事故现场天气情况

图 6-61 中，路面车辆流量较少，有路灯照射，驾驶人视线良好，路面较宽。驾驶人在良好的行车环境下，径直完全驶上隔离带，可见驾驶人有车速过高、开车走神、酒驾毒驾的嫌疑。

图 6-61　事故现场车流量情况

图 6-62 中，车辆撞击的物体散落物分散过于均匀，非扇形放射性扩散，有伪造现场的嫌疑。

图 6-62　散落物情况

参考文献

[1] 王云鹏，鹿应荣．车辆保险与理赔 . 2 版．北京：机械工业出版社，2010.

[2] 李景芝，赵长利．汽车保险理赔 . 3 版．北京：机械工业出版社，2015.

[3] 李景芝，赵长利．汽车碰撞事故查勘与定损实务．北京：人民交通出版社，2009.

[4] 张晓明，欧阳鲁生．机动车辆保险定损员培训教程．北京：首都经济贸易大学出版社，2007.

[5] 池小萍．保险学．北京：对外经济贸易大学出版社，2006.

[6] 李洁．保险概论．北京：清华大学出版社，2005.

[7] 王永盛．车险理赔查勘与定损 . 3 版．北京：机械工业出版社，2014.

[8] 魏华林，林宝清．保险学 . 3 版．北京：高等教育出版社，2011.

[9] 魏巧琴．保险公司经营管理 . 4 版．上海：上海财经大学出版社，2012.

[10] 徐文虎，陈冬梅．保险学 . 2 版．上海：上海人民出版社，2014.

[11] 李建华，王立．中华人民共和国道路交通安全法实施条例适用指南．北京：中国法制出版社，2004.

[12] 国务院法制办政法司．中华人民共和国道路交通安全法释义．北京：人民交通出版社，2003.